JN436807

임파워먼트와 사회복지실천

나남
nanam

옮긴이_ 최명민

이화여자대학교 사회복지학 박사
삼성서울병원 정신보건 및 일반의료 사회복지사
현재 백석대학교 사회복지학부 사회복지전공 교수

주요저서 : 《치매환자와 더불어 : 치매환자 가족을 위한 지침서》(공저),
《인간복지의 이해》(공저)와 역서로 《가족과 레질리언스》(공역),
《질적연구방법》(공역) 등

나남신서 1170

임파워먼트와 사회복지실천

2007년 7월 5일 발행
2007년 7월 5일 1쇄

지은이_ 로버트 애덤스
옮긴이_ 최명민
발행자_ 趙相浩
발행처_ (주) 나남
주소_ 413-756 경기도 파주시 교하읍
출판도시 518-4
전화_ (031) 955-4600 (代)
FAX_ (031) 955-4555
등록_ 제 1-71호(79. 5. 12)
홈페이지_ www.nanam.net
전자우편_ post@nanam.net

ISBN 978-89-300-8170-2
ISBN 978-89-300-8001-9 (세트)
책값은 뒤표지에 있습니다.

나남신서 · 1170

임파워먼트와 사회복지실천

로버트 애덤스 / 최명민 옮김

나남
nanam

"First published in English under the title Robert Adams, **Social Work and Empowerment**, 3rd edition by Palgrave Macmillan, a division of Macmillan Publishers Limited. This edition has been translated and published under licence from Palgrave Macmillan. The Author has asserted his right to be identified as the author of Work."

This translation of ***Social Work and Empowerment*** is published by arrangement with **Palgrave Macmillan** and **NANAM Publishing House**, Seoul, Korea.

역자서문

이 책을 처음 만난 것은 호주에서 열린 세계사회복지사대회의 한 출판사 부스에서였다. 책을 훑어보던 나의 관심을 끈 것은 '셀프-임파워먼트'에 관한 장이었다. 몇 년 전 사회복지사의 셀프-임파워먼트라는 개념으로 학위논문을 쓰면서, 셀프-임파워먼트와 관련된 사회복지쪽의 문헌을 찾아보기 힘들었던 터라 그것이 무엇보다 반가웠다. 이렇게 인연을 맺어 이 책을 읽으면서, 내가 지닌 임파워먼트에 대한 이해가 얼마나 편협한 것이었는지, 그리고 임파워먼트실천이라고 생각한 것이 얼마나 왜곡된 것이었는지를 반성하는 동시에, 임파워먼트 사회복지실천의 총체적 이해를 발전시키는 기쁨을 맛볼 수 있었다. 그리고 이런 깨달음을 더 많은 사람과 나누고 싶다는 생각이 결국 이 책의 번역으로 이어졌다.

이 책에서 강조하는 임파워먼트의 패러다임과 실천의 방향은 사회복지사의 전문성 확보를 최대의 화두로 삼는 한국 사회복지현장에서는 다소 낯선 이슈를 제공하는 것으로 보일 것이다. 여기서는 어떻게 하면 유능한 사회복지사가 될 것인가가 아니라, 어떻게 하면 사회복지사가 클라이언트, 즉 서비스이용자와 같이 갈 것인가에 관심을 둔다. 다시 말하면 사회복지사보다는 철저히 서비스이용자의 입장에 서 있다. 따라서 독자에게 진정한 임파워먼트란 무엇인가에 대한 진지한 고민을 안긴다. 이런 면에서 이 책은 결코 쉬운 내용이라 할 수 없다. 그럼에도 불구하고 이 책은 이 시대의 사회복지사라면 피해 갈 수 없는, 그리고 피해서는 안 되는 임파워먼트의 핵심가치와 철학을 제공한다는 점에서 실천현장과 교육현장 모두에 가치가 있다.

그러나 역자의 부족한 역량으로 저자 특유의 영국식 위트와 역설적 표현을 제대로 살리는 것이 결코 쉽지 않았음을 고백한다. 여러 번 읽고 또 읽으면서 적절한 표현을 찾고자 했지만, 원고를 넘기는 이 순간에도 혹시라도 미숙한 번역이 저자의 본래 뜻을 손상하는 것이 아닌가 걱정스럽다. 미진하고 어색한 부분은 앞으로 계속 고칠 것을 약속하며, 독자들의 많은 조언과 질책을 기다리고자 한다.

마지막으로 이 책의 번역의 필요성을 확인해 주신 양옥경 교수님과, 번역서라는 한계에도 불구하고 기꺼이 역자의 제안에 동의하고 여러모로 지원하며 기다려주신 나남출판에 감사드린다. 그리고 "엄마는 왜 매일 책에 있는 걸 컴퓨터에 옮겨 적어?" 라며 번역하는 책상 옆을 서성이던 사랑하는 재준에게 미안하고도 고마운 마음을 전하고 싶다.

2007년 5월

최 명 민

저자서문

이 책은 나의 경험에서 비롯되었다. 일부는 내가 친지를 돌보면서 도움을 받은 자조의 필요성에서 나온 것이고, 또 다른 일부는 〈마인드〉(MIND)라는 자조조직의 출발시기에 요크셔(Yorkshir)와 험버사이드(Humberside) 지역의 자문위원장으로서 기울인 노력에서 나온 것이다. 정신보건 영역의 임파워먼트 정책에 착수할 수 있던 것은 노먼 젭슨(Norman Jepson)과 작고한 존 크롤리(John Crowly) 덕분이었다. 그리고 〈자신을 돌보자〉(Mind Your Self)에 관여하면서 이 조직을 설립한 가엘 린덴필드(Gael Lindenfield)와 협력했던 경험은 이미 몇몇 책과 출판물로도 소개한 바 있다. 자조에 대한 여러 서적이 출판되었음에도 불구하고 좀더 이해하기 쉬운, 그러나 비판적 교재가 필요하다는 인식도 이 책을 쓴 이유 중 하나다. 한마디로 전문가와 자조가의 관계를 좀더 효과적으로 발전시키기 위한 틀을 제공할 책이 필요했다.

나는 학계를 떠난 후 몇 년 동안, 영국 전역의 광범위하고 다양한 자조집단과 조직을 방문하면서 이에 대한 탐방시리즈를 쓰기 시작했다. 그 과정에서 이 책의 주제와 관련하여 이야기를 나누었던 많은 사람들에게 감사의 말을 전하고 싶다. 해당되는 분이 너무 많아서 다 언급하기에는 다소 길지만, 그래도 헬렌 앨리슨(Helen Allison), 마이크 아처(Mike Archer), 돈 바턴(Don Barton), 데이비드 브랜든(David Brandon), 프랜시스 콘웨이(Francis Conway), 길리 크래독(Gilly Cradock), 데이브 크렌슨(Dave Crenson), 패럴 드세이(Parul Desai), 닉 엘러비(Nick Ellerby), 존 에링턴(John Errington), 알렉 고슬링(Alec Gosling), 존 하먼(John Harman), 게리 린치(Gerry Lynch), 피터 맥가빈(Peter McGavin), 샘 맥타가트(Sam McTaggart), 짐 피어슨(Jim Pearson), 톰 로덴버그(Tom Rhodenberg), 앨런 로빈슨(Alan Robinson), 길 소프(Gill Thorpe), 밥 웰번(Bob Welburn) 그리고 톰 울리(Tom Woolley) 등에게 감사의 마음을 전하고자 한다. 또한 첫판의 초기 원고에 의견을 준 도로시 휘테커(Dorothy Whitaker)와 테렌스 오설리번(Terence O'Sullivan), 지역사회교육에 대한 아이디어를 제공한 패디 홀(Paddy Hall), 그리고 2판의 원고를 읽고 논평해준 레이먼드 잭 박사(Dr. Raymond Jack)와 제인 톰슨(Jane Thompson)에게 특별한 감사를 전한다. 몇 년 전에 이 책의 첫판을 같이 작업한 조 캠플링(Jo Campling)과, 팔그레이브 맥밀란(Palgrave Macmillan) 출판사의 캐서린 그레이(Catherine Gray)는 언제나 나에게 용기를 주었다. 그리고 나의 가족에게 말로 다 할 수 없을 정도로 많은 도움을 받았다는 사실을 밝히고 싶다. 다 표현하지는 못했지만 이 책의 많은 부분에 가족의 이야기와 의견이 반영되었다.

1988년에 처음 이 책을 쓴 이후, 자조의 개념은 사회복지 영역에서 임파워먼트의 그늘에 가려 빛을 잃었다. 그렇다고 해서 자조가 완전히 사라진 것은 아니었지만, 자조는 1880년대에 그랬던 것처럼, 1980년대의 조류에 맞는 개념이었다. 1990년대에 접어들어 개념적 결합의 경향이 두드러지면서, 사회복지 현장에서 '임파워먼트' 개념이 폭넓게 적용되었다. 그러나 나는 이 책에서 단지 임파워먼트에 대한 몇몇 단락을 절차와 가이드라인에 결합함으로써, 실천이 강화되고 사람들의 관심사가 발전했다고 보는 것은 위험하다고 주장한다. 임파워먼트를 사회복지 이론과 실천에 좀더 정확히 적용하기 위해서는 자꾸 새로운 것에만 관심을 기울이기보다는 현 상황에 대한 재평가가 필요하다는 것이다. 따라서 이 책에서 다루는 기존 영국 사회복지계의 임파워먼트와 자조에 대한 책들의 범주를 넘어 사회복지 문헌들을 실질적으로 철저히 조사하는 것이 필요하다. 예를 들면, 이 책에서 제시하는 틀은 소비자주의의 요점과, 관리적 차원에서 주도되며 — 실천을 통해 나온 것이 아니라 — 기술적으로만 도출된 사회복지의 맥락에 대해 도전하는 것이다. 그러나 솔직히 말하면, 서비스이용자의 임파워먼트에 관한 책을 사회복지 현장을 위해 썼다는 사실은 역설적이고, 어쩌면 생색내기일 수도 있으며, 또 때로는 매우 억압적이다. 그러나 사회복지에서 임파워먼트실천이 발전한 것은 전문적 필요 때문이다. 그것은 임파워먼트의 적용이 명료해지는 동시에 그 패러다임이 복잡하고 모호해지는 것을 의미한다. 이 책의 각 장에서는 그 측면을 살펴볼 것이다.

이 책의 1장에서는 문제의 개념인 임파워먼트와 관련된 요소와 의미를 논하였다. 2장에서는 패러다임의 전환이 의미하는 바를 설명하고, 임파워먼트에 대한 주요 접근방법을 탐색하였으며, 이 책에 적용된 전체 틀을 제시했다. 3장은 반영적이고 비판적인 실천을 통한 셀프-임파워먼트의 기반을 다루었다. 4장은 개인과의 작업에 관련된 여러 측면을, 5장과 6장은 집단 임파워먼트를, 7장은 지역사회 집단과 조직의 임파워먼트를 다루는 데 할애하였다. 8장에서는 실천가가 평가하고 조사하는 과정에서 어떻게 임파워먼트를 실행할 수 있는지 논하였으며, 9장에서는 사회복지사와 서비스를 받은 사람의 관계에 원래부터 존재하던 어려움과 딜레마를 살펴보았다. 마지막 10장에서는 개별 실천가와 그들이 일하고 있는 팀과 조직을 위해, 임파워먼트 사회복지에서 제기되는 이슈에 대한 일반적인 결론을 도출했다.

로버트 애덤스(ROBERT ADAMS)

나남신서 · 1170

임파워먼트와 사회복지실천

차 례

제 3 부 사회복지에 대한 이슈

약어

AA	Alcoholics Anonymous
Al-Anon	Organisation for relatives and friends of people with a drink problem
ARC	Asian Resource Centre, Birmingham
BASW	British Association of Social Workers
CARE	Cancer Aftercare and Rehabilitation Society
CCETSW	Central Council for Education and Training in Social Work
CVS	Council for Voluntary Service
CR	Consciousness-raising
GMHC	Gay Men's Health Crisis
HIV/AIDS	human immunodeficiency virus/acquired immune deficiency syndrome
MIND	National Association for Mental Health
NCVO	National Council for Voluntary Organisations
PRA	participatory rural appraisal/participatory relaxed appraisal/participatory reflection and action
PSHPG	peer self-help psychotherapy groups
SCF	Save the Children Fund
SSI	Social Services Inspectorate
THT	Terrence Higgins Trust
WHO	World Health Organisation

제 1 부 임파워먼트실천 이론, 모델 및 방법

임파워먼트 구성요소 제1장

1. 개 요

'임파워먼트'(*empowerment*)[1]는 형질을 바꾸는 활동이다. 즉, 사회복지사는 임파워먼트를 통해 자신의 실천에 변화를 가져올 수 있다는 것이다. 이 장에서는 임파워먼트의 의미를 탐색하고, 임파워먼트와 그 유사개념인 자조(*Self-help* ; 自助), 참여, 소비자중심운동 등과의 관계를

---

1) 〔역주〕 'empowerment'는 이념적 배경과 접근방식에 따라 다양한 개념으로 해석된다. 신자유주의에 근거하여 치료, 상담 및 교육의 방법을 사용하는 경우는 '역량강화' 또는 '능력고취'로, 급진사회주의 이념에 따라 사회적 불평등 제거에 초점을 두는 경우는 '세력화'로, 그리고 생태체계이론에 근거하여 자조와 개혁을 강조하는 경우는 '권한부여'의 의미로 사용된다. 영어인 'empowerment'에는 이 모든 뜻이 포함되지만, 우리말로 번역하는 과정에서는 이 개념이 쓰이는 맥락과 강조점에 따라 다르게 사용되고 있다. 이 책에서는 한 가지 의미에 국한되는 것을 피하기 위하여 가능한 원어 그대로 '임파워먼트'라는 단어를 사용할 것이다. 다만 동사형, 반대어 등으로 표현하기 위해 '임파워먼트'를 그대로 쓸 수 없는 경우에는 '권한부여'의 개념에 의거하여 글을 옮기고자 한다. 역자의 견해로는 저자가 이 책에서 사용하는 임파워먼트는 '권한부여'의 의미에 가장 근접한 것으로 보이기 때문이다.

알아보고자 한다. 사실 우리는 이 개념들이 무엇을 의미하는지 알고 있다. 그러나 최종적 정의, 이른바 '권위 있는' 정의를 내리는 것은 쉽지 않다. 그 권위는 학자나 실무자들이 쓴 책에서 나오는 것이 아니다. 임파워먼트 개념은 전문가들뿐 아니라, 자신이 받고 있는 서비스에 대해 좀더 통제력을 갖기 원하는 사람들에 의해서도 지속적으로 다시 정의되고, 재구성되어야 한다. 임파워먼트의 권위는 서비스를 전달하는 사람이 아니라 서비스를 이용하는 사람들의 상황에 뿌리를 둔 것이어야 한다.

사 례

K는 아주 초기의 치매를 앓고 있는 61세 된 여성이다. 오늘 아침은 상태가 좋지 않은 날이어서인지 많이 혼란스러워하며, 갑자기 혼자 큰 소리로 말하다 화를 내는가 하면 마구 먹어댔다. 집안일을 해주러 매일 들르는 동생이 집에서 사회복지사와 만났다. 그 둘은 K가 없는 자리에서 치매의 초기단계에 대해 이야기를 나누었다. 동생은 언니가 음식을 냉장고에 넣는 것을 잊어버려 음식이 상하는 일이 생기기 시작했다면서, 언니를 양로원 같은 곳으로 보내고 싶다고 하였다. 사회복지사는 집을 나서기 전, K에게 가서 "걱정하지 마세요. 위험하지 않게 지켜드릴게요. 그리고 할머니 생각도 말할 수 있는 기회를 드릴게요" 라고 했다.

이 사례에는 임파워먼트의 세 가지 주요사항이 나온다. 첫째, 임파워먼트가 전체 실천에 변화를 주는 것이 아니라, 기존의 실천에 '명목상' 조금 덧붙이는 것에 그칠 위험이 있다는 것이다.

둘째, 임파워먼트가 성공적 사회복지를 위해 필수적이긴 하지만, 지위가 불확실하고 문제의 소지가 있다는 것이다. 이 개념이 강력해질 때는 도전적 개념이 된다. 즉, 사회적 약자들이 부당함과 억압적인 사람과 구조에 대항하는 힘(*power*)[2]을 기르도록 하는 의무를 의미한다. 그러나 개념이 약화되면, 전문가나 강자에 의해 의미가 희석되거나 통제되어 결국 전문적 틀에 맞춰지고, 서비스 수혜자를 통제·관리하고, 평가함으로써, 이제껏 그들을 대하던 방식은 바뀌지 않을 것이다.

셋째, 임파워먼트실천에 '자기모순적' 측면이 있다는 것이다. 실천가가 누군가에게 권한을 부여하기 위해서는 어떤 행위가 필요하다. 그 행위가 개입이라기보다 촉진이라 하더라도 말이다(Burke and Dalrymple, 2002). 이와 관련된 필리다 파슬로(Phyllida Parsloe)의 인식은 다음과 같다.

> 임파워먼트가 항상 사회복지실천의 궁극적 목적일 수는 없다. 아동, 노인, 환자, 정신장애인은 실제적 보호를 필요로 하는 경우도 많다. 이때 사회복지사는 필요한 보호를 제공하면서도, 권한을 부여하는 방식으로 일하려 할 것이다. 또한 아동의 사례라면, 그 부모가 자기 삶에 대한 통제력을 최대한 가질 수 있도록 노력할 것이다. 그러나 우선적 임무는 위기를 최소화하는 것이 될 수밖에 없다(Parsloe, 1996, xxi).

그렇다면 어떻게 실천가가 위기를 최소화하는 것과 임파워먼트 사이의 균형을 맞출 수 있을까? 위기관리는 서비스이용자에 따라, 또는 서비스이용자와 함께 계획하고 수행하는지에 따라 임파워먼트와 상반된 것이 될 수도 있다. 어떤 사람은 더 위험한 상황에서도 독립적 삶을 유지하고 더 나은 삶의 질을 즐기기 위해서 그냥 계속 그렇게 생활할 권리를 주장할 수 있다.

---

2) 〔역주〕 'power'는 'empowerment'의 핵심 용어로, 이 책에서는 각 문맥에 따라 힘, 권한, 권력, 세력 또는 파워라는 단어를 사용하여 번역하였다.

1) 사회복지에서 점점 커지는 임파워먼트의 중요성

'임파워먼트'는 불과 몇 년 전만 해도 영국의 사회복지 표준 교과서에서 거의 언급되지 않았던 개념이다(예로 Coulshed, 1991을 보시오). 그러나 1990년대를 지나면서, 현저한 변화가 나타났다. 임파워먼트에 관한 출판의 홍수가 이어졌고, 이는 임파워먼트에 대한 확신으로 이어졌다. 연구자, 정책가, 그리고 실천가들은 대인서비스의 다양한 측면에 임파워먼트라는 개념을 적용하려는 의지를 보였다(예로 다음을 보자. Adams, 1991, 1994, 1996, 1997, 1998a, 1998b ; Braye and Preston-Shoot, 1995 ; Green, 1991 ; Holdsworth, 1991 ; Shor, 1992 ; Sleeter, 1991 ; Stewart, 1994 ; Wolfendale, 1992 ; Clarke and Stewart, 1992 ; Parsloe, 1996). '해방'(*emancipation*)이라는 용어는 때로 임파워먼트와 관련해 사용되며, 페미니즘과도 관련 있다(Dominelli, 1997a, p. 47). 해방은 영국에서 투표권을 통한 정치적 평등운동과 연관된다. 사회복지에서 해방은 억압이나 바람직하지 않은 신체적, 법적, 도덕적, 정신적 제한과 의무로부터 인간을 자유롭게 한다는 의미를 지닌다.

그러므로 임파워먼트가 전문화될 위험이 있다는 것은 놀라운 일이 아니다. 여기서 서비스이용자의 관점은 희석되고 왜곡되거나 연구자와 학생들의 화제로 전락하기도 한다. 또는 지역사회보호 관리나 전문가 단체와 같은 이익집단의 지배를 받기도 한다. 사실 정부기관에 고용된 사회복지사가 전문가적 원칙보다는 법안에 의해 행해지는 실천에 무게를 두고 관료조직에서 일하면서 임파워먼트 사회복지 실천을 수행한다는 자체에 모순이 있다.

영국의 사회복지에서 임파워먼트라는 개념은 1980년대 후반에 나왔지만(Adams, 1990, p. 2), 1990년대 중반에서야 이 개념이 비판적으로 이해되는 개념, 혹은 반영적 실천[3] (*reflective practice*)으로서 인정받았다

---

3) 〔역주〕 p. 65에 자세한 설명을 참조하시오.

(Baistow, 1994). 이는 임파워먼트라는 개념의 다양한 측면을 부분적으로 반영하는 것이기도 하다. 그러나 이것이 어떤 단일한 사회복지 실천방법에 부합되는 것은 아니다. 비록 어떤 개념들과도 관련성이 있는 것처럼 보인다 해도 말이다. 또한 모든 영역에서 예를 찾을 수 있다고 해도, 그 어떤 사회복지 접근에서만 나온 것은 아니다. 즉, 개별적 기반을 둔 접근, 인간중심 접근이나 문제중심의 접근, 또는 사회적·환경적 접근으로부터 각각 별개로 도출된 것은 아니라는 것이다. 임파워먼트의 원류는 상호부조, 자조, 그리고 최근에는 해방과 권리, 사회운동의 전통이 결합된 것으로 볼 수 있으며, 반(反)인종주의, 페미니즘과 계층, 나이, 장애, 성, 지역적 차별에 대한 비판에 의해 강화되었다. 옹호(*advocacy*)와 임파워먼트를 서비스 제공자와 이용자를 이어주는 유일한 교각으로 인식해야 하는 것은 아니지만, 둘 다 소비자 권리 및 참여와 관련이 있다(The User-Centered Service Group, 1993). 소비자와 사회복지사의 파트너십은 사실 옹호의 개념에 혼란을 일으키기도 하며, 임파워먼트의 정신을 훼손하거나 모순되게 할 수도 있다.

버클리 래디컬 정신센터(the Berkeley Radical Psychiatry Center)에서 형성된 진보적 정신의학에서는 클라이언트가 치료자나 사회복지사에게 의지하기보다 자기 스스로 자유를 찾는 활동을 강조한다. 사람들의 문제가 정치적인 것이라는 인식을 갖고, 문제에서 벗어나는 방법으로서 정치적 가치를 가르친다. 클라우드 슈타이너는 타인에 의한 구원은 임파워먼트가 아니며 억압을 영속한다고 주장하였다(Claude Steiner, 1975, pp. 80~105). 이는 무기력감과 결탁된다는 것이다. 다음은 그의 저술과 그가 언급한 호지 위코프(Hogie Wyckoff)의 작품에서 따온 것이다.

사 례 임파워먼트실천 : 구원보다 해방을!

클라이언트(피해자)는 사회복지사에게 다음과 같이 주장한다. 오랜 세월 동안 부모학대의 대상이 되면 다른 성인과 건설적이거나 지속적인 관계를 형성하는 것이 불가능하며, 부모가 화해하지 않고 죽은 후에는 그 문제를 절대로 해결할 수 없다는 것이다. 사회복지사가 이를 경청하고 위로할수록 슬픔과 자기연민은 연장된다. 이것은—구원자로서 행동하면서—결국 아무것도 변할 수 없다는 주장에 동조하는 것이다. 그러나 그 대신 사회복지사는 점차 '피해자'와 힘을 합쳐 자기해방을 향해 나아가기로 결심할 수 있다. 〈그림 1-1〉은 사회복지사가 어떤 사람에게 도움을 주어 그를 구해보겠다는 유혹에 넘어가는 대신, 그가 스스로 임파워먼트의 과정에 참여하도록 하는 것이 얼마나 필요한지를 보여준다.

그러나 임파워먼트 작업이 진보적 이론이나 실천으로만 한정되어도 안 된다. 임파워먼트는 실천의 모든 영역과 부분에서 사회복지의 중심이 되어 에너지를 창출해야 한다(아직 그렇게 되지 않았다면 말이다). 임파워먼트는 사회복지 이론과 실천의 중심이다. 임파워먼트 없는 사회복지 실천은 가장 기본적인 것을 놓치는 것이다.

〈그림 1-1〉 어떻게 억압을 풀 것인가

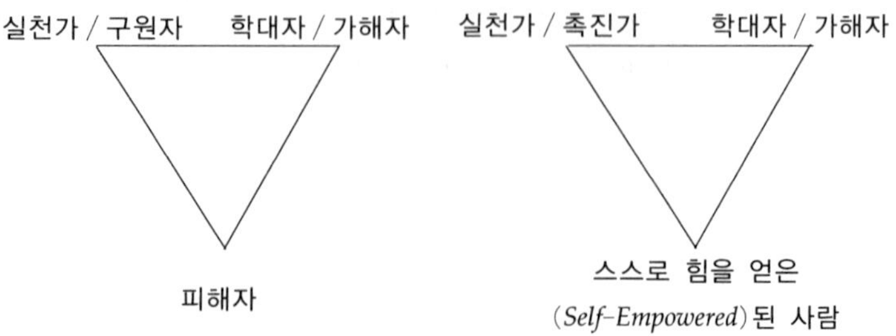

2) 탁월한 패러다임

1980년대는 대처(Thatcher)의 개인주의 정책, 그리고 여러 가지 소문과 조사에 의한 공격으로 사회복지의 기반을 상실했던 시기다. 1990년대는 소비자주의가 나오면서 보건과 사회보장 서비스 시장의 형성과 관리를 지배했다. 21세기에 임파워먼트는 이런 사회, 정치, 정책적 한계를 초월하는 도구로서, 그리고 사회복지사와 서비스이용자 모두를 해방하는 도구로서 여겨질 수 있다. 그러나 또 한편으로는 화려한 제스처나 전국적 복권당첨과 같은 것으로 비춰질 수도 있고, 복지서비스 소비자[4]들을 실업수당, 사회보장, 사립 보건복지의 행렬에 묶어두기 위한 정부의 장치로 간주될 수도 있다. 멀렌더와 와드(Mullender and Ward)는 임파워먼트를 "근본적으로 이념적·정치적으로 다양한 지점을 나타내고, 구체성이 부족하며, 또한 중요한 차이를 얼버무리는 명제를 정당화하기 위해 사용된다"라고 보았다. 즉, 갈등과 개념적 분열이라는 불쾌한 냄새를 덮어버리기 위한 '사회적 방향제'로 활용된다고 할 수 있다(1991, p. 1). 이 책에서는 이와 같은 또 다른 관점에 입각하여 임파워먼트의 태생적 모호성을 탐색하고자 한다.

임파워먼트실천은 의도적일 필요가 있다. 이 책은 사회복지사에게 적절한 가치의 맥락에서 비판적 이해와 지식, 기술의 혼합에 기반을 둔 의도적 실천을 제시하기 위해 기획되었다. 이 일을 위해 관련과업의 특성을 좀더 상세히 살펴보기에 앞서 우선적으로 할 것은 임파워먼트의 개념을 명확히 하고, 자조 등 유사개념들과의 관련성을 살펴보는 것이다.

---

4) 〔역주〕 이 책에서는 사회복지 서적에서 흔히 사용하는 client(수혜자) 대신, user(이용자)나 consumer(소비자)라는 용어를 혼용해서 사용한다. 이용자와 소비자의 의미 차이는 이 책의 pp. 31, 35~36의 내용을 참고하기 바란다. 단, 저자는 '이용자' 개념을 주로 사용하고 있음을 알 수 있다.

2. 임파워먼트에 대한 유효한 정의

임파워먼트는 다양한 사람에 의해 다양한 의미로 사용된다. 그러나 우리에게는 시작시점에서 실질적 정의가 필요하다. 《사회사업사전》(*Dictionary of Social Work*)은 임파워먼트를 자조와 연관시킨다.

> 임파워먼트는 일반적으로 서비스이용자 참여와 자조운동과 관련이 있으며, 이를 통해 집단은 제도적 서비스의 협조를 얻거나 또는 독립적으로 자신을 위한 활동을 수행한다(Thomas and Pierson, 1995, pp. 134~135).

임파워먼트는 다음과 같이 정의될 수도 있다.

> 임파워먼트는 개인, 집단 또는 지역사회가 자신의 상황을 통제하고 목적을 달성하며, 이로써 자신과 타인의 삶의 질을 극대화할 수 있도록 돕는 수단이다.

문자적으로 임파워먼트는 '힘(*power*)을 갖는 것'을 의미하지만, 사회복지에서는 그 이상을 의미한다. 이론과 방법을 모두 포괄하게 된 것이다. 《사회사업사전》에 명시된 임파워먼트의 정의는 다음과 같다.

> 사람들이 자신의 삶에 대한 통제력을 얻고, 이를 통해 집단의 이익을 달성하는 방법에 관한 이론이자, 사회복지사들이 억압받아온 사람들의 힘을 증진하도록 하는 방법(Thomas and Pierson, 1995, p. 134).

비록 임파워먼트가 작업을 수행하는 접근방법과 상황에 따라 다르게 비춰질지라도, 정치적 개념임에는 틀림없다. 그러나 임파워먼트의 정치적 측면이 정당정치적이라는 의미는 아니다. 그 근거로는 임파워먼트 활동가의 색깔이 정당정치를 초월한다는 점, (지역사회 서비스, 중재서비스 등과 같이) 법에서 도출된 법률적 개념이 아니라는 점, 9장에 제시된 위기에도 불구하고 전문가들에 의해 재빨리 장악되고 있으나 그래도 아직은 서비스이용자들을 무시하거나 배제하지는 않는다는 점, 사회복지의 어떤 분야, 즉 장애, 정신보건, 반인종주의, 반성차별주의 실천 등과 같은 분야에도 적용할 수 있는 포괄적 개념이라는 점 등을 들 수 있다.

임파워먼트실천은 소비자운동과 마찬가지로 '힘의 획득'—억압받는 사람들이 경험하는 일에 대한 통제력을 발휘할 수 있게 하는 것—뿐 아니라, 힘의 변혁을 통해 변화를 이루고자 하는 것이다(Mullender and Ward, 1991, p. 6).

3. 관련 개념들

임파워먼트는 여러 중요한 개념들과 관련이 있다. 여기서 하나씩 살펴보기로 하겠다.

1) 민주화

베레스포드와 크로프는 민주화(*Democratization*) 과정으로서의 임파워먼트와 관련해 잘 알려진 영국의 대표적 인물들이다. 이들의 초기 프로젝트는 조지프 라운트리재단에서 지원받았으며, 이 영역에 많은 공헌을 했다. 이 프로젝트에서는 지역에 기반을 둔 복지서비스 전달과 시민참여에 대해 연구하고 조사하였다(Beresford and Croft, 1993). 그 후 시민참여에 관한 연구에서는 투쟁의 과정과 참여를 저해하는 장애요소들을 설명하였다. 한편 세인스베리(Sainsbury)는 사회복지가 시민

참여를 증진하는 역할과 그들을 보호하는 역할을 이분법으로 보는 오류를 범하지 않아야 한다고 주장했다. 그는 비현실적 기대, 즉 경제와 권력 측면에서 차별을 심화하는 우리사회의 경향에 대해 사회복지가 정말 투쟁할 것이라는 기대를 경계한다. 현재로서는 이것이 불가능하다는 것이다. 왜냐하면 사회정의에 기반을 둔 자원분배 체계를 통해 시민의 사회적 권리가 평등해질 때 사회정의를 추구하는 것도 가능하기 때문이다(Sainsbury, 1989, pp. 105～106).

2) 정상화, 사회적 역할의 가치화

정상화(*Normalization*), 사회적 역할의 가치화(*Social Role Valorization*)라는 개념은 장애인이나 정신적인 문제를 경험하는 사람들이 자신의 독립성 유지와 증진 및 자기 삶에 대한 주도권을 지향하는 운동에 참여하는 과정에 관한 것이다(Wolfensberger, 1972, 1982 ; Towell, 1988 ; Sinclair, 1988 ; Payne, 1991, p. 226에서 인용).

3) 반성과 비판

임파워먼트는 비판적 활동이다. 비판(*criticality*)은 임파워먼트실천의 고유한 특성이다(2장을 보시오). 셀프-임파워먼트와 자기옹호(*self-advocacy*)는 반성(*Reflexivity*)을 필요로 한다. 반성은 미래의 활동을 이해하고 거기에 자신의 상황과 경험의 영향력을 활용하는 것을 포함하는 개념이다.

4) 의식화

임파워먼트에 관한 문헌에서 항상 드러내놓고 의식화(*Consciousness-raising*)를 다루는 것은 아니지만, 그 과정에는 의식화의 요소가 암묵적으로 들어 있다. 그 예로 여성치료집단운동을 들 수 있는데, 여기서는 치료적 효과를 얻을 뿐 아니라 여성의 문제를 사회적 맥락에서 인식하고 이를 다루는 방법을 개발한다. 여성치료집단은 5장에서 좀더 충분히 다룰 것이다. 또 다른 예로는 1970년대 중반부터 지방정부가 지원하는 기금이 부족했음에도 불구하고(Jacobs and Popple, 1994), 2000년대에도 존재하는 지역사회복지를 들 수 있다. 이것은 7장에서 살펴볼 것이다.

5) 이용자주도 실천

다양한 범주의 접근들, 즉 전통적인 것과 새로운 것, 보수적인 것과 진보적인 것은 모두 이용자주도 실천(*User-led practice*)에서 나온 것이다. 1970년대부터 복지, 보건 및 대인 사회서비스를 받는 사람들이 자신에게 제공되는 서비스에 대해 좀더 통제력을 갖기를 요구했다. 크레이그(Craig, 1989)가 말했듯이, 통제력 요구는 빈민에 의한 지역사회운동이라는 좀더 넓은 맥락에서 발견된다. 그리고 한편으로는 서비스이용자의 참여를 위한 정부의 격려정책에서, 또 다른 한편으로는 이를 지원하는 데 필요한 실질적 자원의 결핍 사이의 괴리에서 발견된다(1992). 분명한 것은 이용자주도 운동에 참여하고자 하는 자발성이 자기 자신의 임파워먼트와 다른 사람의 임파워먼트로 향하는 통로라는 것이다. 그러나 어떤 사람이 소비자집단의 참여를 통해 임파워먼트 효과를 얻었다는 객관적 판단과 그 사람의 실제 주관적 경험은 반드시 구분해야 한다. 요보호 청소년을 위해 발행하는 《후 케어스》(*Who cares?*)라는 잡지를 구독하는 아동과 청소년의 자기주도활동에 대한 예를 들어보자. 여기서 그 참여의 수준은 다양하게 나타난다. 어떤 아이들은 잡지를 가져가서 한 번 훑어보고 버리기도 하고, 또 어떤 아이들은 편지나 기사를 써 보내기도 한다. 또는 이 잡지 지부 모임의 회원이 되는 경우도 있다. 그러나 극단적인 경우에는 이런 일들을 전혀 하지 않고도 힘을 얻었다고 느끼는 경우가 있는가 하면 반대로 지부모임에서 지도자적 역할을 지속적으로 수행하고 있지만, 사실은 힘을 잃었다고 느끼는 성원도 있을 수 있다.

6) 급진적 사회복지

급진적(*Radical*) 사고영역에 뿌리를 둔 여러 개념과 임파워먼트의 관계를 정립하는 일은 어려운 일이다. 급진주의는 넓은 범주의 시각을 포괄하는 일반적 용어지만, 여기서는 지면상 간단히 언급하고자 한다. 맑시스트(*Marxist*) 사회주의자들은 궁극적인 변화가 이루어질 것으로 보기 때문에 일반적으로 임파워먼트를 사회적 모순을 가중시키는 도구로 본다(Payne, 1991, p. 225). 로젝(Rojek)은 옹호와 임파워먼트가 맑시스트나 급진적 관점과 비록 밀접한 관련성은 있지만 근본적으로 다른 목적에 기원을 둔다고 주장한다(1986). 그러나 급진적 사회복지의 신봉자들도 임파워먼트를 제안했다. 실천에서 집합적 활동의 한 측면은 사회주의적 의제, 즉 워커와 보몬트(Walker and Beaumont)가 설명한 맑시스트의 견해와 분명 관련이 있기 때문이다(1981, pp. 174~195). 이런 급진적 비판은 개인에게 책임을 돌리는 견해의 대안으로서, 인간의 문제를 사회적·환경적으로 설명하는 입장을 취한다(1981, pp. 89~93). 톰슨(Thompson)은 임파워먼트를 다음과 같이 서술하면서 급진적 사회복지와 관련지었다.

> 클라이언트가 경험하는 문제를 불평등, 빈곤, 부적절한 환경, 차별, 억압과 같은 넓은 사회구조의 맥락에서 보는 사회복지 접근이다. 사회복지를 정치적 모험이나 클라이언트가 주관적으로 느끼는 억압적 상황을 인간답게 하려는 투쟁으로 본다. 임파워먼트라는 핵심개념에는 자원, 교육, 정치적 인식과 자기인식 등 가능한 모든 방법으로 클라이언트에게 더 많은 세력을 제공하는 과정이라는 전제가 있다.

이렇듯 임파워먼트는 전문가의 개입이라는 태생적 모순이 존재하지만, 전문가가 다른 사람들에게 권한을 부여한다는 바람직한 가치에 접근한 개념이다. 권력을 지닌 사람들이 옹호와 임파워먼트를 급진적이고 주변적인 것으로 치부하여 잊어버리는 불행한 일이 일어나서는 안 된다. 우리는 이들을 실천의 주류로 통합할 필요가 있다.

7) 반억압적 실천

흑인탄압에 대한 비판(Payne, 1991, pp. 228~232에 인용된 Solomon, 1976에 나오는 토론을 참조하시오), 여성주의, 연령이나 장애에 대한 반차별주의 등은 모두 임파워먼트의 개념으로 모을 수 있으며, 임파워먼트를 필요로 한다. 사회복지에서 반억압적 실천(*Anti-oppressive practice*)에 대한 문헌이 증가하는 것은 다른 요소보다도 임파워먼트의 패러다임이 강화된 것에서 이유를 찾을 수 있다. 멀렌더와 와드가 관찰한 바와 같이, 임파워먼트는 반억압적 성향을 지닌다(Mullender and Ward, 1991). 그러나 이용자가 감독하는 집단들이 임파워먼트의 정도에 상관없이 그들이 살고 있는 사회의 구조적 특성을 변화시킬 수 있다는 주장에는 신중을 기해야 한다(Page, 1992).

8) 새로운 시대의 포스트모더니즘과 사회복지

아마도 역사가들은 1990년대 초 보건과 사회보호 영역에서 계약문화[5] (*contract culture*)가 발달한 것을 돌아보며, 이것이 21세기 새로운 사회복지 시대에 정부가 일찍이 인정한 포스트모던(*Postmodern*)의 일환이라고 규정할 것이다. 사회주의운동의 분열을 가져온 더 큰 변화는 철의 장막이 사라진 이후 유럽국가들의 정치적 양상변화로 나타났다.

5) 소비자주의의 영향으로 비영리 서비스영역에도 계약 및 해약 등 비즈니스 차원의 개념이 도입되었다.

이는 20세기 후반 여러 나라에서 좌우(左右) 중 한 가지 정치적 선택을 강요하던 이분법이 사라진 현상과 관련이 있다. 어떤 이는 포스트모던 시대는 맑스주의와 같은 거대이론을 능가하는 정치적 기회를 제공하였으며, 다양한 목소리를 낼 수 있는 공간을 마련했다고 주장한다. 사회서비스의 공급주체가 소규모로 분열되는 것은 대규모의 독점적 서비스 제공형태에 대한 분해현상으로 볼 수 있다.

역설적으로 공급의 어떤 측면, 즉 질 보장과 같은 것(Adams, 1998)은 지금까지 정부에 의한 감독보다 SSI(Social Service Inspectorate)나 감사위원회(Audit Commission) 등의 기관에 의한 감독이 더 엄밀하게 이루어진다. 이것은 보호의 혼합경제에서도 마찬가지로 나타나는 현상이다. 이처럼 사회복지 이론과 실천에서 '반억압적 사회복지'는 임파워먼트 패러다임에 새로운 언어를 제공했는데, 이는 다양한 집단에 대한 정책 및 정치, 그리고 사회복지와 관련된 이익을 초월하는 것이었다. 결국 포스트모던 시대에 임파워먼트와 반억압적 활동은 사회복지의 주제로 통합될 수도 있고, 분리될 수도 있는 가능성을 갖는다.

4. 임파워먼트: 사회복지에서 논란이 되는 개념

임파워먼트의 태생적 문제점은 쉔(Schön, 1991, p. 23)이 강조했던 대로 지속성과 안정성이 부족한 사회복지의 특성에 있다. 사회복지는 그 실천에 대한 명확한 조사와 확실한 증거를 갖고 있지 않다. 또한 체계적으로 발달되어 과학적으로 증명된 지식기반, 또는 사회복지사들이 인정하고 활용하는 가치와 기술에 대한 공적이거나 전문적인 합의도 없다. 이런 불명확성은 서비스를 받는 사람을 무엇이라고 불러야 하는가에 대한 것에서도 마찬가지이다. '소비자', '클라이언트'나 '이용자'라는 용어를 써야 할까? 이 용어들은 각기 다른 이미지를 창출한다. '소비자'는 고객과 물건이나 서비스를 구매하는 것을 연상시킨다. '클라이언트'는 보통 전문적 서비스의 수혜자를 위한 것이다. '이용자'는 사회보장 서비스를 받는 사람뿐만 아니라 약물과 알코올문제가 있는 사람에게 쓰이는 것 같다. 옹호와 임파워먼트의 핵심개념에서 보면 두 가지 논쟁이 있다.

임파워먼트는 이성적인, 즉 인본적이며 존재론적인 이론 및 실천과 관련되어 있으며 자기인식과 자기통제를 강조한다. 따라서 사람은 이성과 인지적 수단을 통해 자신의 삶을 통제할 수 있다는 사실을 받아들인다(Payne, 1991, p. 227). 이는 또한 환경이 서비스이용자에게 이롭게 즉시 바뀔 수 있음을 가정하는 것이기도 하다. 임파워먼트 접근에서 이성적 기반의 직접적 결과론 중 하나는, 그들의 삶의 조건에 즉각적이고 중요한 변화를 달성하지 못한다면 사람들은 실망하고 따라서 임파워먼트에 환멸을 느낄 수 있다는 것이다.

힘(*power*)을 추구하는 것이 '선하다'고 확언할 수는 없다. 그건 사실이라기보다는 가치다. 필리다 파슬로(Phyllida Parsloe, 1996, xvii)는 '사회복지에서 임파워먼트는 서구의 개념'이라는 사실을 일깨운다. 즉, 이는 개인주의와 자기발전이라는 서구의 개념에 뿌리를 둔다는 것이다. 힘의 개념도 논란의 대상이 된다. 이런 논란은 그동안 인간과 사회에 대한 이해를 제공한 거대이론들(〈표 2-1〉을 보시오)에 대한 포스트모더니즘의 비판적 시각에서 나온 것이다. 이런 면에서 보면 임파워먼트에 대한 강조는 일반적인 남성위주의 사회학적 지식, 특히 맑시스트 이론 등에서 나온 권력의 중심성을 강화하는 것이다(Adams, 1991, 1992, 1994, pp. 235~236). 다음은 학생들의 투쟁에 관한 내용이다.

> 단지 해석의 문제가 아니라 그들이 배우는 지식들 사이에 문제가 존재하는 것이다. 1970년대 중반 이후 학교교육을 비판해온 젊은이들의 투쟁은 페미니스트와 환경론자들의 '지배'에 대한 다음과 같은 비판과 같은 맥락에 있다. 즉, 지배는 사회학적 이론정립을 위해 채택한 지식의 남성적 개념화라는 것이다(Adams, 1991, pp. 177~178).

또 재소자들이 출소 후 일으킨 폭동의 역사는 의식화시대의 선배들을 다양한 형태로 지탱해온 맑시스트 분석의 보편적 가정을 해체하는 자극이 되었다. 이러한 해체현상의 결과는 루더포드(Rutherford, 1990)의 표현대로 다양한 문화정치로 나타났다. 연구를 통해 장기수감과 같은 이슈들이 20세기 후반에 나타난 재소자의 폭동을 설명하는 핵심사항으로 규명되었다(Scraton et al., 1991). 그러나 여기서 중요한 것은 장기수감의 요소가 당국과 수감자 간 정치적 대립의 장을 제공했던 수감경험 전반을 좌우하거나 배제하지는 않는다는 점이다. 이 사건들의 분산된 특성은 폭도들이 대체할 대상을 찾지 못하여 맹목적으로 추구했던 기존의 보편적 체제를 뛰어넘어야 할 필요성을 가르쳐주었다. 결국 출소 후 폭동은 형벌과정에서 수감자의 다양성과 수감의 이슈들을 제시하였다. 그리고 이것이 영미(英美) 교도체계에서 계급, 군국주의, 남성주의, 억압 및 폭력과 같은 지배적 가치를 초월하여 이를 변화시키는 계기가 되었다.

> 이것은 양극단의 정치를 통해서가 아니라, 가치계급과 권력계급으로 인한 적대감을 조장하지 않고, 우리들의 다름을 인식하며 예속과 차별의 관계를 변화시킴으로써 가능했다(Rutherford, 1990, p. 26).

과업은 폭동이 반복되는 다양한 측면의 억압을 넘어서서, 그들의 차이를 조화롭게 할 수 있는 정치로 나아가도록 하는 것이다. 단, 이때 잘못된 체제는 지속시키지 말아야 한다(Adams, 1994, pp. 235~236).

이러한 예들은 임파워먼트 개념의 총체적 틀을 신중하게 바라보고 임파워먼트를 실천에 적용할 보편적 틀을 구성해야 할 필요성을 함축하고 있다. 그리고 더 나아가 전문적 실천에 대한 주요지식을 비판할 수 있는 기반을 제시한다. 이것은 2장에서 나오는 임파워먼트실천을 위한 실험적이고 반(反)억압적 틀에서 구체적으로 언급할 것이다(〈그림 2-1〉을 보시오).

5. 임파워먼트와 관련된 몇 가지 위험

1) 권한을 부여하지 않는 임파워먼트의 자기모순

임파워먼트가 사람들에게 행하는 어떤 것, 또는 사람들이 자신과 타인을 위해 하는 어떤 것이라는 인식을 넘어설 필요가 있다. 임파워먼트에 대한 책들이 빠지기 쉬운 오류는 전문가나 모든 사람이 다른 사람에게 권한을 부여한다는(*empowering*) 가정이다. 그러나 전문가들은 다양한 방식으로(이에 대한 조사를 다룬 9장을 보시오) 서비스이용자의 영역을 침범하고 셀프-임파워먼트를 위한 공간을 축소한다.

2) 어떤 사람의 임파워먼트가 다른 사람의 비(非)임파워먼트가 될 수도 있다

임파워먼트의 과정은 개인, 집단, 가족, 조직 및 지역사회의 수준과 개인의 삶의 다양한 영역에서 일어난다. 어떤 사람은 어떤 것을 깨닫거나 이해한 것으로 임파워먼트를 경험하지만, 또 다른 사람은 새로운 직장을 얻거나 경력을 쌓은 것으로 임파워먼트를 경험할 수 있다.

3) 희석의 위험 : 임파워먼트로부터 조력까지

임파워먼트 개념의 대중성 때문에 사회복지사의 활동에 부적절한 방식으로 갖다 붙이거나 범위를 축소하거나, 상황을 개선할 수 있는 힘을 약화시킬 위험이 있다. 예컨대 임파워먼트 개념의 일부만을 가지고, 임파워먼트가 단순히 전문가에 의한 조력(*enablement*) 활동의 또 다른 형태인 것처럼 이야기함으로써 초점을 흐릴 수 있다는 것이다.

4) 너무 많은 표적집단을 언급하기 때문에 어느 누구에게도 맞지 않을 위험

임파워먼트는 자조집단으로서 클라이언트뿐 아니라 사회복지사 스스로에게도 폭넓게 적용될 수 있다. 이것이 본질적으로는 맞다 해도 이로 인해 정말 임파워먼트 활동의 중심이 되어야 하는 클라이언트에 대한 주의가 빗나갈 수 있다. 때문에 임파워먼트가 사회복지 과정에 관련된 특정 관심사나 집단에 대한 예리함과 적절성을 잃어버렸다는 논란으로 이어지기도 한다.

5) 자조와 임파워먼트의 모호한 관계

자조와 임파워먼트는 기본적으로 상반된 두 가지 관심사, 즉 소비자주의와 이용자의 민주적 통제를 지향하는 다양한 집단과 운동에서 사용되었다. 따라서 자조와 임파워먼트 개념의 핵심에는 원래 개인주의와 집합주의의 이데올로기 실현에 대한 모호성이 존재한다.

소비자주의(때로는 그렇게 새롭지 않은 뉴라이트에 수반되는)는 복지소비자로서 구매할 상품이나 서비스를 선택할 수 있는 사람들의 권리를 옹호한다. 자연히 서비스는 공급자가 그것을 이용 가능하도록 만들기에 경제적인 곳에만 존재한다. 따라서 지방 복지소비자나 비용을 낼 수 없을 정도로 가난한 사람은 그렇지 않은 사람에 비해 선택권이나 활동성과 접근성을 제한받는다. 결국 이들은 아무런 선택권을 갖지 못할 수도 있다. 반면, 서비스 자체의 특성뿐 아니라 서비스의 기준에 대한 이용자의 통제권과 자조운동도 존재한다.

사회복지사는 자조를 단순히 사회복지와 관련이 없는 것이나 반대당이 이용하는 정치적 게임과 같은 것이라고 보는 경향이 있다. 즉, 좌파는 보건과 사회보장예산 삭감을 정당화하기 위한 것으로, 우파는 경제성장의 방편으로 간주한다는 것이다.

문제는 첫 인상에서 자조와 사회복지는 공존할 수 없는 것으로 보인다는 것이다. 핵심을 살펴보면, 사회주의적 시각을 가진 사회복지사는 자조를 파괴적 무관심이 잠재된 것으로 치부하는 경향이 있고, 좀더 보수적인 사회복지사들은 이를 자신들이 빠지는 사유로 활용하기도 한다. 어느 쪽이든 사회복지사들은 그럴 만한 가치가 있음에도 불구하고 자조활동에 별 관심을 보이지 않는다. 서비스이용자들의 자조를 통해 사회복지사와 자조자들이 타인에게 힘을 실어주고 스스로도 힘을 얻을 수 있다는 사실로 미루어 볼 때 실천에서의 임파워먼트와 자조의 관계는 밀접하다.

6) 우파의 급진적 임파워먼트 활용 : 소비자주의 대(vs) 참여

임파워먼트는 우파 이데올로기와 정책 및 실천에서도 상당부분 활용된다. 이는 소비자주의자들이 정부정책에 대해 비판한 것이 반영된 지역사회보호에서 분명히 드러난다. 예를 들어, 사회서비스국(SSI)에서 사회복지사들이 부족한 자원의 문지기 역할을 하면서, 어떻게 보호자나 서비스이용자들과 권한을 부여하는 파트너십을 형성할 것인지에 대해 조언한 것이 반영되기도 했다. 지역사회보호에 대해 소비자주의(*consumerism*)의 접근과 참여적(*participation*) 접근 사이에는 긴장이 존재한다. 서비스에 대한 소비자주의의 접근, 즉 경쟁적 보호 및 계약파기와 같은 것들이 비즈니스 세계에서 도입되었으며, 이것이 보건과 사회복지, 사회서비스 영역으로 들어오게 되었다. 이에 따라 1980년대 초부터는 공공부문에서도 점차 소비자주의가 채택되었다. 반면 참여적 접근은 진정한 이용자 참여의 부족과 서비스공급 및 전달에서 민주화의 결여에 대한 비판과 관련이 있다. 장애인운동이 소비자주의 이데올로기가 지배적인 상황에 도전한 것은 참여적 접근의 좋은 예이다(Croft and Beresford, 1989).

6. 임파워먼트의 근원은 자조에서도 찾을 수 있다

영국 사회복지에서 임파워먼트 개념과 접근은 1980년대 후반부터 발전했지만, 그 아이디어는 더 오랜 역사를 지닌다. 자조(自助)의 의미에서 임파워먼트는 적어도 18세기부터 영국에 존재한 상호부조와 우호적 사회운동(*friendly society movement*)에 뿌리를 둔다. 그러나 현대 사회복지의 관점에서 훨씬 더 의미 있는 것은 임파워먼트와 저항(*protest*)의 관계다. 임파워먼트는 1960년대 후반부터 미국에서 있었던 소외계층의 사회적·정치적 운동에서 원류를 찾을 수 있다. 영국에서는 1960년대 이후 진보적이고 사회주의적인 정치적·사회적 항거의 여러 전통들이 페미니스트 이론과 실천을 만나면서 더 풍부해졌다. 1990년대부터 휴대전화와 인터넷을 활용한 네트워크를 사용하는 큰 규모의 항거를 통해 사람들이 집단적으로 힘을 발휘하여 정책에 영향을 미칠 수 있다는 것을 보여주었다. 이는 특히 뛰어난 자연경관이나 과학적으로 가치있는 지역을 관통하는 도로건설에 반대하는 운동에서 두드러졌다.

임파워먼트 패러다임의 문제 중 하나는 현재의 형태에 이르기까지 반성차별주의, 반인종차별주의, 반장애인차별주의, 반억압운동 등의 여러 비판론을 섭렵한 반면, 그 뿌리의 일부는 빅토리안 시대상황의 주요 가치가 반영된 자조의 전통에서 찾을 수 있다는 것이다. 이론적으로 자조는 중립적 개념이지만, 19세기 실천에서는 당시 번영하던 중산층이 자신의 미덕을 칭송하기 위해 사용한 개념이다. 이와는 대조적으로 현대 사회복지에서 임파워먼트는 반억압적 가치를 추구하고, 개인과 사회의 변화를 지향한다. 따라서 실천가들은 빅토리안시대의 선조보다 사회에서 인정받지 못하는 사람들과 관련된 일을 더 많이 한다. 그러나 자조가 단지 보수적 정치나 정책과 관련된 것은 아니다. 20세기 후반 진보적 실천은 개인주의적 이익에는 관심을 기울이지 않았지만, 18세기부터 이어진 우호적 사회운동과 같은 상호부조의 근원에는 관심을 가졌다. 진보적 임파워먼트가 형식적인 면에서는 1980년대 후반 영국에 도입된 개념이지만, 오랜 기간 정립된 자조와 상호부조의 전통과도 관련된 것이다. 영국에서 자조와 상호부조는 저축과 보험의 상호부조를 위한 신용협동조합과 우애조합에 뿌리를 둔 것이라 할 수 있다. 한편, 미국에서는 솔로몬(Solomon)의 저술(1976)을 통해 1980년대 옹호와 임파워먼트 운동에 박차를 가했다.

1) 자조의 개념 : 임파워먼트실천의 연료가 되다

영국에서 자조는 임파워먼트실천을 이끌어낸 가장 중요한 전통적 활동이다. 그러나 1970년대 이후 자조는 비판을 받아왔다. 빅토리아시대 중반에도 자조에 대한 비판이 없었던 것은 아니지만, 자조의 역사 중 어떤 측면 — 상호부조의 덕목 중 잘 드러나지는 않지만 진보적 신념이라기보다는 잠재된 중산층의 자기중심적 개인주의 — 은 1970년대부터 비판적 관심의 표적이었다.

1979년 권력을 잡은 보수정권은 자조를 '자기 일은 스스로의 힘으로 하기' 라는 의미로 적용하였다. 그러나 위에서 언급했듯이, 자조의 개념은 사회주의자와 사회민주주의자들이 상호부조의 의미로 유지한 것이었다. 따라서 예를 들어 신용협동조합이 펴져 나가던 1980년대에 어떤 지역의 집단들은 개인 차원의 지원과 지역사회 개발을 연결할 수 있는 잠재성을 알게 되었다. 21세기에 신용협동조합은 노동당 정권의 반(反)빈곤과 사회재생산 정책의 주요 부분을 형성했다.

자조는 영국과 미국 모두에서 폭넓은 기반을 갖춘 사회운동이며, 그 뿌리는 실용적 사고의 흐름에 두고 있다. 자조는 '개인적 이익이나 상호 이익의 관점에서 사람들이 함께하거나 그들의 경험과 문제를 나누는 과정, 집단 및 조직'으로 규정할 수 있다. 이런 측면에서 자조를 임파워먼트의 한 형태로 보기도 한다. 자조는 반지성주의의 특성을 지닌다. 반지성주의는 영국에서 실용주의 철학과 아마추어리즘 기호가 혼합된 예이다. 또한 현대 사회복지 교육, 훈련 및 실천의 주를 이루는 이론과 사회과학에 담긴 전문가주의로부터 탈피하고자 한다. 자조가 아직 아마추어리즘과 자발적 노력이라는 전통의 후계자인 한, 처음 영국 자선조직협회(COS)를 통해 연결되었던 빅토리안 시대의 박애주의와 맥락에 닿아 있다.

보건과 사회보호에서 사회경제적 몇몇 요인들은 자조의 성장 및 확산과 연관되어 있다. 여기에는 정신보건의 탈시설화, 의료 및 임상 실천에서 계약과 이에 대한 일깨움, 그리고 낙인 받는 클라이언트의 상황을 넘어서려는 대안적 실천의 성장 및 서비스이용자로서의 인식강화 등을 추구하는 추진력이 포함된다. 더 나아가 사회복지 내부에서는 1960년대 이래로 전문가의 파워를 좀더 비판적으로 보려는 경향이 있었는데, 이는 사회복지사들이 사회서비스 이용자들간의 네트워크가 가진 긍정적 영향력을 키우고자 했던 집중적인 노력과 관련이 있다.

7. 자조와 상호부조의 전통

어떤 종류의 보건 및 사회복지 서비스가 바람직한가에 대한 해석자의 정치적 판단에 따라 자조 자체에 대한 견해도 달라질 수 있다. 어떤 이에게는 자조가 매우 매력적인 대안으로 비춰지지만, 또 다른 사람에게는 계약복지국가의 매력 없는 결과물로 다가올 수도 있다. 한편에서는 이상적으로 보이지만, 또 다른 극단에서는 저주로 보이기까지 한다. 보건의 보충적 영역과 자가투약의 방대한 성장에도 불구하고, 자조의 지위는 보건의 전문성에 비하면 문제점이 많다.

이것은 과거에도 역시 마찬가지였다. 빅토리안 중반기에 사무엘 스마일스는 자조를 개인주의의 표현으로 보았는데, 이는 자조가 개인과 소집단이 자신의 문제를 해결하는 활동을 의미한다고 여겼기 때문이다(Samuel Smiles, 1890). 여기서 전문가 역할의 대부분은 사람들이 자기

문제해결의 책임을 지도록 권고하는 것에 국한된다. 이때 약간의 물질과 정신적 지지를 제공받은 사람들이 기울이는 노력은 그걸 받을 자격이 있음을 나타내는 것이었다. 이와는 상반되게 러시아 혁명 전에 크로포킨은 자조의 공익 측면을 탐색하고, 목적이 국가적으로 건강한 지역사회가 되는 것이라고 생각하였다(Kropotkin, 1902). 그리고 이는 지역사회의 참여증진을 통해 개인을 완성하고, 자신의 삶 속에서 통제력 상실에 대비한 보험을 제공하고자 하는 것이라고 보았다.

어떤 의미로 자조는 항상 인기가 있었다. 세금이 그렇듯이, 자조와 상호부조도 아마 인간이 지역사회에서 살아온 역사만큼이나 오래되었을 것이다(Kropotkin, 1976, p. 448). 그러나 영국에서 어떤 사람들은 이것이 대처리즘의 부산물이거나 미국에서 과거 50년간 있었던 자조의 붐을 수입한 것이라고 본다. 좀더 최근에는 자조집단을 단순히 상호부조가 지속된 것이거나 그 이전의 형태로 보기도 한다. 그러나 이런 전통적 민간활동과 완전히 전문적인 서비스 사이의 중간지점에서 이해하는 것이 아마도 좀더 정확할 것이다(Killiea, 1976, p. 47).

자조에는 비판이 따라다니는데, 그것은 영국에서 적어도 150년 넘게 중산층의 가치를 반영해왔기 때문이다. 100여 년 전에 사무엘 스마일스는 부르주아의 견해를 내놓았다. 그는 중산층의 관점에서 "빈곤은 인간의 도덕심을 정하하고 지탱한다"라고 설파했다(Smiles, 1875, p. 361). 또한 단순한 기부는 자선의 악습으로 보았고, 좀더 심사숙고한 박애에 의한 자선과는 대조적인 것으로 여겼다(1875, p. 324). 열심히 일하면 자기부인, 근검절약, 셀프-임파워먼트를 통해 가난을 극복할 수 있는 바람직한 길이 열린다는 것이다.

> 자조의 정신은 개인의 진정한 성장에 뿌리가 되어 여러 사람의 삶 속에서 발현되며 국가적 활기와 강점의 근원을 구성한다(Smiles, 1890).

이런 사고의 긍정적 측면은 영국에서 자조가 아직 박애와 자원봉사의 전통에 놓여 있었고, 그 운동이 19세기 말에도 사라지지 않았다는 것이다. 그러나 부정적 측면은 개인주의의 고질적 경향이다. 여기서는 자조와 사적인 서비스가 법적인 서비스를 보충하는 것이라기보다 대리적인 것으로 본다. 예를 들어 보건 및 지역사회보호에서처럼 말이다.

1) 자조와 자원봉사활동

지난 반세기 동안 적어도 영국에서는 자원봉사 운동의 장점이 증가한 것이 자조에도 유리하게 작용했다. 그러나 자조가 자원봉사에 포함되는 경우가 종종 있다 해도, 이들이 동의어는 아니라는 것을 알아야 한다. 그보다는 오히려 1940년대 이후 복지국가에 대한 열망으로 인해, 자원봉사와 자조가 약화되는 것을 알아차리지 못하는 일도 있었다. 사실 1950년대에서야 여러 자조단체와 압력단체들의 성장이 목격되었다. 1960년대 말에 나온 자원봉사자의 역할에 대한 중요한 보고서는, 민간영역의 기반을 강화하는 계기가 되었고(Aves, 1969), 이를 통해 자조하고자 하는 다양한 정신을 지지하고 격려하게 되었다.

그러나 1960년대 이후 자원봉사주의가 강화되어 왔다고 해도, 자조를 강조한 월펜덴 보고서(Wolfenden Report, 1978)가 나오기까지는 20년 정도가 걸렸다. 그 보고서에서는 특히 자조에 대해 새로이 강조하고 있는데, 이후 영국에서는 자조에 힘을 결집하게 된다. 월펜덴은 개인, 비공식 지지망, 민간단체 및 법정기관들 간 파트너십을 발전시키는 데 있어서 민간영역의 중요성을 강조하였다.

8. 자조의 가치

자조(自助)와 상호부조에 대한 주요 접근들이 처음 보기에는 사회정책에 대한 개인주의적 견해와 정치적 우파를 지지하는 것같이 보일 수도 있지만, 사실 여러 단체와 조직들이 반동에서부터 진보에 이르는 폭넓은 시각을 채택하거나 반영한다.

가트너와 리스만(Gartner and Riessman, 1977, pp. 13~14)에 따르면, 자조의 철학은 "좀더 활동적이고, 소비자 중심적이고, 비공식적이며, 열려 있고, 값싸면서도 품질이 좋은 것"이라고 한다. 여기서는 전문가가 아닌 것, 즉 "구체성, 주관성, 경험과 직관을 강조한다. 전문가가 강조하는 초연함, 관점, 반영, 체계적 지식 및 이해와는 대조되는 것이다". 그러나 많은 자조가들(*self-helpers*)들이 이런 단면을 수용하지 않을 수도 있다. 왜냐하면 많은 사람들이 후자쪽을 지향하기 때문이다. 그러나 자조의 영역에서 공유되는 가치를 정립하려는 시도는 소중하다. 여기에는 여섯 가지 순환적 주제가 있다. 즉, 옹호와 자기옹호, 자기관리, 임파워먼트, 반(反)관료주의, 협력, 그리고 공통 경험이 그것들이다.

1) 옹호와 자기옹호

전문가가 하는 옹호는 변호사와 법률가들이 클라이언트에게 제공하는 법적 옹호에 그 기원을 두고 있다(Payne, 1997, p. 267). 반면 데이비드 브랜든(David Brandon, 1995, p. 1)이 '아마추어 옹호'라고 호칭한 것은 기독교 신앙에서 그 기원을 찾을 수 있다. 옹호는 어떤 사람을 대신하여 협상하거나 대변하는 활동이다. 브랜든은 이를 장애와 관련하여 이렇게 정의하였다.

> 장애를 가진 사람이나 집단, 또는 그들의 대변자들이 자신에게 직접적으로나 실질적으로 영향을 줄 수 있는 상황에 대해 관련자들에게 압력을 가하는 것. 그리고 이를 통해 악화될 것으로 예상되는 변화를 막고자 시도하는 것(Brandon, 1995, p. 1).

옹호는 자기옹호와 같이 다양한 형태로 나타날 수도 있고, 임파워먼트로 여겨질 수도 있다. 또한 발언권을 얻지 못했던 사람들이 발언권을 얻게 되며 문서상의 권리를 실질적 권리로 바꾸는 과정으로 규정되기도 한다(Beresford and Croft, 1993, p. 85). 데이비드 브랜든(David Brandon, 1995, p. 1)에 따르면 옹호에는 세 가지 종류가 있다. 첫째, 영향을 받는 사람들에 의한 자기옹호(*self-advocacy*), 둘째, 변호사, 회계사나 조합의 관리와 같이 돈을 받고 하거나 전문가에 의해 이뤄지는 옹호, 셋째, 무료로 하거나 아마추어가 하는 옹호가 그것이다. 패인(Payne)은 사례옹호(*case advocacy*)는 사회복지사들이 서비스에 대한 접근성을 강화하려는 것으로, 그리고 원인옹호(*cause advocacy*)는 사회집단을 위한 사회변화를 증진시키고자 하는 것으로 구분하였다(1991, p. 225). 리스(Rees)는 개인적 이익과 관련된 옹호는, 일반적 복지를 추구하는 것과 같이 여러 사람에게 영향을 주는 옹호와는 다르다고 보았다(1991, p. 146). 옹호 및 자기옹호의 모든 측면들에는 임파워먼트의 의미가 담겨 있다. 자기옹호의 기원은 일반적으로 학습장애에 대한 옹호에서 나온 것으로 여겨지고 있다(Lawson, 1991, p. 70).

자기옹호는 자기자신을 대변하는 과정이다. 집단적 자기옹호는 자신을 위해 집합적으로 하는 자조활동과 관련이 있다(4장을 보시오). 이렇듯 자조, 자기옹호, 그리고 임파워먼트는 모두 연결되어 있다. 자기옹호자들은 서비스에 대한 전통적 시각, 즉 서비스는 클라이언트를 위해 전문가들이 제공하는 것이라는 기존 관념을 깨뜨린 사람들이다. 자기옹호자들은 실천가가 된 클라이언트이며, 스스로 옹호를 해내는 사람들이다. 클라이언트는 자기옹호를 통해 임파워먼트의 효과를 얻고 전문가들에게 기대지 않을 수 있다. 이는 클라이언트가 도움이 필요할 때 실천가에게 의존하지 않고 필요한 것을 얻을 수 있다는 것을 의미한다. 또한 자기옹호를 하게 되면 중개자, 협상가, 촉진자가 필요 없어진다. 자기옹호에서는 인간의 권리를 중시한다. 사회복지 측면에서 자기옹호의 가장 극적인 업적은 클라이언트들이 장애인, 노인, 정신질환자로 구분되거나 차별당한 영역에서 이뤄졌으며, 이들이 자기자신을 위해 주장하고 주변환경을 변화시킬 수 있게 되었다는 점에 있다.

2) 자기관리

자기관리(*Self-management*)는 다음 두 가지와 모두 밀접한 관련이 있다. 하나는 사람들이 서로 얼굴을 마주 대할 수 있는 소집단이나, 집에서도 운영 가능한 네트워크나 우편을 통한 접촉에 대해 갖고 있는 호감이다. 그리고 또 하나는 문제해결에 대한 신념이다. 대부분의 자조집단이나 조직들은 다음과 같은 가정을 갖고 있다. 즉, 개인적인 자기관리를 통하든지 집단 리더십이나 또 다른 방법에 의하든지 간에, 참여자들에게는 스스로 돕고 관리할 수 있는 잠재력이 있다는 것이다.

3) 자조에 의한 임파워먼트

자조와 관련된 일을 해온 세계도처의 사람들이 오랫동안 임파워먼트를 위해 일을 했다고 할 수 있겠지만, 사실상 '임파워먼트'라는 용어는 영국에서 1980년대 후반에서야 자조와 연결되었다. '사람은 자신의 상황에 대한 통제력을 증진시키고자 한다'는 원칙을 굳게 신뢰하는 사회복지사들이 자조활동과 관계를 맺는 것은 점차 일반적인 현상이 되고 있다.

4) 반(反)관료주의

자조집단 및 조직은 그들 스스로 조직화하는 방법을 발전시켜야 할 필요성을 역설하곤 한다. 이는 클라이언트들이 접촉해야 하는 기존의 여러 조직들과는 달라야 한다는 것이다. 여기서는 서열과 관료적 조직 유형을 피할 것을 강조한다.

5) 협 력

이기적 개인주의에서 비롯된 자조활동과 달리, 상호부조나 협력보호를 강조하는 것은(Wilson, 1988), 다음과 같은 신념으로 표현되곤 한다. 즉, 민주주의와 집단 및 조직 내 지위와 힘의 평등이 그것인데, 이를 통해 의사결정과정에서 리더십과 협력을 공유할 수 있다는 것이다. 자조의 주도성은 협력을 통해 나오는 경우가 많다.

6) 공통 경험

참가자들은 집단이나 조직이 규정한 공통된 경험의 토대 위에서 시작하려는 경우가 많다. 이것은 집단성원들이 어떤 이슈나 문제를 공유하려는 것과 관련 있다. 또한 이것은 집단을 전문가와 일반성원, 치료자와 클라이언트로 나누는 것에 대한 저항을 의미하는 것이기도 하다. 그러나 자조에 반(反)전문가주의를 찬성한다는 측면이 있다 해도, 항상 그런 것은 아니다. 좀더 많이 활용되는 원리는 자조의 과정이 단지 전문가의 영역에만 해당되는 것이 아니므로 참가자라면 누구든 주도적으로 참여할 수 있어야 한다는 것이다. 대부분의 조사결과에 따르면, 자조집단은 전문가와의 관계를 거부하기보다는 수용하는 쪽이라고 한다(Lieberman and Borman, 1976, p.407). 단, 동시에 자조에는 전문가의 활동에 대한 뿌리 깊은 비판도 존재한다는 것이다.

9. 국제적 발전

자조, 옹호, 그리고 임파워먼트에 대한 초국가적 특성을 간과해서는 안 될 것이다. 미국이 서구 유럽에 끼친 영향이 사실 개발도상국으로부터 배운 것보다 더 의미 있는 것은 아닐 수도 있다. 이는 4장의 〈나이제리 코리〉(Nijeri Kori)의 예를 보면 알 수 있다.

미국에서 나온 자조에 대한 많은 문헌들에는 영국 상황이 좀 덜 반영되기는 했지만, 영국과 미국 두 국가의 관심사가 많이 다뤄지고 있다. 그러나 영국에서는 미국과 같은 열성을 갖고 연구조사가 수행되어오지는 않았다(Richardson, 1983, p. 203). 또한, 어떤 이들은 미국과 영국에서의 자조는 중산층의 현상이라는 의견을 제시해왔다. 자조의 형태가 다양해지는 것은 자조의 영역범위를 통해 나타난다. 어넬(Unell, 1987, p. 30)은 여러 가지 물리적 조건 및 삶의 위기와 관련된 집단의 다양한 시도를 정리하기도 하였다.

그러나 아직 모든 사회계층의 사람들이 자조를 시도하려 한다는 증거는 부족하다. 또한 전문가들의 견해에 대한 어넬의 소규모 조사에 의하면, 많은 사람들이 이런 활동을 제한된 사람들만이 활용하는 것으로 보고 있다고 한다. 자조집단의 이미지가 중산층에 맞는나는 것은 사실이다. 그들의 문제는 전문가의 지원이나 개입을 그다지 필요로 하지 않는 것이기 때문이다.

서구 유럽에서 자조에 대한 관심이 증가하고 있는 것은 확실하다. 네덜란드에는 안락사, 자살, 이성복장도착증, 가학피학성 변태성욕과 같은 문제에 관련된 집단들도 있다(Bakker and Karel, 1983, p. 167). 이들 중 많은 자조집단이 좀더 폭넓은 정치 · 사회적 이슈에 관련되어 있다. 또한 제도적인 보건, 교육, 사회복지 공급의 한계에 대한 인식이 증가한 것과도 관계가 있다. 독일의 자조활동에서는 생태, 평화, 여성운동이 강한 인상을 주고 있다. 벨기에에서는 전문가 프로젝트에 대한 국가기금이 줄어들고 있는 현상과 반대로 자기보호 및 자조에 대한 지역차원의 지원은 증가하고 있다고 한다(Branckaerts 1983, p. 158). 프랑스에서는 민간활동 자체는 그다지 대중적이지 않지만, 공중보건 및 사회서비스와 함께 민간 서비스가 있다는 것이 강점이다. 이것이 자조적 시도영역을 확보하도록 해주며, 이를 통해 다른 영역의 취약성을 대신하거나 보완해 주고 있다(Ferrand-Bechmann, 1983, p. 186).

서구 산업국가의 문제는 과잉생산과 과잉소비에서 비롯되는 반면, 제3세계는 이와 반대이다. 개발도상국에서는 일반적으로 자조와 상호부조가 보건과 사회서비스 측면에서뿐 아니라 경제와 사회상황에서도 핵심적 역할을 한다. 이것은 농업에서 교육까지, 주거에서 에너지 공급까지 모두 적용되는 현상이다. 여러 지역의 대다수 사람들은 오래전부터 스스로 도구, 건물, 기술, 기타 자원들을 충당해야 했으며, 박탈과 죽음의 위험도 감수해야 했다.

개발도상국에서 빈민의 자조는 다른 곳에서와 마찬가지로 정치적 이슈다. 예를 들어 생활방식을 바꾸고, 환경의 위협을 감소시키며, 개인의 보건과 사회적 문제를 효과적으로 해결하도록 하는 캠페인이나 프로그램을 지역기반 위에서 비전문가가 이끄는 것은 착취구조에 대항하는 것이 될 수 있다. 또는 정치와 실천에 변화를 가져오려는 활동에 대해 무관심하거나 적대적인 것에 맞서는 것일 수도 있다(Afshar, 1998).

자조와 자기보호(*self-care*)가 기존의 공급을 보충하는 것이 아니라, 보건 및 사회서비스의 부재를 대신하게 되는 나라도 많이 있다. 이러한 이유로 동남아시아에서는 환자의 65%~90% 정도가 스스로 약초로 치료하는 방법을 사용하고 있다(Stokes, 1981, p. 103). 아프리카의 차드공화국에서 나병을 조사한 결과에 따르면, 전통적인 자가치료 방법이 의료적 처치를 받는 것보다 더 효과적이었다고 한다(Stokes, 1981, p. 104).

오카(Oka, 1994)는 일본에서 다원주의의 결여와 행정력의 집중과 같은 정치적 장애물들이 어떻게 문화적 요소와 결합하여 개인주의적 자조를 약화시키는지를 보여주었다. 한편 자조가 사회복지에 대한 대안이나 이를 대체하는 기제로 작동하는 나라들도 있다. 자조의 여러 활동, 특히 집단적인 것은 이용자주도로 이뤄지는 경우가 많다. 이용자가 이끄는 집단들은 사회복지에 대해 호의적일 수도 있지만 무관심하거나 비판적일 수도 있다. 후자의 경우, 즉 비판적인 경우에는 이용자 집단이 오래되었든 아니든 간에 원조 서비스 영역에서 비판적 실체로서 기능하는 경향이 있다. 그 비판의 대상은 개별 사회복지사, 기관, 전체서비스, 또는 주요한 몇몇 서비스들이 될 수 있다.

개발도상국에서 참여조사(8장을 보시오)와 사회발전(7장을 보시오)은 함께 진행된다. 제3세계에서 개발에 대한 참여접근은 여러 형태로 일어난다. PRA(Participatory Rural Appraisal/Participatory Relaxed Appraisal/Participatory Reflection and Action)는 그 중 가장 잘 알려진 것인데(Holland and Blackburn, 1998 : 103-5 Southampton Row, London WC1B 4HH, England), 이는 ITP(Intermediate Technology Publication)를 통해 발전되어 왔다.

이상과 같이 간단한 고찰을 통해 사회복지에서 임파워먼트는 그 영역이 매우 다양하며, 논란의 여지를 갖고 있는 개념이자 실천영역임을 살펴보았다. 특히 임파워먼트에 대한 현대적인 반(反)억압 및 평등의 영향력, 전통적인 자조 및 상호부조 사이에 괴리가 존재하기도 하였다. 또한 임파워먼트를 비판적으로 이해하기 위해서는 서구 유럽과 미국에서의 발전뿐 아니라 개발도상국의 폭넓은 국제적 맥락을 이해할 필요가 있겠다.

■ 더 읽을 거리

Parsloe, P. (ed.) (1996) *Pathways to Empowerment*, Birmingham, Venture.

Shera, W. and Wells, L.M. (eds) (1999) *Empowerment Practice in Social Work*, Toronto, Canadian Scholars Press.

임파워먼트의 구조 제2장

1. 개 요

앞에서 우리는 임파워먼트 개념의 뿌리가 상호부조와 자조가 합쳐진 데 있으며, 근래에는 해방, 정의, 사회운동에 그 기원을 두고 있음을 살펴보았다. 그러나 임파워먼트는 기존의 것들을 응용하거나 확장한 것이라기보다는 새로운 패러다임을 제공하는 것이다. 이 장에서는 다양한 이론과 접근들을 간단히 조사하고, 이들을 결합해서 활용하는 임파워먼트실천의 틀을 제안한다. 이런 전략은 임파워먼트를 적용하는 다양한 실천현장에 적합할 것이다.

2. 이론과 모델들

임파워먼트에 대한 하나로 통일된 개념이나 접근이 존재하지 않는다. 개념에 대한 통일된 규정이 없다는 것은 다양한 임파워먼트 이론과 모델들을 보면 알 수 있다. 임파워먼트는 개념과 기술의 혼합이며, 과거와 현재의 아이디어를 섞어 놓은 것이다. 또한 정치가, 경영자,

실천가, 서비스이용자와 같은 모든 사람들에게서 아이디어를 끌어왔다. 그러나 그 결과 아무도 만족시키지 못하는 위험에 빠질 수도 있다.

사회복지에서 임파워먼트가 발전하기 시작할 즈음, 미국은 글과 실천을 통해 가장 강력한 영향을 끼쳤다. 그 예로 바바라 솔로몬(Babara Solomon, 1976, 1986)이 흑인 임파워먼트에 대해 썼던 글을 들 수 있다. 1960년대 후반에는 미국에서 흑인운동과 베트남 전쟁 반대가 있었고, 영국, 프랑스, 독일을 필두로 서유럽의 여러 분야에서 저항운동이 넓게 퍼져나갔다.

파울로 프레이리(Paulo Freire, 1972, 1973, 1990)의 주장은 임파워먼트를 향한 참여적 접근과 여러 해방주의자들의 시발점이었으며, 이는 특히 지역사회(7장)와 협력적 조사연구(8장)에서 두드러졌다. 주목할 만한 것은 프레이리의 방법론이 학문적·개념적 경계를 쉽게 넘나들었다는 것인데, 이런 성과는 사르트르(Sartre), 프롬(Fromm), 루이 알튀세(Lois Althusser), 맑스(Marx), 마오쩌둥(Mao Zedong)의 이론들과 체 게바라(Che Guevara)와 마틴 루터 킹(Martin Luther King)과 같은 사회적·정치적 활동가들의 업적을 통합하는 과정에서 이루어졌다. 또 일부는 개인 임파워먼트에서 집단 임파워먼트로 이어지는 의식화 능력에서 비롯되었다.

1960년대 이후 임파워먼트에 대한 이론적 관점들은 임파워먼트 수단으로서의 옹호와 관련이 있는 것으로 여겨져 왔다(Leadbetter, 2002). 데이비드 브랜든(David Brandon, 1995)은 다음 세 가지, 즉 옹호(*advocacy*), 자기옹호(*self-advocacy*), 시민옹호(*citizen advocacy*)를 구분하였다. 자기옹호는 사회서비스 수혜의 한도에 대한 경험을 결집하는 대중적 운동들이 증가하면서 힘을 얻었다(Mayer and Timms, 1970 ; Page and Clark, 1977). 이 운동들은 전통적으로 억압받아온 사람들, 특히 수감자들에게 도움이 되었다. 미국과 유럽의 문학 중에는 소크라테스(Socrates)에서부터 토마스 모어(Thomas More), 세르반테스(Cervantes), 도네(Donne), 버니언(Bunyan), 디포(Defoe), 볼테르(Voltaire), 오스카 와 일드(Oscar Wild), 잭 런던(Jack London), 버트란드 러셀(Bertrand Russell), 솔제니친(Solzhenitsyn), 브렌단 베한(Brendan Behan), 그리고 미국 흑인운동을 이끌었던 말콤 엑스(Malcom X)에 이르는 수감자들의 저작이 있었다.

소비자보호운동은 1970년대부터 보건영역에서 활발히 진행되었다. 일리치(Illich, 1975, pp. 166~167)는 그가 보건서비스에서 부족하다고 생각한 것들에 대한 대응책으로서 좀더 건강한 삶을 위한 소비자옹호와 사람들의 조직화를 제안하였다. 점진적이고 급진적인 교육자들로부터 일어난 무상교육 운동은 프레이리(Freire)와 일리치가 힘을 실어주었지만, 이 중요한 아이디어가 주류가 되지 못하고 하나의 '대안'으로 밀려났기 때문에, 결국에는 퇴보하는 결과를 가져왔다. 이와 유사하게 전통적 치료와 의학이 지배하는 정신의학에 대한 의미 있는 비판도 급진주의로 취급받게 되었다. 1970년대 초 급진적 정신의학에서 비롯된 급진적 치료 모임(Radical Therapy Collective)에 대해 클라우드 슈타이너(Claude Steiner, 1974)는 지배적인 정신의학에 도전하는 출발점이라고 기술하였다. 여기서 주요 표적은 막강한 전문가인 정신의학자들이 가진 권위였지만, 환자들에게 힘을 실어주기 위한 정신보건의 폭넓은 운동은 이후 15년간 의미 있는 효과를 내지 못하였다(4장 〈극복한 자들의 외침〉에 대한 글을 참고하시오).

페미니스트들은 항거와 임파워먼트의 주요 이론 및 실천에 중요한 공헌을 하였다. 영국에서 그린햄 커먼(Greenham Common)의 반핵운동은 여성운동의 상징이 되었으며, 이를 통해 많은 사람들이 여성들의 관계망과 비남성적 저항 스타일을 알 수 있었다(Lowy, 1983 참조). 여성에 의해 주도된 운동들은 사회복지의 근본적 측면들, 즉 윤리와 가치(Wise, 1995), 지역사회보호(Orme, 2001), 반인종 및 성차별 실천(Dominelli, 2002), 그리고 교육과 훈련(Phillipson, 1992)에 대한 페미니스트의 비판들과 관련된 것으로서, 잠재적 사고의 임파워먼트가 이론 및 실천의 주류에서 분리될 수 없다는 것을 보여주었다.

정신적 스트레스를 경험하는 여성들은 〈영혼의 여인들〉(Women in MIND)을 결성했는데, 여기는 여성수감자 자원센터, 〈리즈〉(Leeds) 여성상담 및 치료서비스, 〈팩캄〉(Peckham) 여성그룹, 그리고 〈글래스고〉(Glasgow) 여성 네트워크와 지원 프로젝트 등이 포함되어 있다. 여성들은 이들을 통해 공통된 경험을 나누고 자신의 건강에 대한 통제력을 얻기 시작하였다(Women in MIND, 1986). 여성치료센터에서는 여성들이 우울, 광장공포, 관계문제 등에 맞서 싸울 수 있는 방법으로 워크숍이나 자조집단을 활용하였다(Krzowski and Land, 1988).

한편 로버트 챔버스(Robert Chambers, 1997)와 그의 동료인 제임스 블랙번(James Blackburn)과 제레미 홀랜드(Jeremy Holland)는 중간기술센터(Intermediate Technology Center)를 통해 제3세계의 사회개발 및 평가에 대한 참여적 접근을 제도화하는 책임을 수행하였다(Blackburn and Holland, 1998 ; Holland와 Blackburn, 1998).

사회복지에 대한 미국적 임파워먼트 접근이라고 할 수 있는 주디스 리(Judith Lee)의 기념비적 저작 제2판(2001)은 이 분야의 캐나다와 미국의 방대한 문헌들을 다시 한번 살펴보기에 유용하다. 그녀는 임파워먼트가 '사회복지의 요지'라고 했으며, 여기에는 서로 연관된 다음 세 가지 측면이 있다고 보았다. 즉, "자신에 대해 좀더 긍정적이고 능력 있다는 느낌"을 개발할 것, "사회망과 자신이 처한 환경의 정치적 현실을 충분히 이해하는 능력"과 지식을 구축할 것, 그리고 "개인적이고 집합적인 목표를 얻기 위해 자원과 전략, 또는 기능적 유능함"을 가꿀 것 등이 그것이다(2001, p.34). 집단사회사업을 통한 임파워먼트 과정을 12단계로 구성한 리(2001, p.308)의 차트는 멀렌더와 와드(Mullender and Ward, 1991, pp.18~19)가 몇 년 더 일찍 만든 자기지시 집단사회사업(6장 요약을 참고하시오)에 포함된 12단계와 유사하다.

스튜어트 리스(Stuart Rees, 1991, p.10)는 임파워먼트 접근을 이론으로 정립하였는데, 이는 다섯 가지 필수개념으로 구성된 정치적 활동으로서의 임파워먼트이다. 여기에는 힘의 활용법을 개발할 것, 정치적 이해를 발전시킬 것, 평가·행정·협상 및 옹호의 기술을 갖출 것, 그리고 정책과 실천의 상호의존성을 인식할 것 등이 포함된다.

영국에는 특정한 실천영역에서 이론을 정립한 예가 많다. 멀렌더와 와드(Mullender and Ward, 1991)는 집단사회사업에 대한 글을 통해, 반(反)억압 및 비(非)차별 실천의 주제와 전통적 자조 및 집단치료를 연결하였다. 앞에서도 언급했듯이 대서양 양쪽 대륙에서 전통적 자조와 집단치료는 집단사회복지실천을 통한 임파워먼트에 지식기반을 제공했다(5장과 6장에서 관련토론을 참고하시오). 또한 올리브 스티븐슨(Olive Stevenson, 1996, pp. 81~91)은 노인에 대한 임파워먼트실천에 대한 글을 써왔고, 마가렛 보우쉘(Margaret Boushel)과 엘라인 파머(Elaine Farmer, 1996, pp. 93~107)는 아동 및 가족의 임파워먼트에 대해 집필하였다. 또한 피터 버크와 캐티 시그노(Peter Burke and Katy Cigno, 2000, pp. 110~121)는 학습장애아동의 임파워먼트에 대해 깊이 있는 글을 써왔다.

피터 브레스포드(Peter Beresford)와 수지 크로프트(Suzy Croft)가 지난 20년간 지속적으로 기울여온 노력 덕분에 서비스이용자의 존재와 그들의 관점이 사회서비스 전달에 중요한 고려사항이 되었다. 브레스포드와 크로프트는 임파워먼트의 자조모델, 해방모델, 전문가모델, 통제모델, 시장모델을 구분하였고, 그들의 규칙적이고도 자유로운 잠재력을 강조하였다. 이들이 인식한 바에 따르면,

> 임파워먼트는 태생적으로 정치적 개념이며, 힘(*power*), 힘의 소유, 힘의 불평등, 힘의 획득과 재분배가 중심적인 이슈이다(Croft and Beresford, 2000, p. 117).

힘의 이동에 관심을 갖고, 그동안 주변으로 밀려나거나 억압받은 사람들의 욕구와 권리를 충족시키는 것을 강조하기 때문에, '임파워먼트'라는 용어는 서비스이용자에 대한 상담에서 서비스 기획에 이르는 모

든 활동의 범주에서 자주 사용된다. 브레스포드와 크로프트는 실천가와 서비스이용자의 화법에는 태생적인 차이가 있다고 보았다. 하지만 이들은 사회복지 교육, 조사, 이론정립 및 실천에 서비스이용자들의 참여가 증가하면, 좀더 포괄적인 실천이 발전하고 사회복지의 핵심 가치를 되찾을 수 있는 방법이 생길 것이라고 낙관하였다(Beresford and Croft, 2001, pp. 295~316).

3. 파워와 임파워먼트의 문제

임파워먼트의 개념과 그 실천을 통합하지 못하는 데는 임파워먼트 분야에서 활동하는 이 시대의 많은 이론가들과 활동가들에게 책임이 있다. 그 한가운데에는 다음과 같은 두 가지 핵심문제가 존재한다. 하나는 힘, 즉 파워에 대한 다양한 시각에서 파생된 것이고, 또 하나는 사람들에 대한 임파워먼트의 개념으로부터 파생된 것이다. 그 사람들이란 원래부터 자신들이 살고 있는 상황에서 여러 문제와 취약성을 경험하면서 사회서비스를 받고 있는 이들이다.

1) 힘에 대한 시각들 : 임파워먼트에 대한 문제를 만들어내다

임파워먼트의 핵심인 힘(*power*)의 개념을 통해 실천가들이 '어떻게 사람들에게 힘을 부여(*empowering*)하는지'를 알 수 없는 것은 다음과 같은 세 가지 중요한 이유가 있기 때문이다.

① 이론가들이 힘이 무엇인가에 대해 단일한 견해를 갖고 있지 않기 때문이다. 힘이란 임파워먼트의 심장부에 있는 불확실한 개념이다. 그리고 임파워먼트는 다양한 방식으로 개념화할 수 있고 이에 따라 힘을 발휘하는 방식에 영향을 줄 수 있다. 루크스(Lukes)는 짧지만(전문이

49페이지다) 매우 우수한 사회과학 책을 통해 힘에 대한 세 가지 견해를 정립하였다. 1차원적 견해는 '행동에 초점을 두되, 정치적 맥락의 왜곡과 조종은 무시하며, 어떻게 결정을 내리거나 내리지 않는지, 또는 이것을 어떻게 피하는지에 관심을 두지 않는 것'이다. 2차원적 견해는 '이런 왜곡들을 인식하고 조절해보려는 것'이다. 3차원적 견해는 '사회학적 관점을 동원하여, 힘을 발휘하도록 하는 분명한 시도가 있었음에도 불구하고 사람들을 무력한 상태에 머물게 하는 복잡하고, 미묘하며, 때로는 구조적인 방식을 분석하는 것'이다(1974). 허그만(Hugman)은 하버마스(Habermas, 1977)의 견해를 참고하여 또 다른 견해를 선보였다. 즉, 힘은 아이디어, 관심, 이슈들을 구성하고 인식할 수 있는 사회적 틀에 따라 어떤 관계를 구축함으로써 구현되는 것이라고 보는 것이다(Hugman, 1991, p. 35).

② 사회복지사들이 클라이언트에게 간단히 파워를 줄 수 있는 위치에 있지 않기 때문이다. 왜냐하면 그들 스스로 파워와 의무와 책임을 행사하지만, 이것들이 그들 내부에 있는 것이 아니라 실천의 기반이 되는 법과 조직 안에 존재하는 것이기 때문이다(Harris, 2002).

③ 힘을 개념화하다 보면 그 사회적, 구조적, 그리고 조직적 측면에 초점을 맞추게 되고, 그러다 보면 개인이 어떻게 힘을 잃거나(*disempowered*) 얻게 되는지(*empowered*)에 대해 분석하고 연결하기가 어렵기 때문이다(Servian, 1996). 앞의 두 관점은 사회복지사가 힘이 없다고 느끼게 만들 수도 있다. 세르비안(Servian)은 루크스(Lukes)가 푸코(Foucault, 1984) —그는 힘있는 사람과 그들의 이익이 원하는 방식으로 유지되어 온 역사적 전통, 지속성과 그런 세력에 대해 글을 썼다— 와 마찬가지로, 다음 사실을 이해하는 것을 어렵게 만들었다고 지적하였다. 즉, 개인이 이런 사회구조에 도전할 수 있는 방법을 이해하는 것이 완전히 불가능하지는 않다 해도 어렵다는 것이다.

2) 임파워먼트의 개념 : 실천의 모순을 만들어내다

사람들이 질병, 장애, 노화, 빈곤과 실직, 또는 차별의 문제에 당면하게 될 때, 그 삶의 현실에 대치되는 임파워먼트라는 아이디어에는 원래 모순이 존재한다. 임파워먼트 개념은 어떻게 핵심적 자기모순, 즉 강점과 전체뿐 아니라 약점과 부분을 모두 필요로 한다는 사실을 극복할 수 있을까?

사 례

자넷 프라이스(Janet Price)는 장애 때문에 전일제 직장을 떠나야 했던 경험에 대해 글을 쓰면서, 임파워먼트의 개념을 그녀에게 적용할 수 있는지 의구심을 표현했다. 그 이유는 다음과 같다.

> 지난 6년간 질병과 장애를 경험하는 동안 그런 신체적 경험을 통해 어쨌든 나의 수준은 낮아졌다. 나의 '망가진 몸' 때문에 나는 물리적으로나 이론적으로 힘의 영역에서 배제되었다. 나는 일을 그만두어야 했으며, 수입과 지위도 낮아졌다. 내가 '힘있는' 사람들과 어울릴 수 있는 어떤 지점은 더는 존재하지 않는 것 같았다. 왜냐하면 임파워먼트라는 아이디어는 힘은 획득하고 유지할 수 있는 것이며, 전체적이고, 안정적이며 강한 신체를 지닌 사람만이 이러한 힘을 추구할 수 있다는 의미가 함축되어 있기 때문이다. (Price, 1996, p. 35)

3) 논평

임파워먼트가 부분적으로 남성적이고 사회적인 속성을 이어받았다는 것은 피할 수 없는 사실이다. 그리고 맑스(Marx)의 마초(*macho*)적인 예견, 즉 어떻게 남성지배적 노동계급 운동이 결국 억압적인 자본가에게 승리할 것인지에 대한 예언도 물려받았다. 프라이스는 푸코(Foucault)가 '인간성과 남성성을… 통합'하는 데 있어서, 남성의 신체를 기준으로 삼았다고 주장한 사실에 주목하였다(Price, 1996, p. 44). 이와 대조적으로 프라이스는 자신의 주관성에 대한 감각이 연약하고 일시적이며 불안정하다는 것을 솔직히 받아들이고 있다. 그녀의 정체성은 단일요소나 고정적인 경계에 얽매이지 않고 다양하게 나타난다.

> 내가 장애여성이나 레즈비언이라는 사실에 부여되는 의미는 다양하다. 나는 접근하기 힘든 문제 때문에 클럽에 들어가지 못하고, 들어간다 해도 신체적 차이로 인해 '진정한' 레즈비언이 아니라는 표시가 난다. 시내에 있는 가게에서, 휠체어를 사용하면 사람들은 내 성정체성을 무시하고 나의 애인을 '나를 돌보는 사람'으로만 보려 한다. 자부심이라는 면에서 볼 때, 나의 성정체성과 장애는 별개의 것이 아니라 같은 맥락에 함께 서 있는 것으로 보인다. 공원에서 열리는 파티로 가는 내 길을 가로막고 있는 역에 한 걸음 올라서게 될 때까지는 말이다(Price, 1996, p. 44).

4. 사회복지에서 치료 패러다임과 임파워먼트 패러다임

이러한 다양성과 어려움을 해결하고 앞으로 나아가기 위해, 우리는 임파워먼트에 대한 폭넓은 관점을 취할 필요가 있다. 임파워먼트는 서비스를 받으면서도 이런 관점을 잃지 않았던 사람들과 실천가들을 위해 20세기 후반에 생긴 중요한 기회이다. 이 장의 두 번째 부분은 이러한 시각을 유지하며 사회복지에서 임파워먼트의 창조적 잠재성을 펼칠 수 있는 방법을 제시할 것이다.

1장에서 임파워먼트의 뿌리 중 일부는 자조와 상호부조에 있으며, 또 부분적으로는 1960년대에 있었던 미증유의 의식화 및 저항문화에서 찾을 수 있다고 하였다. 그러나 사회복지에서 임파워먼트의 특성은 점진적으로 이동하는 '진화'라기보다는 패러다임 자체의 변화하는 '혁명'이라고 할 수 있다. 이것은 임파워먼트의 패러다임과 반억압적 담론을 확고히 연결함으로써 정당성을 얻게 된다. 이에 따라 임파워먼트의 개념을 통해 사회복지 문헌 전체를 재해석하는 것이 필요해진다. 임파워먼트는 존재하는 것을 수정한 것이라기보다는 새로운 접근이나 패러다임을 제공하는 것이다. 이는 쿤(Kuhn, 1970)의 '패러다임의 전환'이라는 개념과 관련된다. 패러다임의 전환이란 무슨 의미인가?

쿤은 '패러다임'이라는 용어를 "실천가들의 후속세대를 위해 연구조사 분야의 적절한 문제와 방법을 규정하는" 혁신(*innovations*)을 설명하기 위해 사용하였다. 혁신이 이런 문제와 방법을 새로이 규정할 수 있는 것은 다음의 두 가지 핵심 요소가 있기 때문이다. 혁신은,

> 경쟁적인 활동으로부터 지지자들을 끌어들일 수 있을 정도로 충분히 새롭고, 재규정된 실천가 집단이 해결할 수 있는 모든 문제들을 남겨둘 정도로 충분히 개방적이다(Kuhn, 1970, p. 10).

이 책의 관점에서 보면, 패러다임의 전환이 경험적 조사에 의한 새로운 증거에 기반을 둘 필요가 없다는 것이 강점이 될 수 있다. 이러한 주장은 특정현장에서 어떻게 변화가 일어나는지에 대한 쿤의 이론에서 나온 것이다. 그러나 이것이 자연과학에서는 약점으로 비판받을 수도 있다. 이론적 유물론자였던 그는 어떻게 과학적 진전이 일어나는지를 이해하고자 노력하였다. 그는 새로운 경험적 연구의 발견이 지식의 벽을 쌓는 과정에 벽돌을 하나 더 얹는 것과 같다고 가정하는 기존의 과학역사가 부적절하다는 것을 깨닫게 되었다. 그는 전체론적 시각을 취했는데, 이러한 견해는 세상을 이해하는 방식을 지속적으로 재구조화한 증거에 기반을 두고 있다. 이들은 개념에 대한 과학적 논쟁과 갈등의 결과였다. 여기서 개념들은 경험적 관찰에서 나온 것만큼 이론적 고찰이나 주장에서 나온 것도 많다. 다른 말로 하면, 이른바 사실적 증거라고 하는 것의 해석은, 연구자나 그 연구가 일어난 역사적, 사회적 맥락의 가치에 의해 형성된다는 것이다.

쿤의 아이디어는 패러다임을 너무 자기내포적으로 묘사하고, 역사적 관점을 진보나 진화적 요소 없이 다소 별개의 사건으로 만들어버렸다는 비판을 받을 수 있다. 그러나 오랜 세월 동안 사회정책을 지배한 진화론적 가정에 대한 비판은 사회적 변화가 진전과 동의어로 비춰져서는 안 된다는 것을 주상하는 것이다. 또한 그는 패러다임이 다양한 수준의 보편성에 존재한다고 주장한 것(Kuhn, 1970, p. 28)으로 인해 비판을 받기도 한다. 그러나 패러다임을 적용하는 각기 다른 영역들 사이에 다양성이 존재한다는 그의 주장 또한 중요한 것이다. 즉, 패러다임은 보편적이고 변하지 않는 자연의 법칙 수준에서 순수하게 존재하는 것은 아니다. 이들은 전문가의 활동이라는 특정영역에서 생겨나 이를 지배하기도 하지만, 그 영역 안에서 특수한 전문가들이 자신만의 그리고 때로는 상호 갈등적인 특정 패러다임을 만들어낼 수도 있다.

쿤(1970, p. 43)이 규칙을 패러다임과 달리 무엇이라고 구분하여 불렀는지, 그리고 각각을 해당분야에 어떻게 적용했는지 이해하는 것은 어려운 일이다(p. 49). 이것은 그가 패러다임을 다소 불특정적이고 열린 방식으로 개념화했기 때문이다. 이런 과정은 실천영역이 임파워먼트에 가장 공헌할 수 있는 길을 개발하는 것, 그리고 이것이 어떻게 더 촉진될 수 있는지를 구체화하는 것과 관련이 있다. 쿤(p. 34)은 이 과정에서 패러다임을 그 자체로 재규정할 수 있다고 보았다. 이런 방식으로 그는 이 세상을 이상적으로 평가하는 것이나, 연구자와 실천가들이 실제로 행동하는 방식에 담긴 의미를 각색하는 것을 거부하였다. 이를 통해 그는 사회복지 실천에 대한 생각의 지평을 넓혀갔다. 그의 이론에는 복잡한 현실을 반영할 수 있는 미덕이 있다. 특히 자연과학뿐 아니라 사회과학, 사회정책 및 사회사업의 조사연구와 실천의 세계에 있어서 그렇다.

사회복지에서 자조와 임파워먼트 개념의 핵심은 쿤의 설명에 나타난다. 즉, 연구자들과 비평가들은 그 해석에는 동의하지 않더라도, 패러다임의 존재에는 동의할 수 있다는 것이다(p. 44). 패러다임은 이론인 동시에 경험이라는 그의 제안과, 1980년대 후반부터 반억압적 실천, 반영적 실천 및 임파워먼트 영역에서 나온 사회복지 문헌의 발달은 같은 선상에 있는 것이다. 임파워먼트가 1990년대 중반까지 사회복지 내에서 지배적 패러다임으로 자리잡는 데는 수많은 회의, 학회지, 기사, 잡지, 그리고 몇 권의 책들이 영향을 미쳤다. 이들 중에는 조사나 실천을 통해 나온 것도 있고 교과서로 쓰인 것도 있다. 사회복지 실천의 근원이 자연과학과는 확실히 다르다는 사실을 인정한다 해도, 그는 그 과정에서 이론과 실천의 상호 의존성을 명확히 함으로써 학제간 경계를 가로지르고 있다. 그가 언급한 내용을 살펴보자.

> 새로운 이론이 발표될 때는 항상 새로운 적용도 함께 일어난다. … 이론이 받아들여진 후에는 교과서에 다양한 적용도 함께 들어가게 된다. 그리고 미래의 사회복지사들은 이를 통해 배우게 되는 것이다. 그들은 단순히 꾸밈이나 증거자료로 존재하는 것이 아니다. 오

> 히려 그와는 반대로, 이론을 학습하는 과정은 그 적용에 대한 연구에 따라 달라진다(Kuhn, 1970, pp. 46~47).

임파워먼트 패러다임의 발달과 다양한 사회복지 영역에 그것을 적용하는 것은 동시에 일어나는 과정이다.

1960~70년대에는 치료 패러다임이 사회복지를 지배했다. '치료'라는 용어는 항상 그런 것은 아니지만, 때때로 진단과 처방이라는 의학적 용어의 적용을 의미한다. 치료 패러다임의 특수한 면은 차치하더라도, 사람들에게 가장 유익한 것이 무엇인지 알고 있는 것은 전문가라는 가정이 널리 퍼져 있었다. 1장에서 보았듯이 자조의 개념에는 원래 모순이 있기 때문에 엄밀히 따지기는 어렵지만, 1970~80년대의 자조와 이용자주도의 운동은 확고한 기반을 마련하였다. 1990년대 중반까지 임파워먼트 패러다임도 기반을 닦았다. 이를 통해 효과적인 사회복지는 '사람에 대한 것'이라기보다는 '사람과 함께 하는 것'의 산물이라는 공식을 알게 되었다.

이것은 실천의 복잡한 그림을 반영하지 못하고 단순화한 것이기는 하지만, 1960년대 이후 사회복지가 클라이언트의 치료에 비중을 두었다면, 1980년대 후반 이후에는 서비스이용자의 임파워먼트에 관심을 기울였다고 할 수 있다. 그러나 이러한 전환의 의미를 깊이 있게 탐색하지 못하게 하는 괴리도 존재한다. 개인, 집단, 조직 및 지역사회의 임파워먼트에 관심을 가져온 페미니즘, 흑인해방, 사회행동, 지역사회복지나 진보 정치에 뿌리를 두고 있는 이론과 실천들이 1970~80년대에 기반을 구축하고, 1990년대에 그들의 시대를 맞이하게 된다. 비평가들에 따라서 이러한 전환의 시기를 구분하거나 세부적인 것에 대해 동의하지 않을 수도 있지만, 이것이 클라이언트 치료 패러다임과 서비스이용자의 임파워먼트 패러다임 간의 현격한 차이를 흐릴 수는 없다.

5. 임파워먼트를 실천으로 연결하는 다양한 방법들

임파워먼트는 다양한 방식으로 실천과 연결될 수 있다. 이들 방식 중 어느 것도 상호 배타적이지는 않지만, 또 각각 구분되는 특징을 갖고 있기도 하다. 즉, '어떤 연속성'에서(O'Sullivan, 1994 이후), '반영적 실천'으로서(Schön, 1991 이후), '사다리'로서(Arnstein, 1969 이후), '대화과정'으로서(Freire, 1972 이후), '반(反)억압적 실천'의 수단으로서(Phillipson, 1992) 특징을 갖고 있다. 또는 프레이리(Freire), 필립슨(Phillipson), 쉔(Schön)의 글을 모두 함께 합쳐져 다음에 나오는 임파워먼트실천을 위한 틀(〈그림 2-1〉)에 포함되었다. 이들을 차례대로 살펴보도록 하자.

1) 연속선상의 임파워먼트

오설리반(O'Sullivan, 1994)은 수평축과 연속선상에서 나타날 수 있는 유형론을 제시하였다. 즉, 연속선은 사회복지사가 지배하는 한 극단과 서비스이용자가 지배하는 또 다른 극단 사이에 존재한다는 것이다. 그 사이에는 다양한 조합이 있을 수 있는데, 그 중간 지점에는 균등한 몫을 가진 파트너십이 있다. 힘을 얻은 사람이 자율적으로 행동하는 만큼 상대방은 힘이 나눠진다. 따라서 어떤 사람은 파트너십을 '힘을 잃는 것'(*disempowering*)으로 경험할 수도 있다. 문제는 그 연속선상에서 두 지점간에 개념적 붕괴나 질적인 괴리가 일어나는 곳이 어디인지에 대한 것이다. 오설리반은 파트너십과 임파워먼트 간에는 그런 괴리가 존재한다고 주장하였다. 파트너십이 자율적이고 힘을 가질 수 있었던 상대방을 사실상 무기력하게 만들 수도 있기 때문이다.

어떤 의미에서 '본질적으로 올바른' 견해를 갖고 직무를 수행한다는 것은 임파워먼트실천이 투쟁해온 억압을 복제하는 것이 될 수도 있다.

매우 다양한 인간의 경험들이 임파워먼트로 비춰질 수 있다. 감옥에서 글을 쓰면서도, 자유로운 의식을 소유했던 본회퍼(Bonhoeffer, 1966)는 물질에 기반을 둔 임파워먼트보다는 정신적 또는 영적 차원에 기반을 둔 임파워먼트의 견해에 대해 말하고 있다. 그러나 맑스(Marx)의 글에서는 물질적 상태가 임파워먼트의 선봉으로 변한다. 〈그림 2-1〉은 이 둘이나 어느 하나를 포함하는 것이다. 이것은 한 가지 이론적 관점이나 접근에 묶여 있지 않다는 점에서 절충적이다.

2) 반영적 실천[1]으로서 임파워먼트

이것은 도날드 쇤(Donald Schön)의 글에서 나온 표현이다. 또한 실천을 행동의 결과에 비추어 반성하고 목표 및 방법을 다시 세우는 엄격한 접근과 관련된 것이다. 인간 서비스 전문직 중에서 사회복지에는 특히 행동하며 생각하는 실천적 접근이 요구되는 것 같다. 이것은 엔지니어링과 법률과 같이 전형적인 전문직의 기술적이고 합리적인 접근과는 다르다. 사회복지에 비해 그들의 지식기반은 불확실성이 덜하고, 수행기술은 좀더 확고하며, 명확하다.

3) 사다리로서 임파워먼트

안스타인(Arnstein, 1969)은 사회복지사와 지역사회 구성원 간 다양한 관계를 계층 이미지와 관련하여 가장 많이 통제되고 조종되는 낮은 단계에서부터 완전한 참여가 이뤄지는 최고의 단계까지 구분하였다.

---

1) 〔역주〕 국내 사회복지 문헌에서 reflective practice의 'reflective'는 '반영적'이라고 번역되고 있으므로, 본문에서도 통일성을 위해 반영적이라는 표현을 그대로 사용하였다. 단, 여기에 원래 포함된 의미로는 '돌아보는', '반성하는', '심사숙고하는' 등이 있으므로, 문맥상 이해를 돕기 이 같은 표현들을 혼용하기도 하였다.

만약 임파워먼트의 개념이 1960년대 후반에도 있었다면, 안스타인은 시민참여의 유형을 각 지점에서 실체화된 임파워먼트나 비(非)임파워먼트의 정도와 관련시켜 이해했을 것이다. 단, 암암리에 사다리의 이미지에는 높은 지위를 선호하는 가치판단이 깔려 있다.

4) 대화를 통한 의식고취로서 임파워먼트

프레이리(Freire)의 공헌(4장에서 좀더 자세히 언급할 것이다)은 다음과 같은 모델을 제시했다는 점이다. 이 모델에서는 의식화과정을 통해 개인의 환경과 사회적 맥락을 연결할 수 있으며, 사회 속의 개인에 초점을 두어 다양한 영역(〈그림 2-1〉을 참조하시오)에서 임파워먼트의 길을 찾을 수 있다.

5) 반억압적 실천의 수단으로서 임파워먼트

필립슨(Phillipson, 1992)은 반(反)억압적 실천의 계급을 묘사하였다. 여기에는 특수한 페미니스트 실천으로부터 반성차별주의 실천영역을 거쳐 일반적인 반억압적 실천에 이르기까지 모두 포함되어 있다. 그녀는 임파워먼트를 이 계급의 꼭대기에 두었는데, 이는 임파워먼트가 해방을 달성할 수 있는 보편적 수단임을 의미하는 것이다.

6. 임파워먼트실천의 구조

〈그림 2-1〉의 구조는 사회복지 이론 및 실천이 다양한 수준의 임파워먼트와 비판적 반성이 따르는 실천이 만나는 지점에서 적용될 수 있는 방법을 제시한 것이다. 앞에서 나온 바와 같이 이 구조의 장점은 프레이리, 쉔, 그리고 필립슨이 제시한 요인들을 포괄함으로써 독단

〈그림 2-1〉 임파워먼트실천의 구조

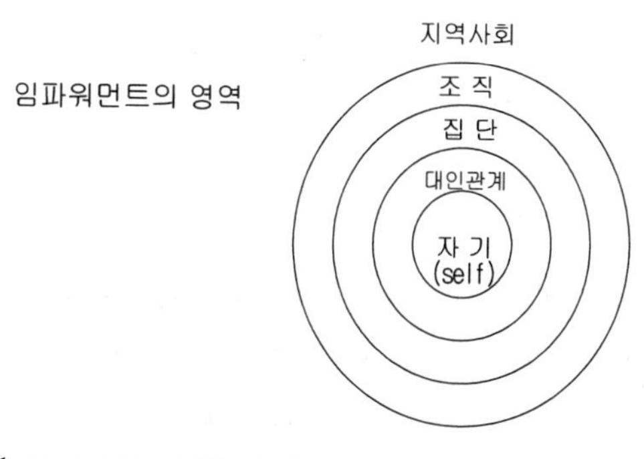

기술적/합리적
권한 빼앗기(Disempowering)실천

행동하며 반성하는
권한 부여하기(Empowering)실천

실천에 있어서 반영성의 정도

적인 시각을 보이지 않는다는 점이다. 그러나 여기에는 명확성을 요하는 두 가지 축이 있다. 첫째는 임파워먼트의 영역 및 수준이고, 둘째는 실천에 있어서 비판적인 반영성의 정도이다. 이런 비판적 실천의 접근이 없다면, 2장 초반에서 언급된 상황적 제한들로 인해 임파워먼트는 실질적인 것은 없는 수사적 용어에 머물 수 있기 때문이다. 이 책에서 '임파워먼트실천'라는 용어는 비판적 반영, 즉 반성적 실천과 임파워먼트 간 시너지를 지칭하는 것이다. 임파워먼트실천은 반성하고 평가하는 사이클 안팎을 이어가는 것, 그리고 생각과 실천 사이의 상호작용을 뜻한다. 따라서 이것은 비판적인 동시에 자기성찰적이다(Payne 등, 2002).

이 구조에는 이 장의 초반에서 언급했던 자넷 프라이스(Janet Price)의 통찰, 즉 임파워먼트실천을 이론화할 필요성에 대한 통찰이 반영되어 있다. 이를 통해 다양한 견해와 경험을 포괄함으로써 우리의 삶과 우리가 사는 세상을 좀더 풍요롭게 건설하고자 한 것이다. 특별한 경우가 아니라면, 이 임파워먼트의 구조는 1차원적인 기법이나 단순한 기술, 또는 상술의 개념으로 제시되지 않아야 한다. 반면 프라이스가 그녀의 삶을 통해 성, 장애, 기타 다양한 주제들간의 이견에 타협하지 않았던 것을 기억해야 한다. 그리고 사람의 등급을 나누고, 멸시하고, 주변으로 몰아내며, 귀찮은 존재로 치부해 버리려는 시도에 대해 저항하고 이를 타도해야 한다.

이 구조는 쇤(Schön, 1991)의 글에 나오는 수평선을 가져온 것인데, 임파워먼트 활동의 두 가지 주요 요소를 명확히 할 것을 강조하고 있다. 하나는 이것이 일어나는 수준이고, 또 하나는 사회복지사들이 비판하고 이를 반영하여 행동하는 정도가 그것이다. 이 두 요소간의 시너지효과가 임파워먼트실천을 창출해 내는 것이다.

1) 임파워먼트의 영역

'영역'이란 개념은 연속적인 단계의 계층적 언어를 탈피하여, 한 영역에서 다른 영역으로 이동하거나 동시에 자유롭게 여러 영역을 차지할 수 있음을 강조하게 된다. 이와 유사하게, 임파워먼트 활동의 다양한 수준을 보여주는 동심원은 밖에 있는 원이 안에 있는 원을 포함하기는 하지만 그 수준이 다른 수준보다 높은 것을 의미하지는 않는다.

2) 실천의 반영성 정도

수평축에서 볼 때, 대인서비스의 두드러진 특징은 인식을 필요로 한다는 것이다. 또한 사회복지의 특별한 의미는 대인서비스의 훈련, 전문직, 조직을 위해 임파워먼트실천에 대한 이론 및 실천이 합쳐질 때—비록 중복되는 면이 있지만—나타난다는 것이다. 〈표 2-1〉에서는 쇤(Schön)이 규명한 기술적, 합리적인 쪽과 행동하며 사고하는 쪽 사이에 존재하는 주요 측면들을 정교하고 체계적으로 보여준다.

이 구조의 영역축은 이 책의 다음에 나오는 다섯 장을 구성하는데, 이것이 셀프-임파워먼트로부터 지역사회 임파워먼트에 이르는 연속성을 단순히 기계적으로 적용한 것은 아니다. 우리는 이어지는 장에서 그 근거와 적용과정에서 다뤄야 할 주요 이슈를 살펴볼 것이다. 사회복지에서와 마찬가지로 여기에서도, 어려운 문제상황에서 중요한 실천을 개발한다는 것은 확실성을 향한 투쟁이다. 이 구조의 특징과 이 책의 분량을 고려해 볼 때, 이 구조의 모든 측면을 상세히 탐색할 수는 없다. 그러나 이후 내용을 통해 주요 영역들을 다루고 임파워먼트실천의 방법을 설명할 것이다. 그렇다고 해서 주어진 상황을 간단히 대체할 수 있는 임파워먼트의 정답이나 딱 맞는 버전이 있는 것은 아니다. 파워와 임파워먼트의 개념에 내재된 역설과 불확실성은 실천에서의 딜레마와 모순을 만들어 내기도 한다. 실천가들과 서비스를 받는 사람들

〈표 2-1〉 힘을 뺏는 실천과 힘을 부여하는 실천

	기술적 합리성 (권한 빼앗기〔*disempowering*〕)	반영적 실천 (권한 부여하기〔*empowering*〕)
대인적 · 전문적 측면	분산 격리 훈련 순종 / 억압	전체 통합 평생학습 적극성 / 임파워먼트
사회복지 실천	기술 / 습관	반영 / 실천 : 딜레마와 불확실성에 대한 고려
접 근	수렴 해결 중심 문제 해결	발산 문제 중심 문제 기술
관 점	긍정적	회의적 / 포스트모던
평 가	실험(가설검증) 방법 관찰자 / 과학자	힘을 부여하는 평가 참여자 / 공동-프로듀서

은 이런 문제에 직면하게 될 것이고 이를 극복해야만 할 것이다. 그리고 그들이 제시한 문제를 '해결할' 수 없는 때도 있다는 것을 알게 될 것이다. 결국 비판적 사고가 따르는 임파워먼트실천을 채택한 실천가는 장기적 노력을 기울여야 하며, 손쉬운 해결책을 제시하기보다는 클라이언트를 위한 지속적인 노력을 기울여야 한다.

■ 더 읽을 거리

Humphries, B. (ed.) (1996) *Critical Perspectives on Empowerment*, Birmingham, Venture.

Lee, J.A.B. (2001) *The Empowerment Approach to Social Work Practice: Building the Beloved Community*, 2nd edn, New York, Columbia University Press.

Rees, S. (1991) *Achieving Power: Practice and Policy in Social Welfare*, London, Allen & Unwin.

제 2 부 임파워먼트 실천하기

셀프-임파워먼트 제3장

1. 개 요

겉에서 보기에 자조와 자기변화가 자기옹호나 셀프-임파워먼트와 관련된 것이 명백하지 않다 해도, 이것이 사회복지의 전통적 맥락과 다양한 치료방법들에 스며들어 있는 것은 확실하다. 예를 들어서 드라이든(Dryden)과 펠담(Feltham)은 단기상담에 대한 책(1992, pp. 161~163)에서 이 개념들을 명확하게 설명하고 있지는 않지만, 그래도 자기변화를 증진시키는 것이 상담의 핵심적 요소라고 했다. 비에스텍(Biestek, 1961)은 사회복지의 가치와 원리에 자기결정을 포함시켰는데, 이는 서비스를 받는 사람이 행동방식을 선택하거나 자기자신을 위한 결정을 내릴 수 있는 자유가 있음을 의미한다. 이는 옹호의 개념과도 겹쳐지는 것으로서, 여기에는 서비스 수혜자들이 원하는 것과 필요한 것을 표현하도록 하며, 어떤 결정이나 조치도 그들의 권리로 존중받을 수 있도록 한다는 의미가 포함된다. 또한 자기결정에는 어느 정도 임파워먼트의 의미가 함축되어 있다. 미국의 헴락(Hemlock)과 같이 스스로 힘을 부여하도록 하는 조직들은 말기환자들이 스스로 삶을 단축할 수 있도록 하고 있는데, 이 때문에 이 조직은 도덕적 모순과 법적인 문제에 당면하고 있기도 하다(Humphy, 1996).

다른 사람에게 힘을 부여한다는 것, 즉 임파워먼트는 노력을 요하는 일이다. 사회복지사들은 다른 사람에게 힘을 부여하기 전에 스스로 힘을 얻어야 할 필요가 있다. 임파워먼트실천이 자신으로부터 시작될 수도 있고 아닐 수도 있지만, 타인과 어떤 작업을 할 때 그의 생각, 느낌, 상황을 고려하는 것은 분명하다. 그러나 이것이 임파워먼트실천의 비전이 사회적이라기보다는 심리적이라는 것을 의미하는 것은 아니다. 적절한 이론적 기반을 갖춘 임파워먼트실천은 모든 영역, 즉 자기자신, 개인, 집단, 조직 및 지역사회에서 실현되어야 한다. 따라서 이 장에서 셀프-임파워먼트는 사회복지사와 서비스이용자에게 똑같이 적용된다. 여기서는 셀프-임파워먼트가 모든 문제의 열쇠라는 것이 아니라, 힘을 얻었다고 느끼는 사람이 동기도 더 크고, 다른 사람에게 힘을 부여하거나 타인으로부터 힘을 얻을 수 있는 역량이 더 커진다는 것을 주장하려는 것이다. 중요한 것은 서비스이용자나 다른 사람들이 자기실현에 다가가도록 하기 전에, 임파워먼트의 비전이 스스로에게 미치는 영향을 인식하고 그 필요성을 강조하는 것이다. 이 장에서는 이런 목적을 달성할 수 있는 방법에 대해 생각해 보고자 한다.

2. 셀프-임파워먼트의 개념

셀프-임파워먼트는 자신의 삶에 힘을 부여하는 것을 의미한다. 크로프트와 베레스포드(Croft and Beresford, 2000, p. 116)는 '서비스이용자들에게 임파워먼트란 권한상실에 대한 도전이고, 삶에 대한 통제력을 갖는 것이며, 타인에게 영향을 주거나 변화를 일으킬 수 있게 되는 것'이라고 하였다. 그러나 셀프-임파워먼트가 자신으로부터 시작되는 것이라고 해서, 정치나 권력과 별개의 것이라고 간주해서는 안 된다. 좀더 좋은 느낌을 갖게 되는 것을 의미하는 임파워먼트가 억압으로부터의 자유를 대신하는 대체물은 아니라는 것이다.

셀프-임파워먼트 개념의 핵심을 들여다보면, 놀랍게도 임파워먼트의 이론과 실천에서 가장 간과되어온 측면이 셀프-임파워먼트라는 것을 알 수 있다. 그러나 그동안 사회복지 문헌에서 가장 관심을 받지 못했던 부분이 사회복지사의 개인적, 전문적 발전이라는 것을 알게 되면 그리 놀라운 일도 아니다. 또 다른 측면에서 볼 때, 이것은 임파워먼트의 패러다임을 폭넓게 적용하지 못했음을 나타내는 것이다. 2장에서 윤곽을 제시한 틀은 전체적 접근을 제공해 주는데, 여기서는 자기자신에게도 관심을 가질 것을 강조하고 있다.

자조, 자기지시, 자기개발 및 자기교육에 대한 거의 모든 접근들은 임파워먼트의 측면을 갖고 있다. 그러나 이 장에서는 그런 방대한 분야를 조사하는 대신 사회복지와 임파워먼트실천의 특별한 관계를 설명하는 데 초점을 두고자 한다.

3. 셀프-임파워먼트의 활성화

1) 억압에 도전하는 기반으로서 셀프-임파워먼트

알란 스탠톤(Alan Stanton, 1990, p. 122)은 다른 사람에게 힘을 부여하기 전에, 우선 사회복지사의 임파워먼트가 필요하다고 하였다. 이러한 주장은 법률 및 어드바이스 센터와 여성을 위한 쉼터와 같이 자기 스스로를 관리하려는 사회서비스기관에 대한 조사연구를 통해서도 증명되었다.

스탠톤의 흥미로운 분석에 따르면, 사회복지사들은 권위적이고 억압적인 기관문화에 도전하고, 자신과 서비스이용자의 임파워먼트를 위해 민주적 업무방식을 개발하고자 하는 욕구가 있다고 한다. 분석의 폭을 기관에서 사회복지사까지 확장하면, 사회복지사들의 셀프-임파워먼트는 다음과 같은 것들을 통해 이뤄진다.

- 공통적으로 동의하는 가치기반(Stanton, 1990, p. 124)
- 개인이 처한 불평등 및 억압적 요소에 대한 분석
- 불평등과 억압을 다룰 수 있는 분명한 전략
- 관련된 분야에 동원할 수 있는 전문적 식견의 레퍼토리
- 핵심적 전문지식을 개발할 수 있는 학습자원에 대한 접근성
- 함께 일할 수 있는 개방적 스타일(Stanton, 1990, p. 128)
- 서비스제공자로서 사회복지사의 임파워먼트와 서비스이용자의 임파워먼트 사이의 접합점(Stanton, 1990, p. 129)

2) 반영적 실천

임파워먼트실천의 핵심에는 2장에서 언급했던 두 가지 아이디어가 존재한다. 즉, 프레이리(Freire, 1986)가 정립한 의식화 과정, 그리고 쉔(Schön, 1991)이 기술한 반영적 실천과 관련된 활동이 그것들이다. 셀프-임파워먼트는 반영적 실천의 측면을 지닌다. 어떤 의미에서 쉔이 설명한 실천을 실험하는 과정과 프레이리가 제안한 조사 및 비판적 반영은 모두 다음과 같은 사항을 다른 말로 설명하고 있는 것이다. 즉, 몇 년 동안 일반적으로는 성인교육이, 그리고 특수하게는 사회복지교육이 추구해온 것이 무엇인가에 대한 것이다. 이것은 어떻게 하면 힘을 부여하는 방식, 즉 임파워먼트 방식으로 학습을 촉진할 것인가 하는 문제였다. 이 장에서 셀프-임파워먼트에 초점을 둔다는 것은 이런 아이디어들이 자기자신에게 집중된다는 것을 의미하는 것이다.

3) 비판적·반영적 실천과 임파워먼트실천 분야의 확장

반영적 실천의 개념은 대인서비스뿐 아니라 실천의 지식적 기반이 되는 사회과학 및 인문학에도 적용될 수 있다. 반영적 실천은 이런 학문분야에서 이뤄지는 조사연구에도 논리적 근거를 제공하지만, 예를 들어 사회복지와 같은 영역의 실천가 교육 및 훈련에도 논리적 근거를 제공한다.

마찬가지로 셀프-임파워먼트의 영역도 사회복지보다 넓다. 보건과 사회서비스는 차치하더라도, 현대의 셀프-임파워먼트에는 농업에서의 자급자족, 대안적 지역사회 및 조직, 공업에서의 노동자 참여 등이 포함된다(Stokes, 1981, pp. 18~19).

셀프-임파워먼트의 과정은 계속적으로 분류될 수 있으며, 그 단계들은 어느 정도 서로 분리되기는 하지만, 서로 겹쳐진다. 그 단계들로는 사정과 계획, 실행 및 반영이 있다.

4. 사정과 계획

1) 셀프-임파워먼트의 출발지점 정하기

셀프-임파워먼트의 출발상황의 구조적 틀을 마련함에 있어서, 셀프-임파워먼트가 학습상황인 것처럼 적용해 보는 시도는 할 만한 가치가 있다. 이렇게 할 경우 수많은 핵심 질문들을 찾을 수 있기 때문이다. 이 질문들은 그 상황에 잠재된 강점과 약점을 명확히 하는 데 도움이 될 것이다. 따라서 우리들의 개인 프로필에는 학습이 일어나는 상황의 세부요소들이 포함되어야 한다. 학습과정에 어떤 장애물이 존재하는가? 거기에는 어떤 학습의 기회가 있는가? 학습과정을 지원해 줄 수 있는 것은 어떤 것이 있는가? 어떤 수준의 자원이 있는가(예를 들어 도

서관 등), 학습기회 및 다른 학습자와 동료들에게 접근하기는 쉬운가? 그 과정 중 각 단계에서 배울 수 있는 시간 자원과 장소는 어떻게 관련되는가? 현 상황에서 어떤 종류의 기술과, 선행학습과, 경험들을 동원할 수 있는가?

2) 자기개발의 영역 정하기

계획을 세우기 위한 한 가지 방법은 교육모델을 계속 참조하여 성인 학습의 개념에 기초한 전략을 개발하는 것이다. 이것은 자기개발(*self-development*)과 관련된 분야의 리스트를 만드는 것에 불과할 수도 있다. 그러나 다른 쪽으로 생각해 보면, 이것은 개인적 또는 전문적인 발전과 관련된 형식적 프로그램에 대한 저항으로 연결될 수도 있으며, 관련된 주제에 대한 비형식적이고 독립적인 연구를 포함하는 것일 수도 있다. 이렇게 관련된 분야를 명확히 하려는 시도를 하게 되면 개인이 선호하는 학습스타일과 학습욕구에 대한 지식개발에 유익할 뿐 아니라, 결과적으로 자신감이 커질 가능성이 있다.

3) 학습유형 및 프로필

사람들은 다양한 방식으로 학습한다. 어떤 성인 학습 프로그램에는 사람들이 자기가 좋아하는 학습 스타일에 대해 좀더 알 수 있고 학습 프로필을 개발시킬 수 있는 자료들이 들어 있다. 또한 특별히 좋아하고 관심이 있는 영역을 나타내는 자료들도 들어 있다. 어떤 프로필에는 자기평가 스케줄이 있어서 개발하고자 하는 기술들을 기입할 수 있다. 이런 프로그램 중 하나인 보건 및 사회서비스 관리프로그램(Health and Social Services Management Programme)은 영국방송통신대학(Open University)에서 출판된 것으로서, 보건과 사회보호 분야의 관리자를 위한 것이다. 여기서 '개인과 팀의 효과'(*Personal and Team Effectiveness*)

라는 첫 단원 안에는 '학습법 배우기'(*Learning to Learn*) 라는 워크북이 들어 있다(Salaman 등, 1994). 이 자료는 사람들이 이것을 동료, 직장 및 가정학습을 위해 융통성 있게 사용할 수 있도록 제작되었다.

4) 셀프-임파워먼트 계획 공식 세우기

다음 단계는 계획 세우기를 준비하는 단계다. 계획에는 다음과 같은 것들이 들어 있어야 한다. 목적에 대한 언급, 목적달성을 위한 방법, 사람들이 동원할 수 있는 기존의 전문지식 및 기술, 앞으로 필요로 할 수 있는 새로운 전문지식 및 기술, 이들을 얻을 수 있는 때와 방법, 동원할 수 있는 시간·자금·사람과 같은 자원, 그리고 계획을 수행하는 데 소요될 기간 등.

5. 실 행

실행은 행동과 관련된 것으로서, 적어도 이론적으로는 반영하기와 공존할 수 없을 것같이 보인다. 그러나 쉔(Schön, 1991, p. 275)이 인식한 바와 같이, 실천가들은 어떤 행동을 하는 동안 자신이 무엇을 하고 있는지에 대해 생각하곤 한다. 중요한 것은 자신이 행하는 것을 당연한 것으로 여기지 않고, 어떤 것이 셀프-임파워먼트라는 목표에 부합하는 가장 최선의 방법인지 주의 깊게 살펴보는 것이다. 다음 내용은 실행을 위한 지침들이다.

1) 셀프-임파워먼트 계획 실행하기

전형적인 계획의 실행은 양질의 노력과 관련이 있다. 그리고 이 노력들은 작업수행 공간을 협상하거나 다양한 업무를 완수하기 위해 시간을 짜기 위한 것들이다. 또한 적절한 학습자료를 비롯한 자원을 찾고 접근하는 것도 필요하다. 그리고 이런 귀중한 자원들을 낭비하지 않도록 시간과 노력을 신중히 관리할 필요도 있을 것이다. 어떤 한 사람이 과업을 실행하는 데는 취약한 부분이 있을 수밖에 없으므로, 이런 노력은 자기자신에게 유익한 방식으로 강화되어야 한다.

2) 셀프-임파워먼트의 장애 공략하기

셀프-임파워먼트는 실천적인 측면에서뿐 아니라 개념적인 측면, 곧 언어와 문법적인 측면에서 볼 때 지금도 발달과정중에 있다. 또한 개인의 셀프-임파워먼트를 측정하는 방법 역시 논란거리이다. 그런 논란은 어떤 경우에는 자원이 될 수 있지만, 또 다른 경우에는 개인의 입장에 반하는 것이 될 수도 있고, 다른 사람들, 집단, 기관 또는 사회구조의 입장에 따라 장애물이 될 수도 있다. 특히 전문가들은 자기옹호가 확산되는 것을 좋아하지 않을 수 있다. 실제로 〈마인드〉(MIND)를 비롯한 자기옹호 집단들의 조사에 따르면, 다음과 같은 사람들을 위한 자조집단 설립의 필요성이 강조되고 있다. 즉, 이들은 투약의 용량과 진정제로 인해 움츠러드는 증상을 감소시키거나 이를 모니터하기를 희망하는 사람들이다. 그러나 그 보고서의 저자들은 이런 집단을 운영하는 데 활용되는 자원에 대해 다음과 같이 썼다.

> 가까운 미래에는 필요한 자원을 활용할 수 있을 것 같지 않다. 자원을 통제하는 것은 전문가들이다. 그들은 자신의 환자들이 자신들이 정한 처방을 변화시키거나 수정하는 것에 대해 적대적인 태도를 갖고 있는 것 같다(Rogers et al., 1993, p. 134).

사 례

경영에 대한 성인대상 계속교육 프로그램에 참가하기를 희망하는 한 장애인이 있었다. 그러나 그는 그 프로그램에는 구조적 차원, 집단 차원, 대인관계 차원, 그리고 개인 차원에 이르기까지 장애인에 대한 차별적인 논리가 지배하고 있다는 사실을 발견하게 되었다.

3) 비 평

위의 사례에서 그 프로그램에 비장애인이 장애인보다 많다면, 그리고 강사가 장애에 대한 인식을 갖고 있지 않다면, 그가 그런 이슈를 준비해서 언급할 수 있도록 해야 할 필요성은 더 커진다. 이러한 의식화 과정을 우리의 생각과 느낌으로 확장시켜야 한다.

실천가들은 자문가, 지도감독자, 또는 멘토(*mentor*)의 도움을 끌어들일 필요가 있다. 그래서 예를 들어 억압에 대한 인식을 유지하는 방법이나, 우리의 생각과 느낌이 타인과 소통되지 않는 측면을 조사해야 한다. 아는 것과 느끼는 것은 임파워먼트실천의 핵심에 있는 총체적 행위이다. 이런 것을 대강 알기는 쉽지만 실천에서 깨닫는 것은 매우 어렵다. 사람들은 누구나 자신을 둘러싼 상황에 맞게 자문을 해줄 수 있는 자원을 필요로 한다. 이것은 다음과 같은 사실을 의미한다. 즉, 여성, 유색인, 장애인들은 사회복지사의 요구에 따라 자문가-피자문가의 관계를 형성하게 된다는 것이다. 따라서 이들이 피자문가가 되는 것을 사회복지사의 권리 측면에서 이해해야지, 그들의 약점이나 고충의 표시로 진단해서는 안 된다.

4) 자기자신 비판하기 : 반성

자기 인식적이고 자기 비판적이 된다는 것은 셀프-임파워먼트의 내면적인 요소이며, 이는 반성하는 태도를 견지함으로써 더 풍성해진다(Payne et al., 2002, pp. 1~12). 반성은 어떤 상황에 대해 우리 자신의 반응을 활용하는 것과 관련이 있다. 그리고 이는 우리가 그것을 다시 돌아보도록 도와주는 깨달음과 느낌의 차원에서 일어난다.

5) 불평등 깨기

우리 주변에 존재하는 불평등이 항상 잘 보이는 것은 아니다. 예를 들어 장애인이나 여성에 대한 차별은 다음과 같은 방식으로 일어날 수 있다. 어떤 집단상황에서 집단의 토론을 이끌 사람으로 선호되는 것은 비장애인이나 남자들이다. 즉, 장애인이나 여성들을 그런 활동에서 배제시키는 것이다. 조사연구들에 따르면 집단학습 상황에서 여자들에 비해 남자들이 호의적인 관심을 좀더 많이 받고, 행동도 좀더 적극적으로 하는 경향이 있다고 한다. 여성들은 이런 불균형을 변화시키기 위해 스스로 준비하는 것이 중요하다(Phillipson, 1992, pp. 44~45). 그렇다고 해서 그런 상황을 인식하는 여성에게 변화에 대한 책임까지 지워서는 안 된다. 여성들이 그런 이슈들에 대항할 수 있도록 해줄 셀프-임파워먼트의 기법을 개발하는 것이 우선 필요하다. 이와 관련된 핵심 기술로는 성별에 대한 인식, 적극성 등이 있으며, 여기에는 구태의연하거나 사기를 저하시키는 언어에 도전하는 것이 포함된다.

6) 적극성, 자기실현 및 개인의 성장

셀프-임파워먼트는 부분적으로 심리학 및 사회심리학에서 거론되는 통찰력에 기반을 두고 있다. 그리고 이들은 개인의 성장과 인간의 잠재력을 최대화하는 자기개발과 관련되어 있다. 셀프-임파워먼트는 사람들이 자기 스스로 자신의 목표설정에 결정적인 기여를 할 수 있다는 가정 위에 서 있다. 여기서 목표란 자신의 잠재력을 실현하고 타인과 관계를 형성하는 것들이다. 하나의 예로는 주장훈련(*assertiveness training*)을 들 수 있다. 주장훈련은 사람들이 자기 시간에 맞게 할 수도 있고, 집에서 하는 훈련프로그램으로 구성할 수도 있다. 《사회사업사전》(*Dictionary of Social Work*)에서는 주장성을 '자신이나 타인의 이익과 권리를 정립하는 데 관련된 행동과 사고'로 정의하고 있다(Thomas and Pierson, 1995. p. 27). 1980년대 초반 자조와 주장에 대한 문헌들은 너무 공격적이고 때로는 남자다움(*macho*)을 지지하거나 강조한다는 비판을 받기도 했다(Lindenfeld, 1986). 따라서 이후에 나온 글들은 좀더 자기실현과, 직면을 피하는 기술에 초점을 두고 있다. 또한 자신의 잠재력을 개발하거나 다른 사람들을 촉진하는 데 필요한 전문적 식견을 얻을 수 있는 기술을 강조하고 있다. 결국 자기 주장이 강한 사람은 다른 사람들도 자기실현을 성취할 수 있도록 해준다는 것이다.

6. 반 영

반영, 즉 행동에 대해 생각해 보는 것은 반복적이지만 어쩌면 비연속적인 과정이다. 또한 실천하는 동안에도 자기자신과 타인을 설명하고 해석하는 스냅사진을 찍는 것과 같다(Schön, 1991, pp. 276~278).

1) 반성과 셀프-임파워먼트

반성에는 자신에게 영향을 미친 경험과 그에 대해 돌아보는 반영적 측면이 들어 있다. 반성은 비판적 반영을 실천에 적용할 수 있도록, 실천에 대한 자신의 반응을 활용하는 역동적 과정이다. 동시에 셀프-

임파워먼트는 임파워먼트의 반성적 측면이라고 할 수 있다. 어떤 것을 설명할 때는 "그것이 무엇이냐"는 것보다는 "거기에 무엇이 포함되느냐" 라는 것을 말하는 게 더 쉬운 법이다. 여기에는 우리 자신의 다양한 측면들, 즉 지식, 가치와 기술, 생각, 느낌, 민감성, 자기인식 등이 포함된다. 그리고 이런 측면들이 발전할 때, 전문적 발전도 함께 이뤄져야 한다. 이것은 개인의 발전과 전문적 발전이 별개라고 말하려는 것이 아니다. 그보다는 전문적 가치와 기술이 개인의 발전이라는 측면보다 더 주목을 받고 있으며, 이런 현상은 불행한 일이라고 말하려는 것이다. 왜냐하면 직업적 건강에 대한 글들이나 '소진' 및 스트레스 징후와 같은 화제에서 보듯이, 전(全)인격체로서 사회복지사에 대한 투자가 필요하기 때문이다. 따라서 고용주가 직원들이 요구하는 수퍼비전, 자문, 지원 및 발전의 기회에 관심을 기울이지 않는 것은 근시안적이라고 할 수 있다.

7. 실천에의 함의

사 례 관점의 전환

정말 유용한 접근들에는 이 사람에서 저 사람으로 전해진다는 특징이 있다. 이렇듯 필립슨(Phillipson)이 다음에 설명하고 있는 관점의 전환이라는 개념은 프레이리(Freire)의 의식화(4장 참고)과정에 기반을 두고 있는 것이며, 잭 메지로(Jack Mezirow, 1983, pp. 124~127)에 의해 사용되기도 하였다. 이런 의미에서 필립슨(Phillipson)의 코멘트는 그대로 인용해 볼 만하다(1992, p. 46).

메지로의 아이디어는 학습 프로그램에 재등록한 여성들과 작업을 하면서 생긴 것이다. 이 프로그램을 통해 그들은 이전에 갖고 있었던 여성에게 '맞는' 역할에 대해 의문을 갖게 되었고 이를 새로운 눈으로 보게 되었다. 다양한 대안과 행동방식을 같이 생각하고 시도하는 과정을 통해 그들은 새로운 관점과 행동방식을 습득하게 되었다. 프레이리는 이런 과정을 '의식화'라고 불렀다.

메지로는 관점의 전환과 관련된 10단계를 제시하였다. 여기서 관점의 전환은 방향을 잘못 잡은 딜레마에서 시작하여, 자기성찰을 거쳐, '개인적으로 내면화된 역할가정과 전통적 역할기대로부터 벗어난 느낌을 비판적으로 평가하는 것'으로 이어진다. 그리고 새로운 역할을 시도해 보고 다른 방식으로 행동하기에 이른다. 그의 모델은 이 여성들과 함께 일하는 동안 정교해졌는데, 이는 여성에게뿐 아니라 남성에게도 똑같이 유용한 모델이 되었다. 남자다워야 한다는 전통적 기대 때문에 좌절하는 남자들도 많기 때문이다. 따라서 관점의 전환을 통해 잘못된 것을 수정하고, 새로운 틀을 형성하며, 남성들도 함께 변화에 다가가는 길을 찾을 수 있는 것이다.

여기서 메지로가 든 예를 두 가지 더 제시한다. 이는 관점의 전환과 관련된 딜레마로서, 실천적 이슈에 대한 토론의 출발점을 제공해 줄 수 있다.

사 례

집단 토론을 통해 한 남학생이 근로현장의 성차별에 대한 연구조사 결과를 배우게 되었다. 이를 알게 되자 그는 이제 얼마나 많이 말해야 하는지, 그리고 언제 말해야 하는지에 대한 딜레마에 봉착하게 되었다(Phillipson, 1992, p. 46).

사례

어떤 실천가가 자신의 부인과 딸로부터 그가 자신들의 이야기를 잘 들어주지 않는다는 불평을 듣게 되었다. 그러나 그는 스스로에 대해 공감적이고 지적인 경청자라고 생각해 왔다. 가족들이 보인 이런 반응으로 인해 그는 실천가로서 자신의 감각과 기술에 대해 의문을 갖게 되었다. 그는 가족들이 어떤 종류의 경청을 말하는 것인지 잘 알 수가 없었다(Phillipson, 1992, p. 46).

1) 비평

임파워먼트에는 평등에 기반을 둔 실천이 포함된다. 따라서 셀프-임파워먼트가 다른 사람의 대가를 통해 얻어지는 것이라면 이는 허용될 수 없을 것이다. 다른 말로 한다면 '좋은' 셀프-임파워먼트란 이론상으로 다른 사람에게 임파워먼트를 제공할 수 있어야 한다는 것이다. 그러나 실천에 있어서는 이것이 꼭 지켜지기 힘들 수도 있다. 전문적 영역의 발전은 자기실천과 개인적 성취와의 관련성 속에서 이뤄지지만, 이것이 타인의 희생을 대가로 한 것은 아니어야 한다. 여기서 딜레마와 모순이 생길 수 있다. 따라서 한 개인의 임파워먼트와 다른 사람의 비(非)임파워먼트 사이에서 균형을 잡아야 한다.

이와 같은 딜레마에 대해 의견을 나누고, 우리가 (예를 들어 말하고 듣는 것에 대해) 흡수해온 전문적, 제도적 이데올로기에 뿌리를 둔 권력관계를 풀어감으로써 다양한 행동방식을 시도해 본다면, 사회복지실천을 통해 드러나는 딜레마에 도전할 수 있는 길이 열릴 것이다. 아동성학대의 예와 같이 말이다(Phillipson, 1992, pp. 46~47).

8. 결론

이 장을 통해 강조하고자 한 바는 다음과 같다. 즉, 셀프-임파워먼트가 전문가에 의해 독점되는 것이 아니라는 것과, 셀프-임파워먼트에는 반억압적인 실천을 그 실천과정 전반에 주입하려는 의도가 들어 있다는 것이다. 셀프-임파워먼트를 향해 가는 과정에서 힘을 얻었다고 생각하기보다 힘을 잃었다고 느끼는 경우에 다른 사람들과 함께 일하는 것이 더 힘들게 느껴질 수 있다. 물론 이 명제는 아직 완전히 증명되지 않은 가정이기는 하다. 그렇지만 사회복지사, 동료, 그리고 서비스이용자들을 아우르는 셀프-임파워먼트의 핵심을 제대로 이해하기 위해서는 셀프-임파워먼트를 단순한 기계적 개념, 즉 다른 사람에게 임파워먼트를 제공할 수 있는지 없는지 여부를 가리키는 개념으로 보는 관점을 넘어서야 한다. 적어도 임파워먼트가 사회적, 전문적 맥락에 존재하는 억압성을 되풀이하거나 증가시키는 것이 아니라면, 셀프-임파워먼트를 이해할 때 사람들의 상호관계에서 일어나는 교환에 주목해야 하는 것은 당연하다. 셀프-임파워먼트와 상호상담 및 자조집단과 같은 유사한 활동들 사이에 개념적 경계는 존재하지 않는다. 그러므로 이 책을 구성하려는 의도에서 셀프-임파워먼트를 타인에 대한 임파워먼트와 별개의 주제로 다루기는 했지만, 이 장에 나온 개념들을 이 책의 이후에 나오는 개념들과 별도로 분리할 수는 없을 것이다.

9. 감사의 말

이 장의 많은 부분은 줄리아 필립슨(Jullia Phillipson, 1992)이 성, 억압 및 학습에 대해 쓴 글들(사회복지교육·훈련협회 CCETSW 출판됨)에서 소중한 아이디어와 자극을 얻을 수 있었다.

■ 더 읽을 거리

Payne, M., Adams, R. and Dominelli, L. (2002) 'On Being Critical in Social Work', in R. Adams, L. Dominelli and M. Payne (eds) *Critical Practice in Social Work*, Basingstoke, Palgrave Macmillan, pp. 1–12.

개인 임파워먼트

제4장

1. 개 요

이 장에서는 개인에게 힘을 부여하는 형질전환의 활동을 다루게 된다. 1980년대까지는 심리학 이론들에서 임파워먼트와 관련된 연구조사나 실천을 찾아볼 수 없었다. 임파워먼트가 사회복지사들의 주요 역할에 포함된 것은 맞지만, 그 안에 내포된 의미는 임파워먼트가 그 역할들의 부수적 측면이라는 것이었다. 많은 문헌들이 셀프-임파워먼트나 집단, 네트워크, 지역사회조직의 임파워먼트의 과정에서 역경을 극복하지 않아도 된다는 사실을 당연시했다. 사실, 전통적인 사회복지는 일상에 존재하는 환경에 함유된 반(反)임파워먼트의 요소를 교묘하게 또는 당연하게 무시했었다. 사회복지사들은 사람들이 억압에 대한 저항으로 세상을 재구조화하는 데 동참하기보다는 자신들과 같은 정상성에 적응하기를 기대하였다. 이 장에서는 현상유지를 위해 개인이 적응하도록 하고, 더 나아가 그들을 조종하며, 기대와 욕구를 억누르게 했던 접근들에 대한 대안으로서 임파워먼트실천의 다양한 방식을 알아볼 것이다. 그러나 우리가 확실히 알아야 할 것은 아직도 많은 영역에서 사회복지사가 주로 통제자로서의 역할을 발휘하고 있다는 것이다. 이런 상황에서 마치 임파워먼트실천이 많이 이뤄지고 있는 것처럼 말하는 것은 비현실적일 수 있다.

이 장에서는 자신 또는 사회복지사에게 힘을 부여하는 것, 즉 셀프-임파워먼트가 곧바로 다른 사람들의 임파워먼트로 이어질 수 있다거나, 또는 이어져야 한다는 논리를 반박한다. 셀프-임파워먼트와 타인에 대한 임파워먼트가 논리적으로 연관성이 있기는 하지만, 이는 이해를 돕기 위한 설정일 뿐, 이 두 활동간에 필연적인 인과관계는 존재하지 않는다. 그러나 프레이리(Freire)의 업적에 대해서는 다룰 것이다. 여기에서는 의식화가 어떻게 개인의 임파워먼트와 개인을 둘러싼 사회적 측면간 연계를 공고히 함으로써 개인의 인식과 세상을 변화시키는 힘을 가져오는지에 대한 전통적 모델을 제공하기 때문이다.

우리가 강조해야 할 것은 실천가들이 너무나 자주 사람들을 위해 힘을 부여하는 대신 실천가 자신을 위해 힘을 부여하고 있다는 사실이다. 사회복지 문헌 중 서비스 수혜자가 직접 쓴 것이 이렇게 없다는 것은 놀라운 일이다. 이것은 그들의 견해와 경험이 연구와 이론 및 실천자료에서 제대로 나타나 있지 않다는 것을 의미한다.

2. 개인 임파워먼트의 과업

사회복지사가 하는 일들은 집단과 더불어 또는 집단 내에서 이루어지는데, 그 구성원들간 상호작용은 다양하면서도 기본적인 요소를 형성한다. 즉, 집단 구성원들이 힘을 부여받는다는 느낌을 느낄 수 있을 때, 비로소 집단을 통한 임파워먼트가 효과적으로 이뤄질 수 있는 것이다. 이 장의 마지막에 제시된 예가 함축하고 있는 핵심요소도 바로 이것이다. 집단을 통해 사람들이 효과적으로 힘을 부여받을 수 있도록 하기 위해서는 그 전에 먼저 개별 집단성원들이 힘을 부여받는 것이 필요하다는 것이다. 따라서 사회복지사는 개인을 상대로 일하면서 그들에게 힘을 부여하는 방법을 개발해야 한다.

그러나 사회복지사와 서비스이용자 간에 이뤄지는 상호작용들에 모두 비슷한 수준의 임파워먼트 가능성이 잠재되어 있는 것은 아닌 것 같다. 따라서 개인에 대한 다양한 접근에 어느 정도 임파워먼트의 가능성이 있는지를 평가하는 것이 필요하다. 기초적 수준에서 던질 수 있는 질문은 임파워먼트의 패러다임이 어떻게 일상생활에 적용될 수 있는가 하는 것이다. 우리는 이를 평가하기 위해 개별접근에 대한 교본을 참고하고, 다양한 유형의 작업과 관련된 임파워먼트실천의 예를 제시하고자 한다. 우선, 여기서 예를 하나 들어보자.

사 례 아동 및 가족의 보호실천을 통한 임파워먼트

라이사(Raissa)와 그녀의 12세 된 딸 노니(Noni)는 라이사의 동거남인 톰(Tom)이 노니에게 신체적 폭력과 지속적 협박을 가하는 것 때문에 사회서비스를 요청했다. 라이사와 톰은 실직상태였으며, 도심 빈민지역의 다 낡은 집을 세 내서 살고 있었다. 라이사는 사회복지사를 처음 만난 후 어쩔 줄 몰라 했다. 그녀는 자신도 학대자로 의심을 받는 것이 아닌지 염려하였고 사회복지사가 딸을 보호하기 위해 자신으로부터 분리하여 데려가지 않을까 걱정하였다. 사회복지사는 톰이 집을 나가서 한동안 형의 집에 머물도록 확실히 조치하였다. 그러자 라이사의 태도는 변화되었고, 사회복지사는 그녀와 딸 노니와 함께 그 상황을 평가하는 작업을 시작할 수 있었다.

1) 비평

이 상황에서 사회복지사는 몇 가지 복잡한 문제를 인식하였다.

- 가족 내 힘의 불균형 : 라이사와 그녀의 파트너, 어른들과 노니, 그리고 가족성원들과 사회복지사
- 가족 성원들에게 힘을 부여하려는 사회복지사의 목적과, 엄마와 딸을 위해로부터 보호하는 과업 사이에 존재할 수밖에 없는 모순
- 가족 성원들이 경험한 차별과 불이익의 수준

사회복지사는 라이사와 톰의 관계에서, 톰이 노니의 친부가 아니며, 라이사가 더는 그와 함께 살기를 원치 않는다는 것을 확인하였다. 그리고 보우쉘과 파머(Boushel and Farmer, 1996, pp. 98~99)가 제시한 임파워먼트실천의 네 가지 일반목표를 이 어머니와 딸의 구체적 목표를 협의하기 위한 기반으로 사용하였다. 이 일반목표들은 다음과 같다.

(1) 아동 및 성인 가족성원의 욕구를 충족시킬 것
(2) 아동과 성인의 권리를 존중할 것
(3) 아동과 성인, 그리고 그들이 접촉하는 사람들의 견해와 느낌을 적절히 고려할 것
(4) 가족성원들이 직면한 차별과 불이익을 감소시키거나 완화할 것

헤론(Heron)은 상담개입을 권위적인(*authoritative*) 것과 촉진적인(*facilitative*) 것의 두 가지 범주로 구분하였다. 권위적인 개입은 ① 처방적이고, ② 정보를 제공하며, ③ 직면하는 것으로서, 통제적 활동이 공공연히 이뤄진다. 반면 촉진적 개입은 ④ 카타르시스를 제공하고 ⑤ 촉매역할을 하며 ⑥ 지지적인 것으로서, 표면적으로는 덜 지시적이다(Heron, 1990). 헤론은 권위적인 것은 3분의 1만을 요구하였다. 다소 위계적이

고 실천가가 클라이언트 대신 책임을 진다는 측면 때문이다. 그리고 나머지 3분의 2는 촉진적 개입으로서, 이는 덜 위계적이며, 실천가가 클라이언트에게 좀더 많은 자율성과 책임성을 부여하는 것으로 보았다. 헤론의 분석은 다양한 전문적 맥락, 즉 의학, 간호, 사회복지, 경영, 상담, 고급교육, 정책, 청소년 및 지역사업 등을 아우르는 것이다. 임파워먼트의 시각에서 볼 때 그 가치는 사회복지사의 활동을 임파워먼트에 대한 준비가 덜 되어 있는 3분의 1과, 임파워먼트가 가능하도록 하는 3분의 2를 구분한 데 있다.

헤론은 앞의 여섯 가지 요소가 서로 독립적이어서 각각 서로의 영역을 침범하지 않지만 어떤 측면에서는 겹쳐지기도 한다고 하였다. 예를 들어서 정보제공도 직면하는 것일 수 있고, 처방도 촉매역할을 하는 것일 수도 있다(Heron, 1990, p.7). 그리고 임파워먼트에 대한 이 책의 의미를 살리기 위해 ⑦ 옹호를 촉진적인 집단활동의 추가적 요소로 첨가하였다.

2) 권위적 개입

임파워먼트에서 권위적 개입이 배제되는 것은 아니지만, 받아들이기에는 껄끄러운 부분도 있다는 것을 알아야 한다. 예를 들어서, 사람들이 어떤 결심을 하도록 이끄는 것은 임파워먼트의 활동에서 완전히 벗어난 것은 아니지만, 임파워먼트의 주류로 보기는 어려울 것이다. 문제는 임파워먼트를 활용하는 핵심에 이러한 권위적 활동이 관련되어 있는가 하는 것이다. 이에 대한 답변은 각각의 예를 찾기는 힘들다는 것이다. 그러나 중요한 사실은 서비스이용자의 상황은 임파워먼트를 향해 나아가려는 노력을 통해서 개선되리라는 것이다. 여기에서 도전은 서비스이용자를 어떻게 임파워먼트의 방식으로 참여하도록 하는가 하는 것이다. 특히 상황에 따른 한계나 사회복지사가 수행해야 하는 역할이 주어지는 상황에서는 더욱 그렇다.

· 처방

이것은 서비스이용자의 행동을 지시하는 개입이다. 여기에는 사회복지사가 법을 활용하여 서비스이용자를 통제하는 것도 포함될 수 있다. 사회복지사가 지시적인 역할을 수행함으로써, 역설적으로 서비스이용자의 개별 권익을 분명히 하고, 이를 통해 사람들이 행동하고 반응할 힘을 얻게 할 수도 있다.

· 정보제공

이것은 클라이언트에게 지식, 정보, 그리고 해석을 제공하려는 개입이다. 여기에서 사회복지사는 서비스이용자가 정보를 활용할 용도나, 힘을 부여받을 수 있는 방법에 대한 기대를 이야기하도록 할 수 있다. 이미 알려져 있는 지역사회보호의 예를 들어보자(Smale et al., 1993, p.5). 지역주민들은 사회복지사와 같은 전문가가 그들의 욕구를 사정하고, 보호계획을 고안, 적용, 운영을 진행하는 과정에서 무력감을 느낄 수 있다. 따라서 이들은 그런 상황을 거부할 수 있다. 그러므로 지역주민들에게 정보와 자원을 제공함으로써 그들 스스로 자신들이 선택한 서비스에 직접 접근할 수 있도록 하는 것이 바람직할 것이다.

· 직면

이것은 서비스이용자가 별로 인식하지 못하는 제한적 태도나 행동에 대해 그들의 인식을 고양하고자 하는 것이다. 별거나 이혼과정을 밟고 있는 부부에게 개입하는 과정을 예로 들어보자. 그 과정에서 사회복지사에게 필요한 것은 임파워먼트 기술보다는 권위를 활용하는 기술일 것이다(Dingwall, 1988). 그러나 과정 초반에 처방적인 방식으로 그들에게 개인의 권리를 알려줌으로써 결국 그들이 주어진 상황에 반응하거나 또는 동의하지 않을 권리가 있음을 알려줄 수도 있다. 이것은 사회복지사가 수행하기에는 매우 노골적이고 도전적인 역할이다. 그러나 직면을 받는 사람도 적어도 그만큼의 도전은 받게 되며, 따라서 거기에는 그에게 힘을 부여할 더 큰 책임이 존재한다는 사실을 명심해야 한다. 바버(Barber)는 포스터링(Fosterling, 1985)을 인용하여 무기력감에 대응하는 전략을 도출하였다. 여기에는 사회적 재강화나 칭찬을 활용하는 것, 모델링과 집단압력을 활용한 설득, 그리고 부정적 속성과 양립할 수 없는 정보를 제공함으로써 직면시키는 것 등이 포함된다.

3) 촉진적 개입

다음에 이어지는 촉진적 활동들은 권위적 역할보다는 사회복지사에게 보다 명확한 임파워먼트의 가능성을 제공해준다. 다양한 촉진적 접근들, 즉 인지치료, 진보치료, 가족치료, 단기치료, 의사교류 분석, 실존적 사회복지실천들은 임파워먼트의 방식으로 개입한다고 주장할 것이다. 톰슨(Thompson)은 이에 대한 예를 제시하였다. 그것은 장애인의 자신감을 증진시키기 위해 상담 및 그와 유사한 방법을 사용한 것과, 시민으로서 그들의 지위를 향상시키기 위하여 옹호를 활용한 사례였다. 이들은 다음과 같은 상황과는 처음부터 대조적이다.

> 권리를 박탈히는 것은 주변화히고 고립시키며, 비인간화함으로써 행해진다. 개인 차원에서 편견과 어긋난 동정심을 통해, 문화적 차원에서 부정적 유형화와 가치를 통해 구조적 차원에서 '적자생존'이라는 자본주의 개념과 적응능력이 결여된 사람들에 대한 자선이 지배하는 사회를 통해 이뤄지는 것이다(Tompson, 1993, p. 127).

· 카타르시스 제공

여기서는 서비스이용자가 슬픔이나 분노같이 고통스러워하는 감정을 발산할 수 있도록 돕는다. 이를 위하여 개인의 경험에서부터 시작하도록 하며, 그 사람이 가고자 하는 방향과 속도에 보조를 맞춤으로써 욕구를 충족시키게 된다.

• 촉매

여기서 추구하는 것은 서비스이용자가 자기발견, 자기주도적 삶·학습·문제해결에 참여할 수 있도록 하는 것이다. 다시 말하자면, 그 과정의 출발지점을 각 개인의 과정과 방향에 부합되도록 해서 개인의 임파워먼트를 극대화하고자 하는 것이다.

• 지지

이것은 서비스이용자의 개인적 성질, 태도 및 행동의 가치를 확고히 하고자 하는 것이다. 지지작업이 의도하는 바는 개인의 느낌과 생각을 확고하게 함으로써 달성될 수 있다. 또한 그 방법이 임파워먼트의 방식이 되도록 개발해 감으로써 달성될 수 있는 것이다.

• 옹호

여기에는 시민옹호에서부터 사회복지사에 의한 옹호에 이르기까지 다양한 범주의 활동들이 포함된다. 옹호에는 여러 가지 유형이 있다. 즉, 개인옹호, 시민옹호, 보호자에 의한 자기옹호, 전문적 옹호, 그리고 어떤 유형의 사람들이나 집단에 변화를 가져오기 위한 집합적 옹호 등이 있다. 이 중에서 한 사람이 여러 사람들을 위해서 하는 개인옹호는 타인의 권한을 위탁받은 것이기 때문에 그들의 자율성 및 독립성을 훼손할 수 있는 약점이 있다.

사 례 〈극복한 자들의 외침〉(Survivors Speak Out)

집합적 자기옹호의 예로 적절한 것은 〈극복한 자들의 외침〉(Survivors Speak Out)이라는 정신보건 영역의 한 조직이다. 이 조직은 1986년 영국에서 결성되었으며, 그 목적은 “실현가능한 수혜행위에 대한 인식을 증진시키고 인간적 만남과 개인 및 집단간 정보의 흐름을 개선하기 위한 것"이었다(Lawson, 1991, p. 73). 이와 같은 생존자, 즉 극복한 사람들의 집단에는 이전에 환자였던 사람들, 예를 들어서 정신병원에 입원했던 경력이 있는 사람들이 활동하고 있다. 최근 서구사회에는 이런 집단들이 퍼져가고 있다. 이들 중 어떤 집단들은 서로 접촉할 수 있도록 실질적 네트워크를 형성하기도 하고 잡지나 뉴스레터를 통해 더 활성화되기도 한다. 이런 집단들은 민주주의와 환자들의 참여가 결여된 정신보건시설과는 대조적인 위치에 서 있다(Brandon, 1991, p. 143).

〈극복한 자들의 외침〉에서는 〈체제 극복자들〉(Systems Survivors)과 〈동맹〉(Allies)이 함께 협력하여 이 조직이 자기옹호를 발전시켜 가도록 하고 있다(Survivors Speak Out, Newsheet, 1988). 1987년 9월에는 정신과 서비스를 받은 경험이 있는 사람들이 모여 첫 전국대회를 열었다. 이 대회 후, 어떤 사람이 다음과 같은 말을 하였다. "이번 주 동안 서로 지지하고 지지받은 경험이 제게는 몇 년간 약을 먹었던 것보다 더 도움이 되었습니다." 또 어떤 사람은 정신과 병동에 입원하는 대신 이 대회에 참석할 것을 선택한 사람이었는데 "주치의는 내가 입원하기를 바랐죠. 하지만 나는 여기 오길 선택했습니다. 저는 지금 모두에게 감사할 따름이에요. 왜냐하면 여기에 와서 정신병원에서 얻을 수 있었던 것보다 훨씬 더 좋은 것을 얻었으니까요"라고 하였다(Survivors Speak Out, Newsheet, 1988).

4) 비 평

〈극복한 자들의 외침〉과 같은 생존자 집단들이 정신보건의 정책 및 실천의 변화를 위한 급진적인 안건을 채택한다 해도, 개별성원들은 집단으로부터 기본적인 지원과 원조를 요구할 수도 있다. 이런 식의 역설은 여성치료집단의 영역에서 좀더 명확히 나타나기도 한다(5장을 보시오).

3. 개인 임파워먼트의 과정

개인에게 초점을 둔 여러 가지 임파워먼트의 예들을 살펴보았으므로, 이제 개인 임파워먼트 과정을 위한 개념적 기반을 알아보고자 한다. 이들은 심리적 과정과 구조적 맥락 모두에 관련된 것으로, 사회복지사와 개인 사이에 존재하는 상호작용 가운데 존재한다.

개인에 대한 임파워먼트의 기반은 억압의 극복과 관련된 연구 및 실천에 있다. 심리학적 통찰은 임파워먼트의 과정을 이해하는 데 필수적 요소이다. 파울로 프레이리(Paulo Freire, 1986)는 그가 남미에서 경험한 것을 토대로 핵심 참고사항을 제시하였다. 의식화와 임파워먼트에 대한 그의 업적 중 가장 중요한 핵심은 다음과 같은 기본적 분석에 있다. 그것은 개인의 정신상태, 즉 임파워먼트 과정의 심리적 측면이 우선적으로 검토해야 할 대상이라는 것이다. 프레이리는 빈민들의 의식화과정과 관련된 것들에 관심을 기울였다. 그들이 자신들의 경제적, 문화적, 지적 그리고 정서적 억압을 극복하고 의존성과 무기력에 도전할 수 있도록 하는 것이 핵심이었다. 그가 언급한 의식화라는 개념은 "사회적, 정치적, 경제적 모순을 인지하고 그런 현실 속의 억압적 요소들에 대항하여 행동을 취하는 법을 습득하는 것"을 의미한다(Freire, 1986, p. 15).

프레이리는 일상적 용어를 사용하여 억압극복과 임파워먼트 과정의 필수요소를 잡아내는 특별한 방법을 쓰고 있다. 따라서 그 과정의 핵심은 사람들간의 대화에 있다고 보았다.

> 사람들이 인간적인 세상을 추구하기 위해 대화하는 과정에서 사고와 행동을 결집할 때, 그런 감수성훈련에서 대화란 다음과 같이 되어서는 안 된다. 즉, 대화가 어떤 사람의 생각을 다른 사람에게 '부과하는' 행위로 축소되어서는 안 되며, 단순히 토론 참석자가 '소비해 버

> 리는' 생각의 교환이 되어서도 안 된다. 대화는 세상에 이름을 부여하는 사람들간의 만남이므로 어떤 사람이 다른 사람을 대신하여 이름을 붙이는 상황이 되어서는 안 된다. 대화란 창조의 행위이며, 어떤 사람이 다른 사람을 지배하는 정교한 수단으로 사용되어서는 안 된다는 것이다(Freire, 1986, pp. 61~62).

대화, 교육, 비판은 계속 이어지며 전달된다. 그러나 비판적 사고를 요구하는 대화만이 비판적 사고를 가져올 수 있다. 대화없이 의사소통도 없으며, 의사소통 없이 진정한 교육이란 존재할 수 없다(Freire, 1986, p. 65). 다시 말해서 '비판적 사고를 포함하지 않는다면 진정한 대화는 존재할 수 없는 것이다'(p. 64). 사람들은 대화를 하기 위해 말을 필요로 한다.

> 그러나 말은 단지 대화를 가능하게 만드는 도구 그 이상이다. 따라서 우리는 그 구성요소들을 찾아내야만 한다. 말에서 우리는 사고와 행동이라는 두 가지 측면을 찾을 수 있다. 이런 급진적 상호작용에서는 하나가 희생되면, 그것이 일부일지라도 즉시 다른 하나가 고통을 받게 된다. 말은 곧 동시에 관례가 된다. 그러므로 진정한 말을 한다는 것은 세상을 변화시키는 일이 된다(Freire, 1986, p. 60).

1) 임파워먼트의 장애물

분명 임파워먼트의 장애물에는 나이, 인종, 성, '계급', 장애에 대한 차별, 그리고 억압을 야기하는 다양한 측면들에 관련된 불평등이 반영되어 있다. 이 중 계급주의는 다른 차별적인 '~주의'에 대한 활발한 논의의 옆으로 비켜나 있는 경우가 종종 있다. 마이클 러너(Michael Lerner, 1979)는 선진국 노동자 계층의 '넘쳐나는 무력감'(*surplus powerlessness*)에 대해 집필했는데, 그는 이 용어를 심리적 부담을 설명하기 위해 사용하였다. 그 심리적 부담은 사람들을 억압하여 수행을 방해하고, 변화되거나 조율되지 않은 채로 미래의 행위를 제시하는 각본으로 작용하게 된다.

개인 임파워먼트, 즉 개인에게 힘을 부여하는 작업에 임파워먼트의 심리학 이론이 폭넓게 도입되었으며, 특히 무력감에 대한 심리학이 활발히 활용되었다. 이와 같은 심리학적 전략이 발달한 주요 예로는 특히 미국에서의 인지행동적 접근을 들 수 있다. 이는 베이스토(Baistow)가 제시한 것으로서, 여기에서는 사람들이 통제감을 느끼도록 함으로써 임파워먼트를 지향해 간다(Rappaport, 1984 ; Swift & Levin, 1987 ; Wallerstein, 1992 ; Zimmerman & Rappaport, 1988, Baistow에서 재인용했다). 그러나 그는 흥미로운 사실을 알아차렸다. 즉, 서비스이용자의 임파워먼트를 위해 이런 방식으로 접근하는 것은 서비스이용자의 삶에 대한 전문가의 통제력을 감소시키기보다 오히려 강화시킨다는 것이다(Basitow, 1994, p. 39).

바버(Barber)의 성과를 통해, 우리는 개인 임파워먼트의 심리학을 보다 자세히 알 수 있게 되었다. 그는 무력감이 전개되는 과정에서, 또는 무기력한 심리적 상태에서 나타나는 핵심적인 요소를 두 가지 규명하였다. 하나는 통제가 불가능하다는 느낌을 갖게 되는 것이고, 다른 하나는 반응을 보이는 것이 아무 소용없을 것이라는 태도이다(Barber, 1991, p. 38). 이 이론들은 다음과 같은 주제의 연구들과 같은 맥락에 있다. 즉, 왜 사람들은 불만족스러운 상황을 일으키는 다양한 원인들이 지속적으로 존재하는 현실에 대해 적극적으로 저항하지 않는지, 왜 집단활동에 참여하여 좀더 힘을 모아서 저항하지 않는지에 대한 연구들이 그것이다(Adams, 1991, p. 9).

바버(Barber, 1991, pp. 32~33)는 '학습된 무기력'의 발달과정을 보여주는 셀리그만(Seligman, 1975)의 개의 행동연구를 사람에게 적용해 보았다. 학습된 무기력이란 사람들이 과거에 실패했던 경험에 의거한 관점에서 보기 때문에, 새로운 과업에 관련된 요소들을 볼 수 없는 마음의 상태를 말한다. 이것은 반드시 과거와 같은 상황이 아닌 경우에도 마찬가지이며, 때로는 몇 가지 유사성만 있어도 그렇게 된다는 것이다. 만약 이런 상황에 문제가 제기되지 않는다면, "무기력한 사람은 사실상 포기하거나 무너져버릴 것이다"(Barber, 1991, p. 33). 러너(Lerner)가 관심을 가졌던 학습된 무기력의 속성에 의하면 '무기력한' 사람들은 가까스로 어떤 것을 성취했다 하더라도, 그것이 자신들의 노력에 의한 긍정적인 결과라고 생각하지 못하며, 이를 자기 자신이 아닌 외부요인과 관련하여 해석한다는 것이다. 러너는 이 이론을 활용하여 왜 1960년대와 70년대에 좌익 활동가들이 그들의 성공을 주류로 이끌어가지 못했는가를 설명하였다(Lerner, 1979, p. 19, Barber, 1991, p. 34에서 재인용). 셀리그만(1975)에 의하면 학습된 무기력은 인간 내부에 존재하는 두려움을 가동시키기보다는, 마치 우울증에서 경험하게 되는 무감각과 유사한 마비상태를 가져올 수 있다고 한다.

2) 장애물 넘기 : 개인 임파워먼트를 통해 세상을 변화시킨다

셀리그만이 제시한 궁극적 한계이론과 대조적으로, 프레이리는 개인 임파워먼트와 사회변화를 연계하는 긍정적 전략에 대해 남다른 비전을 보여주는 공헌을 했다. 그는 연습을 지속적인 기제로 보았으며, 사람들은 이를 통해 역사를 창조하고 사회적·역사적 존재가 되어간다고 생각하였다(Freire, 1986, p. 73). 이는 "우리 시대의 주요 주제"인 지배를 해방으로 대체하는 것과 관련이 있다. 그는 이것을 억압을 제거하고, 인간경시를 극복하는 인본주의적 과정으로 보았다(Freire, 1986, p. 75). 여기서 핵심활동은 조사를 수반한 비판적 사고와 관련되어 있다. 이는 사람들이 처한 상황에 대한 역사적 인식을 심화시키는 교육적 과정인 것이다. 이렇게 사람이 자신이 존재하고 있는 상황조건을 인식하면, 거기에 개입해 변화시킬 수 있는 능력도 획득하게 된다(Freire, 1986, pp. 80~81). 프레이리(Freire)는 복잡한 교육과 의식화 과정을 축소하려는 시도에 대해 다음과 같이 신중한 태도를 보이고 있다.

조종하는 것, 슬로건을 내거는 것, '위임하는 것', 통제하는 것, 그리고 처방하는 것은 변혁적인 요소가 될 수 없다. 왜냐하면 엄밀히 말하면 이것들은 지배적 속성의 구성요소이기 때문이다. 지배자가 지배하기 위해서는 사람들에 대한 진실한 자세나 사람들이 그들의 언어로 말하고 그들의 사고방식대로 생각할 권리를 부인할 수밖에 없다. 이들은 쌍방간의 대화방식으로는 행동할 수 없는 것이다. 만약 그들이 이런 방식으로 행동한다면 그것은 거짓으로 지배권력을 포기하고 억압받는 사람들에 합류한 것이거나, 계산을 잘못하여 권력을 잃었다는 것을 의미하는 것이다. … 따라서 변혁적 과정에서 억압받아온 사람들이 변화의 주체로서 그들의 역할에 대해 깨어 있는 의식을 갖고 참여해야 하는 것은 핵심사항 중의 핵심사항이다. 만약 그들이 일부는 그들 자신으로, 또 일부는 그들 안에 내재된 억압자로서 모호하게 그 과정에 들어오게 된다면, 그리고 그들이 획득한 권력이 아직 형성중에 있어서 억압상황으로 인해 모호한 상황이 된다면, 나는 이렇게 주장하고 싶다. 그들은 단지 권력을 얻었다고 상상하는 것뿐이라고. 그 존재의 이중성은 변혁을 훼손하는 관료주의의 시도로 이어지는 분파적 분위기를 조성하게 될 수도 있다. … 그리고 그들은 변혁을 해방에 이르는 길로서보다는 지배의 수단으로 갈망하게 될 수 있다(Freire, 1986, pp. 97~98).

4. 실천에 적용하기

집단, 지역사회 및 조직의 임파워먼트로 넘어가기 전에 개인 임파워먼트의 실천을 개발하는 것은 필수적인 일이다. 바버(Barber, 1991, p. 41)는 개인 임파워먼트의 목적을 좀더 자기지시적이고 주장을 강하게 할 수 있도록 하는 것이라고 보았다. 또한 다른 사람들과 협력해서 일하는 것이 건설적인 결과를 가져올 것이라는 낙관주의를 발전시키는 것이라고도 생각하였다.

다음에 나오는 두 가지 예들은 개인 임파워먼트의 전략에 대한 것으로서, 집단과의 작업경계를 넘나드는 것이다. 네언과 스미스(Nairne and Smith, 1984)는 여성들이 자신의 우울증 경험을 공유하고 이해하는 과정을 통해, 경계를 허무는 것이 얼마나 많은 이익과 상호지지를 가져오는지를 알게 되었다. 베이스토(Baistow, 1994)는 집단이나 지역사회에 기반을 둔 임파워먼트와는 별도로 심리적인 것만 — 이런 다양한 수준들이 서로 잘 분리되는 것처럼 — 다룸으로써 임파워먼트에 접근하려는 시도에 내포된 취약성을 정확히 규명하였다. 힘을 부여받은 개인과 집단 및 지역사회는 더 이상의 작업이나 설명 없이도 융화할 수 있다. 이어지는 두 가지 예는 다음 장의 주요 주제를 예시하며, 두 가지 종류의 변환에 대한 통찰력을 제공한다. 첫 번째, 개인과의 과업은 전문가가 이끄는 대신 그들 스스로 집단을 운영하는 과정에서 중요한 역할을 수행할 수 있도록 함으로써 달성된다. 두 번째 예는 개인의 의식화 과정이 포함되는데, 이는 성별에 기반을 둔 지역사회 집단이 발달하는 기제와 관련되어 있다. 이를 통해 임파워먼트를 획득한 여성은 남성 지배적인 사회의 억압적인 핵심요소에 도전하게 된다.

사 례 〈자신을 돌보자〉(Mind Your Self)

다음 예에서 보듯이, 집단을 지원하는 수준을 조심스럽게 구조화하지 않으면, 그 집단은 무너져 버리기 쉽다. 왜냐하면 처음에는 집단성원들의 정신상태로 인해 동기가 낮거나, 또는 효과적인 활동을 위한 자신감, 기술, 자원이 결여되어 있기 때문이다.

〈자신을 돌보자〉(Mind Your Self)는 1970년대 후반에 형성된 프로젝트로서 원래는 〈정신보건을 위한 리즈협회〉(Leeds Association for Mental Health)가 후원하던 곳이었다. 여기서는 집단 네트워크,

단기코스, 그리고 다른 관련활동들이 행해졌으며, 비전문가인 임파워먼터들(*empowermenters*)이 지도적 역할을 맡고, 전문적 사회복지사는 지원을, 그리고 다른 사회복지사들은 각기 주요한 역할을 수행하였다. 이 프로젝트가 진행되어 온 흐름을 살펴보면 전문가에 의한 촉진활동의 특성을 알 수 있다. 즉, 전문가들은 정신건강 문제를 가진 집단이 일시적인 실패의 기미를 보이면, 반사적으로 치료지원을 제공하려 했다(Adams and Lindenfield, 1985, p. 19). 집단성원들이 스스로 집단을 운영하면서 당면한 장벽은 정신건강문제를 갖고 있는 사람들의 임파워먼트 과정에서 작용하는 장애물들과 같은 전형적인 문제들이었다. 톰슨(Thompson)은 정신건강문제의 의료화가 의료전문가에게 상당한 힘을 부여한다는 사실을 규명하였다. 그리고 의료모델에서 정신질환을 갖고 있는 사람들을 유형함으로써, 그들의 임파워먼트를 저해하는 장애물을 가져온다는 것도 발견하였다. 우선 첫째로 그는 정신질환이라는 진단을 받은 사람들이 어떻게 정의되고, 낙인이 찍히며, 결과적으로 힘을 상실하게 되는가를 보여주었다. 둘째로 정신질환에 대한 의료적 정의를 내리는 것은 개인이 느끼는 스트레스를 그것이 속한 더 넓은 사회적 맥락에서 분리하는 결과를 가져오게 된다고 지적하였다. 그리하여 그 사람이 존재하는 복잡한 상황에 대한 사정의 범위를 축소시킴으로써, 그 저변의 사회적·도덕적·정치적·경제적 요소에 주의를 기울이기보다는 단순한 병리에만 집중하게 한다는 것이다(Thompson, 1993, p. 143).

따라서 사회복지사는 집단성원들과 함께 그들이 경험하는 다음과 같은 문제들을 규명해야 한다. 즉, '낮은 자존감, 주장능력의 결여, 의사소통기술의 부족, 자발성의 상실, 체력적 고갈, 불신, 위기를 감수할 수 있는 능력의 부재, 목표의식이 없거나 방향을 상실한 것 등이 그것이다(Adams and Lindenfield, 1985, p. 20). 그리고 그들은 집단이 좀더 효과적이 되기 위해 필요로 하는 질적 요소들을 담은 리스트를 작성하였다. 여기에는 동등한 참여, 효과적인 리더십, 분명한 목표, 양질의 의사소통, 활동능력, 그리고 융통성이 포함된다(Adams and Lindenfield, 1985, p. 21).

그 결과 우리는 거래를 하기로 하였다. 매주 그들이 스스로 모임을 진행하기로 동의하면, 매월 세 번째 주에는 내가 치료자로서 이런 문제들에 대해 그들과 함께하기로 한 것이다. 그러자 집단은 활성화되기 시작하였다. 몇몇의 정말 좋은 리더가 나타났고 책임감도 생기기 시작하였다. 이런 방식으로 나와 집단 사이에 새로운 파트너십이 생겼다(Adams and Lindenfield, 1985, p. 21).

〈자신을 돌보자〉에서, 성원들이 폭력적이 되거나 집단을 떠나길 거부하는 문제들이 나타나지 않은 것은 집단 내에서 공유된 철학을 반영하는 것이다. 여기서 집단은 한편으로는 개인적 자유의 도구이며, 또 다른 한편으로는 행동에 대한 집합적 책임감을 실현하는 수단이었던 것이다. 그러나 '자신을 돌보자'를 통해 알게 된 것은 집단을 이끄는 구성원들에게는 집단 외부로부터 어떤 종류의 자문이나 지도감독(*supervision*)을 받고자 하는 욕구가 있다는 것이다. 이런 것들이 전문가에게만 중요한 것이 아니라 비전문가들에게도 역시 중요하다는 것을 알 수 있다.

아마도 이런 식의 촉진활동이 가져오는 이득은 집단성원들의 자신감이 성장한 데서 확인할 수 있을 것이다. 이후 이 집단에서는 단기 코스를 개설하는 것을 고려하기 시작하였다. 예를 들어서 그 주제로는 '다이어트', '습관으로부터 벗어나기', 그리고 '중년'과 같은 것들이 있었다. 〈자신을 돌보자〉의 선구자적 특성은 자발적 영역의 사람들이 비교적 의지를 갖고 위기를 감수하게 된 데서 찾아볼 수 있다. 이는 비교대상이라고 할 수 있는 법제도에 의한 사회복지기관들과는 대조적인 것이다.

이런 방식의 촉진이 갖는 강점은 분명 전문가의 리더십을 어떻게 활용하느냐에 달려 있다. 만약의 경우 사회복지사가 이런 리더십을 철회하지 않고 계속 발휘할 위험성도 존재한다. 문제는 어떻게 철회의 속도를 조절하여 각 개인들이 유능함을 느끼고, 불가능을 경험하지 않으며, 지속가능한 활동을 유지할 수 있는가 하는 것이다.

1) 비 평

이 예에서 핵심사항 중 하나는 개인 임파워먼트실천에는 전문적인 촉진활동이 요구되며, 이를 통해 개인들은 임파워먼트 달성에 필요한 기술을 개발할 수 있다는 것이다. 〈자신을 돌보자〉(Mind Your Self)에서 보았듯이 촉진활동의 단계는 다음과 같다.

- 사회복지사가 활동의 필요성을 인식하게 된다.
- 사회복지사가 집단의 다른 성원들과 그 인식을 공유한다.
- 사회복지사와 성원들은 개인이 원하는 대로 참여하지 못하게 하거나, 집단을 스스로 운영하지 못하도록 저해하는 장애물들을 밝혀낸다.
- 사회복지사와 성원들은 그들이 원하는 것을 다루는 전략에 대해 협의하고 동의한다. 이 전략에는 집단성원들의 임파워먼트의 장애물을 극복하는 것이 포함된다.
- 사회복지사와 집단성원들은 집단성원들이 기술을 개발하도록 지속적으로 노력한다.
- 성원들이 스스로 과업을 수행할 수 있다고 느끼게 되면, 사회복지사는 서비스 제공의 역할을 철회한다.

사 례 〈나이제리 코리〉(Nijeri Kori)

영국이 제3세계로부터 전해져 온 자조 프로젝트에서 촉진활동의 전통을 부분적으로 물려받았다는 사실은 튼튼한 기반을 지닌 〈나이제리 코리〉라는 조직의 예를 통해 그 실체를 볼 수 있다. 이 조직은 방글라데시에서 의식화 집단들간 네트워크 형성을 위해 노력했는데, 이는 억압적 사회구조 속에서 살아가는 여성들 개개인의 임파워먼트의 수단이었다.

〈나이제리 코리〉는 문자 그대로 '우리는 스스로 할 수 있다'는 것을 의미하며, 1970년대 후반 방글라데시 사람들 몇몇에 의해 시작되었다. 이들은 정치적 측면이 결여된 농업, 조합, 보건 등에 대해 전통적 접근보다 생산적인 접근을 찾는 데에 관심을 가졌다. 〈 나이제리 코리〉는 현재 120명 정도의 직원을 두고 있으며 방글라데시 다카(Dhaka)에 기반을 갖고 있는데, 국내에서 가장 빈곤한 지역 4~5곳에서 사업을 진행하며 의식화 작업에 집중하고 있다. 이 조직은 많은 사람들이 느끼는 무기력함을 계몽하고, 그들에게 강인함을 부여하며, 집합적 행동을 조직하는 활동을 수행해왔다.

그 지역 출신의 사회복지사들은 훈련을 받은 후, 다시 돌아와서 경작할 토지가 없는 사람들이나 정말 가난한 사람들과 함께 생활하게 된다. 그러나 그들과 함께 생활하는 기간이 지나면, 집단 내에서 형식에 구애받지 않은 토론이 자발적으로 이뤄질 수 있도록 격려한다. 그리고 지역에 애경사가 발생하면 사람들이 함께 유대감을 형성하고 모일 수 있는 수단으로 활용하기도 한다. 또한 일주일에 한 번 정도 사회복지사와 만나서 한두 시간씩 그들의 자녀, 충분한 돈, 의복 또는 땅을 소유하지 못하는 문제, 그리고 남편과의 관계 문제 등에 대해 잡담을 나누도록 한다. 그들은 이 집단을 만남이라고 부르기 보다 '함께 앉아 있는 것'으로 부르는 경우가 많다. 이 사회의 여성들은 남녀가 섞인 집단에서는 이야기를 하지 않는 것이 관례이기 때문에, 여성들은 남자들과 만날 정도로 자신감이 생기기 전까지는 남자들과 함께 만나려 하지 않는다. 나중에 사회복지사 없이도 집단이 모임을 갖게 되고, 지역 위원회를 형성하게 되면, 여성 집단과 남성 집단의 구성원들이 동등하게 대표를 맡게 된다. 여기서의 원칙은 말하고 생각하는 긴 과정이 포함되며, 특히 여성 개개인이 자신의 상황에 대해 이야기할 수 있도록 자신감을 기르는 것도 들어간다.

〈나이제리 코리〉는 〈결핍과의 전쟁〉(War on Want)으로부터 일부 지원을 받고 있으며, 나머지는 헬렌 앨리슨(Helen Allison)이 그 조직으로부터 이 책을 위해 저자에게 지급하는 회계에서 지원을 받고있다. 남성 지배적인 상황에서 여성들간에 자신감이 점차 축적되는 과정은 집단들이 차별받고 억압받고 있는 영연방(Britain)의 상황을 떠올리게 한다. 시간이 흐르면서 이 집단이 그런 상황에 미친 영향력은 상당한 것이었다.

그건 정말 볼 만한 광경이었다. 우리는 그 지역에 도착한 후 작은 방에 자리를 잡았다. 처음엔 거기에 모두 여자들만 있었지만, 공식모임이 시작되고 우리를 소개하자 여자들은 모두 나가고 남자들이 들어와서 침대에 앉았다. 그래서 우리는 "여자들은 어디 있어요? 우린 여자들과 이야기하고 싶어요"라고 하자 우리가 여자들을 보고 싶어한다는 메시지가 전달되었다. 여자 네 명이 다시 들어와서 침대에 앉았다. 남자들은 자리를 우리쪽으로 조금씩 옮겨 앉았고, 한 30분에서 1시간 정도 흐르자 방이 꽉 찰 정도로 더 많은 여자들이 들어왔다. 우리는 거기 앉아서 2시간 가량 서로 이야기하였고, 남자들은 내내 조용히 앉아서 여자들이 하는 이야기를 들었다. 그건 아마도 우리가 거기 있었기 때문일 수도 있다. 그러나 그들은 끼어들거나 반박하지 않았다. 여자들은 처음에는 수줍어하고 얼굴을 숨기며 킥킥거리고 웃거나 당황한 듯이 보였지만, 점차 이것을 극복하고 자녀들이나 돈에 대한 것같이 간단한 주제에 대해 매우 솔직하게 이야기했다. 뿐만 아니라 나중에는 어떻게 〈나이제리 코리〉에 관여하게 되었는지, 이 집단이 그들에게 어떤 의미가 있는지, 그들이 변화의 가능성으로 보고 있는 것은 무엇인지, 그리고 앞으로 그들의 자녀가 어떻게 되기를 바라는지 등에 대해서도 이야기하였다. 중요한 변화를 일으키는 유일한 방법은 사람들이 조직하고 요구할 수 있다는 데 있다. 이건 시간이 오래 걸릴 수 있지만 결국에는 이것이 단순히 정당을 바꾸는 것보다는 좀더 의미 있는 일이라고 할 수 있다. … 이것이 의미하는 바는 사람들이 의식화되고, 더 자신감을 얻게 되며, 지역적 조직을 결성하게 되면, 그때부터는 그들 스스로 어디로 가기를 원하는지를 결정할 수 있게 된다는 것이다. 즉, 정당에 가입하기를 결정할 수도 있고, 지역운동에 동참하기로 결심할 수도 있으며, 그 지역의 부정부패에 대해 항의할 수도 있을 것이다. 실제로 주민들이 지방정부의 관청으로 행진해서 뭔가를 요구한 사례들도 있었다. 또한 그동안 귀 기울이려 하지 않았던 아내구타에 대한 항의운동을 편 여성들과 같은 구체적인 사례들도 찾아볼 수 있다. 만약 집단성원 중 한 사람이 남편이나 시집 식구들에게 구타당한다면, 여성들은 이에 항의하여 그 남자를 찾아가 여러 사람들 앞에서 창피를 줄 것이다. 그리고 만약 그 역시 〈나이제리 코리〉의 구성원이라면 남자들로 구성된 집단에서도 그 문제에 개입하여 이에 대해 논의하고자 할 것이다. —〈결핍과의 전쟁〉 헬렌 앨리슨(Helen Allison, 1987)과의 인터뷰 중에서

2) 비평

그 다음 활동단계들은 다음과 같이 규정할 수 있다.

- 어떤 행동을 취하기 전 후원조직에 의한 분석을 시행할 것
- 억압적 사회의 구조적 특성을 규명할 것. 여기에는 여성의 임파워먼트를 저해하는 장애물이 포함되는데, 그 장애물로는 성차별주의, 그리고 여성들이 만나서 경험을 공유하며 억압극복의 전략을 개발하는 수단을 박탈하는 것 등을 예로 들 수 있다.
- 개인적 공간을 가질 수 있도록 하는 전략, 경험을 공유함으로써 개인의 자신감을 형성하는 전략, 억압에 도전하는 집단 행동전략을 교환하고 발전시킬 수 있는 토론의 장을 제공하는 전략, 개인과 집단의 의미 있는 경험이 합쳐진 토대 위에서 힘을 발휘하도록 하는 전략을 개발할 것
- 다른 사람들에게 전파할 것
- 물질적 목표에서 더 나아가 미래의 목표를 지향할 것
- 후원조직에 의해 활성화된 남성집단 구조를 통해(지금까지 문화적 전통과 실제에 의해 금지되어온) 남자들 및 억압자들도 집단대화에 참여시킬 것

앞의 두 가지 예들 모두 개별영역에서 집단영역으로 전환되는 상황을 다루고 있다. 그러나 핵심질문이 요구하는 답변은 이런 작업이 수행될 수 있는 일반적 조건에 대한 특정상황과 관련된 것이다. 베이스토(Baistow, 1994, p. 36)가 관찰한 바에 따르면 개인적인 것과 정치적인 것이 어떻게 결합하는지에 대한 과업은 설명되지 않은 채 남아 있다고 한다. 그러나 멀렌더와 와드(Mullender and Ward, 1991), 그리고 스티븐슨과 파슬로(Stevenson and Parsloe, 1993, p. 13)는 그 필수적인 요소로서, 사람들이 그들을 괴롭히는 상황에 대해 생각해 볼 수 있도록 원조하고, 내부세계의 느낌을 그들이 살고 있는 외부세계와 관련시키도록 돕는 방법을 제시하였다. 5장과 6장에서는 집단에 기반을 둔 임파워먼트의 시각에서 이 이슈들을 다루게 될 것이다.

사례 노인과 일하기

프레다(Freda)와 남편 윌프(Wilf)는 40년간 결혼생활을 유지해 왔다. 그들은 연금을 받아서 공동주택 1층에 살고 있었다. 그러나 남편의 신체적 장애로 인해 더는 계단을 오를 수 없게 되자, 시설보호를 신청하게 되었다. 사회복지사가 방문하여 그들과 전반적인 상황에 대해 이야기한 결과, 이런 결정은 그들의 견해가 중요하지 않다고 믿었기 때문에 나온 것이라는 것을 알 수 있었다. 왜냐하면 그들은 늙고 장애가 있으므로 그들이 서로 함께 살기 원한다고 주장하기보다는 부적절한 주거상황도 감수해야 한다고 생각했기 때문이었다. 따라서 사회복지사는 그들이 보호시설 공간의 1층을 신청할 수 있도록 도왔고, 이 노부부는 곧 거기로 이사할 수 있었다.

이 예에서 보듯이 노인 및 장애인과 일할 때에는 임파워먼트 원칙에 기초한 반차별적 실천을 통해서, 단지 이들이 환경에 적응하도록 하는 것이 아니라 거기서 한 걸음 더 나아가도록 이끌 수 있다.

5. 결 론

이 장에서는 개인영역에서 임파워먼트의 중심적인 역설(*Paradox*)을 강조한 것이 핵심이다. 이 영역에는 다른 사람들을 위해, 또는 바람직하게는 그들과 함께, 그들의 임파워먼트를 위해 일하는 실천가도 포함된다. 사회복지 영역에서 이뤄지는 활동은 클라이언트와 서비스이용자의 경험을 충분히 고려해야 한다. 그리고 만약 가능하다면 그들이 표현하는 관점과 선호도를 직접 반영할 필요가 있다.

■ 더 읽을 거리

Beresford, P. (1999) 'Making Participation Possible: Movements of Disabled People and Psychiatric System Survivors', in T. Jordan and A. Lent (eds) *Storming the Millenium: The New Politics of Change*, London, Lawrence & Wishart.

Braye, S. and Preston-Shoot, M. (1995) *Empowering Practice in Social Care*, Buckingham, Open University Press.

Heller, T., Reynolds, J., Gomm, R., Muston, R. and Pattison, S. (eds) (1996) *Mental Health Matters: A Reader*, Basingtoke, Macmillan – now Palgrave Macmillan, pp. 215–66.

Meetham, K. (1995) 'Empowerment and Community Care for Older People', in N. Nelso and S. Wright (eds) *Power and Participatory Development: Theory and Practice*, London, Intermediate Technology Publications, pp. 133–43.

집단 임파워먼트란 무엇인가 제5장

1. 개 요

서비스이용자들이 조직한 집단상황 안에서 임파워먼트가 일어나는 경우는 매우 많다. 영국의 슈롭쇼어(Shropshire)라는 지역에 〈경청과 보호〉(Listen and Care)라는 집단이 있는데, 이곳은 외로움, 우울증, 또는 정신건강 문제로 고통받는 사람들이 만나서 서로 지지를 주고받을 수 있는 공간이 되고 있다. 이 집단은 예전에 클라이언트나 환자로서의 경험이 있는 사람들이 운영하며, 전문가는 개입하지 않는다. 그 구성원들은 이 집단이 그들에게 예측 가능한 생활을 제공하며 고립을 감소시키거나 예방한다는 면에서 매우 유익하다고 느끼고 있다. 과연 이런 집단이 그 구성원들에게 임파워먼트와 지지를 제공해 줄 수 있도록 하는 요인은 무엇일까? 이 장에서는 그런 집단 임파워먼트의 특성과 기능을 생각해 보고자 한다.

2. 집단이 현실적으로 달성할 수 있는 것

집단을 통해 개인들에게 지지를 제공할 수 있고, 고립의 위험을 감소시킬 수 있다. 또한 집단은 개인의 기술을 개발하고 연습할 수 있는 환경을 제공하며, 의식화된 사람이 더 높은 개인적 기대를 성취하도록 하는 수단이 된다.

사 례 아동과 청소년에 대한 치료적 과업에서의 임파워먼트

토미(Momi)와 타니아(Tania)는 가족과 친척들이 모두 사망하여 아무도 돌볼 사람이 없는 난민아동들로, 현재 영국의 북쪽지방에서 살고 있다. 그들은 학교에서나 보호소에서 조용하고 주눅들어 있는 모습을 보였고, 체중도 계속 줄었다. 사회복지사는 몇 달 동안 이들이 자신의 느낌, 상황이나 배경에 대해 이야기하도록 권유했지만, 모든 시도가 거부당했다. 결국 담당 사회복지사는 이런 시도들을 그만두었다. 대신, 그들을 설득하여 사회복지사가 비공식적으로 진행하는 미술, 연극, 또는 음악 등을 활용한 비공식적 치료집단에 몇 차례 참석하도록 하였다. 몇 주가 지나자, 그들은 집단에 참여하기 시작하였고, 다른 아이들과 관계를 맺기 시작하였으며, 학교에서의 수행에도 진전이 있었다. 그리고 더 많은 대화를 나눌 수 있게 되었으며, 집에서도 확연히 우울한 양상이 감소하였다.

1) 비평

연극치료와 같이 집단을 활용한 치료적 접근은 본질적으로 임파워먼트의 속성을 갖고 있다. 집단은 그 역동을 통해 집단성원들의 참여를 극대화하고, 작업과 관련된 창의성과 고유성을 개발할 수 있는 장(場)

을 제공한다. 집단은 학교나 교정시설의 청소년들, 삶을 위협하는 질병, 학대, 자폐, 장기요양에 처한 사람들, 그리고 입양아동들에 이르기까지 폭넓게 활용할 수 있다(Bannister and Huntington, 2002). 연극치료에 대한 임파워먼트 접근은 청소년들과 일할 때에도 적용할 수 있다(Chesner and Hahn, 2001). 플러머(Plummer, 2001)는 집단을 활용하여 아동과 일하는 실질적인 예를 보여주었는데, 아이들은 말과 그림을 통해 상상하며 자신을 표현할 수 있게 되었고, 흥미를 느낄 뿐 아니라 치료적 효과도 있었다. 이러한 접근들은 그 자체로서 이미 임파워먼트의 효과가 있는 것이다. 여기서는 자기 자신의 모든 것을 사용하는 것, 집단성원들이 통제력을 가질 수 있도록 허용하는 것, 다양한 접근들과 기술들을 흡수, 통합하여 진행하는 것에 초점을 두는 경우가 많다. 그리고 생각과 실행, 또는 행동(단지 어떤 행동만으로 의미가 있는 것이 아니라, 활동에 참여함으로써 부가적 의미를 갖게 된다)의 연속적 과정을 장려한다. 이런 방식으로 사람들은 행위와 존재, 사고와 감정, 생각과 행동을 통합하는 임파워먼트의 감동을 경험할 수 있는 것이다.

멀렌더와 와드(Mullernder and Ward)는 "집단사회복지실천이 만약 공적인 것과 사적인 것, 그리고 개인과 사회를 분리시키려는 시도를 거부하는 분명한 의지를 갖고 있다면 엄청난 힘을 가질 수 있다"고 주장한다(1991, p. 12). 그러나 베이스토가 관찰한 바와 같이, 억압에 맞서는 임파워먼트 전략으로서 집단실천은 문제를 "심리적 해결을 통해 개선될 수 있는 것"으로 보는 견해를 깔고 있다. 이런 경우에 제안할 수 있는 해결책은 집단실천이나, 또는 상담이 된다(Baistow, 1994, p. 36). 자조집단이나 이용자가 주도하는 집단에는 다음 요소들간의 잠재적 갈등에서 비롯된 한계가 존재한다. 즉, 멀렌더와 와드가 이들 집단의 기반이라고 주장한 반(反)억압적 원칙과, 집단성원들이 실제 참여하는 억압적 성향의 활동 간 갈등이 그것이다. 그렇다면 촉진자로서 역할을 수행하는 실천가는 다른 성원들의 권한을 빼앗게 되는 개입을 해야만 하는가(Page, 1992)?

페이지(Page, 1992, p. 92)는 멀렌더와 와드의 접근이 보여주는 명백한 성과물이 극단적으로는 별것 아닐 수도 있다고 보았다. 그리고 집단성원들의 다양한 시각들이 집단 의식화라는 목적의 주요 핵심전략을 통해 좀더 통일되고 현실적인 요구로 바뀌지 않는다면, 집단성원들보다는 촉진자와 교육자인 실천자들에게 의미 있는 작업에 그칠 수 있다고 보았다(Page, 1992, p. 90). 임파워먼트를 위한 집단실천이 그 구성원들에게 긍정적인 경험을 제공할 수는 있을 것이다. 그러나 그 결과로 어쩌면 이들은 빈곤, 실직, 형편없는 주거상황, 부적절한 보건 및 사회보호 서비스 등에서 발생하는 폭넓은 문제들에 대해서는 문제를 제기하지 않게 될 수도 있다는 것이다.

3. 집단 임파워먼트의 특성

이 장에서는 집단실천의 전체를 포괄하려는 시도보다는 자조집단과 이용자가 주도하는 집단에 관심을 기울이고자 한다. 이용자주도 집단은 서비스이용자들을 포함하는 자조의 특별한 범주에 해당된다. 그러나 모든 자조집단이 서비스이용자가 주도하는 것은 아니다.

1) 자조집단

집단활동으로서의 자조집단에 대한 카츠와 벤더(Katz and Bender)의 정의는 시작하기에 앞서 인용할 만하다. 그들은 자조집단에 대해 다음과 같이 설명하고 있다.

> 특정한 목적을 달성하기 위하여 서로 돕는 소규모의 자발적인 집단구조이다. 비슷한 사람들, 즉 동료들이 함께 모여 형성하게 되는 집단으로서, 여기서는 통상적으로 공통된 욕구를 충족시키고, 공통적

으로 경험하는 불이익이나 생활상의 문제를 극복하며, 바람직한 사회적 · 개인적 변화를 가져오는 과정에서 서로 돕는 기능을 수행한다(Katz and Bender, 1976, p. 9).

2) 이용자주도 집단

멀렌더와 와드(Mullender and Ward, 1991)는 이용자가 주도하는 집단실천의 개념을 '자기지시적인 집단실천'이라는 용어로 설명하였다. 그들이 책에서 규정한 자기지시적 집단실천 모델은 대인서비스 영역의 사회복지사와 서비스이용자들의 경험에 뿌리를 두고 성장한 것이다. 또한 이 모델은 다양한 직업, 학문, 현장 및 집단에 적용되었다. 이러한 자기지시적 집단실천은 이 장의 끝부분에 서술된 자조의 과정과 일치하는데, 여기서는 주로 의식화와 집단성원들의 임파워먼트에 초점을 두고 있다. 자기지시적 집단실천에는 두 가지 주요 활동, 즉 분석과 행동이 포함된다. 초기단계에서 사회복지사는 집단성원들에게 지지를 제공하고, 파트너인 이용자들과 함께 집단을 형성한다. 이것은 이용자들이 집단의 규범을 정하고, 문제를 규명하고 분석하며, 목적을 설정할 수 있도록 하기 위한 것이다(Mullender and Ward, 1991, p. 18). 이용자들은 계속해서 문제와 목적을 명료하게 하고 행동을 취하는 일련의 과정을 진행한다. 이를 통해 그들은 그 과정에 대한 책임을 지며, 자신감을 키우는 것이다. 따라서 결국에는 이용자들이 집단을 담당하게 되고, 사회복지사는 뒤로 물러나 있다가 나중에는 집단을 떠나게 된다.

3) 자조 및 이용자주도 집단의 관계

자조의 영역과 이용자주도 집단의 특성 중 하나는 그 실천의 형태가 매우 다양하다는 것이다. 어떤 집단은 치료적 형태를 취하고, 어떤 집단은 의식화의 기반 위에 서 있다. 또 어떤 집단은 사회복지사와 같은 실천가가 주도하거나 촉진하기도 한다. 반면 자기지시적인 집단에서는 사회복지사가 처음에는 촉진자로서 핵심적 역할을 수행하지만, 점차 주변으로 물러나거나 완전히 참여하지 않는 변화과정이 포함된다. 이것은 다음에 나오는 실천가와 서비스이용자들 간 세 가지 기본적 관계 유형에 해당되는 것이다. 즉, 이것은 이런 집단들에 실천가가 반드시 필요하다고 생각하는지, 실천가에 의해 집단이 촉진되는지, 또는 집단이 실천가로부터 자율적인지에 달려 있다.

4. 사회복지사와 자조 및 이용자주도 집단의 관계

〈표 5-1〉은 사회복지와 자조 및 이용자주도 활동 간 관계의 세 가지 유형이 서로 어떻게 구분되는지를 보여준다. 이는 전문가 조직(여기서는 이것을 사회복지 조직이라고 가정하자)으로부터 나오는 자원동원, 리더십, 그리고 지지의 정도라는 측면에서 살펴본 것이며, 또한 실천가와 자조 및 이용자주도 활동 사이의 관계 특성과 관련된 것이다.

운전에 대한 비유를 활용한다면, 사회복지사가 필수적인 상황은 사회복지사가 자신이 소유하고 있는 차의 운전석에 앉아 있는 것과 같다. 사회복지사의 활동이 촉진적인 상황은 운전하고 있는 자조자 옆에 사회복지사가 앉아서 동행하는 것과 같다. 반면 사회복지사로부터 자율적 상황은 자조자나 서비스이용자가 전문가의 도움 없이 자신이 소유한 차를 스스로 운전하는 것과 같다.

1) 전문가의 역할이 필수적인 자조

이것이 가장 역설적인 관계의 유형이라는 것은 〈표 5-1〉에서 명백히 보여준다. 그 이유는 자조활동이 사회복지 기관에 뿌리를 두고 있음에도 불구하고, 분명 이를 통해 자조의 의도와 목적을 구현하고 있기 때

〈표 5-1〉 사회복지사와 자조 및 이용자주도 활동의 관계

전문가 역할의 특성	조직이 지원하는 자원	전문가의 리더십	전문가의 지지	전문가와 자조가 연결되는 예
필수적	모두 또는 많이	직접적	정기적	서비스의 일환으로 활용 가능한 활동을 개발하고 시행함
촉진적	약간	간접적	간헐적	활동을 자극함
자율적	없음	없음	없음	사람들을 학습에 의뢰하거나 학습을 도입함

문이다. 여기에서는 자조를 전적으로 또는 거의 대부분 후원하고 있는 사회복지 조직에 소속된 실천가가 이런 활동을 증진시키고, 지지하며, 직접 주도한다. 가트너와 리스만(Gartner and Riessman, 1977, p. 71)에 의하면 주요 보건조직들은 대부분 자조클럽들을 후원하고 있다고 한다(예를 들어서 미국의 암협회는 후두절제, 유방절제, 인공항문에 해당되는 사람들의 집단을 지원하며, 미국 심장협회 연차회의에서는 각 주에 있는 지부들이 심장발작을 경험한 사람들의 클럽을 설립하도록 격려하고 지원하라고 권유하였다).

언뜻 보면 전문가를 필요로 하는 자조는 개념상의 모순이 있는 것처럼 보인다. 이러한 자조는, 자조란 반드시 외부자금으로부터 독립적이어야 한다는 간단한 명제와 공존하기 어렵다. 아마도 여기서 가장 중요한 것은 자조자와 실천가들 사이의 관계를 분명하게 해야 한다는 것이다. 전문가의 가이드가 자조활동에 합법적인 역할을 수행한다는 것을 수용할 수 있는 사람들은 많을 것이다. 비록 집단성원들이 그 수행의 구조와 형태를 통제할 수 있어야 하지만 말이다.

> 그러므로 이 정의에서는 기관의 후원을 받고 있거나 전문가가 주도하는 치료집단들은 배제된다. 또한 예를 들어 〈익명의 체중지킴이와

그 부모들〉(Weight-Watchers and Parents Anonymous)과 같이 그 구성원을 돕기 위한 방편으로 필요할 때 전문가를 활용하는 집단도 배제된다(Levy, 1976, p. 306).

예를 들어 사회복지 시설과는 별도로 조직된 부서 중에는 사회복지사의 활동을 반드시 필요로 하는 자조의 형태를 취하는 경우도 있다. 여기에서는 그 입소자들이나 주간보호 서비스이용자들이 스스로 자신들의 활동 프로그램을 짜야 할 책임을 진다는 면에서 그 타이틀에 '자조'라는 용어를 사용한다. 또한 사회복지기관 내부에서 조직되어 지원을 받고 있는 자조집단도 전문가 역할이 필수적인 자조유형에 포함될 수 있는데, 이들은 이러한 태생적 한계에도 불구하고 자조의 노선을 걸어가기 때문이다.

2) 전문가의 활동이 촉진적인 자조

이 자조의 유형은 사회복지사가 사람들을 모으기 위한 활동을 하거나, 좀 다른 방식으로 활동할 만한 분위기를 창출해 내는 곳에서 형성된다. 실천가들은 이와 같은 활동을 위해 약간의 지지와 어느 정도 간접적인 리더십을 제공한다. 이런 작업의 예는 특히 다음과 같은 정신보건 사회복지 영역에서 찾아볼 수 있다. 자조의 준비단계나 초기단계에서는, 사회복지사가 제공할 수 있는 전문적 지식, 기술, 또는 자원이 어느 정도냐에 따라 사람들이 그 활동에 지속적으로 참여할지, 또는 중단할지를 결정짓는 중요한 차이가 나타날 수 있다. 예를 들어서 우울증을 경험하는 사람들은 지식, 기술, 그리고 자원이라는 형태로 실천가의 도움을 받지 않고서는 자조집단에 들어오거나 활동을 시작하기 힘들다는 것이 관찰되었다.

3) 전문가로부터 자율적인 자조

이 형태의 자조는 실천가의 지원 없이도 스스로 해낼 수 있다는 점에서 다른 형태의 원조와 구분된다. 즉, 자조의 과정에서 이들은 어떤 처치를 받거나, 치료를 받거나, 상담을 받거나, 혹은 사회복지사의 클라이언트가 되는 상황에 처하지 않는다. 이러한 자조의 형태는 전적으로 전문가와는 별도로 시작하여 조직화하고, 자원을 모으며, 운영한다. 따라서 여기서는 사회복지사와 자조 사이의 거리가 뚜렷하게 존재한다. 그러나 어떤 의미에서 이것은 이런 관계들을 좀더 정교하게 다듬어야 할 필요성을 명백히 보여주는 것이기도 하다. 다시 말해서 처음에는 전문가의 역할이 필수적인 자조의 경우나, 자율적인 자조의 경우나 모두 사회복지실천과는 아무 관련이 없는 것 같이 보인다. 그러나 일반적으로 사회복지사와 어떻게 관계를 맺고 있는가 하는 것뿐 아니라, 그들의 주관적 문제와 그들이 제기하는 이슈들을 살펴보면, 자율적인 자조활동이 특별한 주목을 받을 만하다는 것을 알 수 있다. 이런 자조집단으로는 '익명집단', 생존자 집단이나 장애운동과 같이 낙인에 저항하는 집단, 그리고 의식화 집단들이 있다.

5. 자조 및 이용자주도 집단의 공통 특성

마이클 묄러(Michael Moeller, 1983, p. 69)는 의료영역에 존재하는 자조집단들의 특성을 다음과 같이 여섯 가지로 제시하였다.

(1) 모든 성원들의 지위가 동등하다.
(2) 각자 스스로 자신의 문제를 결정한다.
(3) 집단은 그들이 내린 결정에 책임을 진다.
(4) 각 성원들은 자신의 문제 때문에 집단에 합류하게 된다.

(5) 집단과정은 비밀이 보장된다.

(6) 참석에 비용이 들지 않는다.

나이트와 헤이스(Knight and Hayes, 1981, 2장)는 집단상황에 특별히 적용할 수 있는 자조의 일곱 가지 특성을 규명하였다. 자발적 활동, 구성원들에 의한 문제의 공유, 상호이익의 충족, 도움을 주는 자와 받는 자의 역할 공유, 공유하는 목적을 향한 건설적 행동, 집단성원들에 의한 집단운영, 그리고 외부의 자금 없이 집단이 존재한다는 것 등이 그것들이다. 판코스트(Pancoast)는 자조집단의 정의를 공식적으로 제공되는 서비스와 관련지어 설명하고 있다. 즉, 자조집단은 공식적인 서비스와 병행할 수도 있고, 이를 보완할 수도 있으므로, 다양성을 확보할 수 있는 기제라는 것이다(Pancoast et al., 1983, p. 19).

문헌연구를 통해 자조의 특성들 중 유용한 것들을 찾아보면 다음과 같다. 즉, 구성원간 공통된 경험을 공유하는 것, 서로 원조하고 지지하는 것, 스스로 돕는다는 관례대로 동료들끼리 돕는 것, 변화하고자 하는 사람들이 바람직한 행동강화를 목표로 하는 집단에 참여하기로 함으로써 특수한 연합을 형성하는 것, 변화의 능력은 집단성원들 안에 존재한다는 집단의 가치에 기반을 둔 집합적 의지와 신념, 집단성원들이 겪게 될 경험과 변화에 대한 정보를 공유하는 것, 그리고 구성원들이 계획한 목적을 추구하는 과정에서 이런 활동들을 공유하여 건설적으로 활용하는 것 등이 여기에 해당된다(Killilea, 1976, pp. 67~73).

그러나 앞에서 킬릴리아(Killilea)가 서술한 내용에는 다음과 같은 의미가 포함되어 있다는 점에서 수용하기 어려운 부분도 있다. 즉, 활동의 초점이 바람직한 행동의 강화와 개인적 참여를 위한 변화에만 맞추어져 있다는 점이다. 그러나 분명 자조의 수준은 다양하게 일어나며, 개인적 문제 외의 다른 측면에도 초점이 맞춰질 수 있다. 임파워먼트 맥락의 복잡성은 사회복지와 자조가 어떤 측면에서는 보완적인 기능을 하지만, 또 다른 측면에서는 자조가 전문적 가치를 대신하는 기능을 수행하거나, 또는 이와 실질적인 갈등을 빚기도 한다는 데 있다.

6. 자조 및 이용자주도 집단의 기능

보건영역에서 자조 및 이용자주도 집단들은 직접적인 서비스를 제공하는 집단들과 연구, 교육, 또는 캠페인 운동과 같은 보조적인 활동에 관심을 갖는 집단들로 구분할 수 있다. 후자의 경우는 비교적 자리를 잡고 안정적인 경향이 있다. 이에 비해 전자는 덜 조직적이고, 비형식적이며, 예산이 소규모이거나 없는 경우도 많다(Tracy and Gussow, 1976, p. 382). 자조활동을 다섯 가지 종류로 나타내보면, 치료, 사회, 교육, 지역사회 행동 및 연구조사이다.

1) 치료적 활동

치료적 활동의 범위는 매우 폭넓어서 의료, 교정 및 사회복지 영역을 골고루 아우른다. 여기서 시설과 치료는 보완적인 존재나 대안적 행위로서 강조된다.

2) 사회적 활동

사람들이 정기적으로 만나는 집단이나 조직에서, 사교적인 활동이 일어나는 것은 일상적 일이다. 특히 오락활동을 하거나 야외활동을 가는 것은 인간적 친교를 촉진함으로써 집단과 조직의 일차적 목적달성에 도움이 된다.

3) 교육적 활동

일반적으로 교육적 활동은 특정집단이나 조직의 영역에서 외부인이나 기관의 지식과 인식수준을 향상시키려는 목적을 갖고 시행된다. 전문가도 표적이 될 수도 있으며, 참석자들끼리 정보를 교환하거나 일반 대중들에게 알리기를 원할 수도 있다. 좀더 야심찬 프로그램으로 교육 코스, 워크숍, 학회 등을 다양하게 조직할 수도 있을 것이다.

4) 지역사회 운동

자조운동 중 지역사회 수준(7장에서 좀더 이야기할 것이다)에서 운동의 감각을 개발하고 표현할 수 있는 역량을 갖춘 곳도 있다. 2차 세계대전 전에 시카고(Chicago)에서 활동했던 사울 앨린스키(Saul Alinsky)는 지역사회 운동에 접근하는 방법을 개발하였는데, 이 방법은 '공업지역협회'(Industrial Areas Foundation)를 통해 실현된 바 있다(Vattano, 1972, p. 12). 또 1967년 시카고에 '마이티 블랙스톤 레인저스'(Mighty Blackston Rangers)라는 갱이 있었는데, 이 흑인 청소년들로 구성된 집단은 지역사회 내 무질서를 상당히 통제함으로써, 이들의 관할구역인 우드론즈(Woodlawns) 지역에서 문제가 발생하지 않도록 하였다고 한다. 미국의 다른 흑인 지역사회에도 이와 유사한 정책을 펼치려고 했던 갱들이 있었다. 나단 카플란(Nathan Caplan)은 디트로이트(Detroit) 폭동에 대한 연구를 통해 다음과 같은 주장을 하기도 하였다. 즉, 무질서 속에서 폭동세력과 반(反)폭동세력 가졌던 관심사는 이 두 세력이 서로 더 가까워질 수 있는 계기가 되었다는 것이다. 특히 여기에 관심이 없었던 비(非)폭동세력과의 관계보다 더 밀접해졌다는 것이다(Dumont, 1971, pp. 152~153). 저자는 1970대에 서(西)요크셔(West Yorkshire)에서 지역사회에 기반을 둔 클럽을 운영하며, 교육 및 교정기관에서 '문제아'라는 이름이 붙은 아동청소년들과 일한 적이 있다.

이 사업의 여러 특징들 중 하나는 아동청소년들이 프로젝트를 수행하는 성인들, 지역사회의 집단들, 그리고 그 지역 자원봉사자들과 함께하는 작업이 포함된 것이었다. 이들은 버려진 땅에 신나는 놀이터를 계획하고 세우는 일을 수행하였다. 이 클럽에서 참여나 자조를 강조한 것은 '권리'(*rights*)를 지향하는 움직임에 부합하는 것이었다. 알려진 바와 같이 이것이 그 당시에 지역사회 프로젝트가 추구하는 방향이었다. 이는 '필요'(*needs*)에 의한 접근과는 거리가 있는 것이었다. 이러한 예들은 자조의 특성을 강조하여 보여주는 것이다. 그리고 그 특성은 사람들이 주어진 상황에서 문제와 이슈들을 해결하기 위해 참여하는 방식과 밀접한 관계가 있다.

5) 연구조사 활동

좀더 자리를 잡은 자조조직들 중에는, 트레이시와 구소(Tracy and Gussow)가 앞에서 언급한 바와 같이, 공공기금을 할당받아서 그들이 관리하고 조정하는 연구조사에 사용하는 곳도 있다. 이 연구조사를 통해 특별한 상황에 처한 사람들에게 도움을 제공할 수도 있고, 압력집단 활동이나 지역사회운동 캠페인을 증신시키려고 할 수도 있다.

7. 자조 및 이용자주도 집단의 범위

자조 및 이용자주도 집단의 방대한 영역은 지속적으로 변화하고 있기 때문에, 그 핵심특성들을 분명히 파악하기는 어렵다. 집단이 출현했다가 사라지는 일은 항상 일어난다. 사실 레비(Levy, 1982, p. 1267)는 집단이 너무 빨리 변하기 때문에, 정지된 상태의 방향지침은 별 쓸모가 없다고 하였다. 그러나 자조의 범주에서 본다면 특정집단의 취약성이나 단명성과는 상관없이 어떤 지속성이 존재한다고 할 수 있다.

자조는 '문제에 초점 두기'를 비롯하여 '자기 개발하기', 그리고 '의식화'에 이르기까지 다양하게 분포해 있다.

1) 문제에 초점을 둔 집단

문제에 초점을 둔 자조 및 상호부조 활동의 범위는 식이장애나 약물남용과 같은 보건문제에서부터 우울증, 공포불안, 고립감과 같이 사회적 문제에 영향을 받는 정신보건 문제에 이르기까지 다양하다. 여기에는 익명집단, 친척 및 보호자 집단, 치료집단, 그리고 낙인을 경험하는 사람들을 위한 집단 등이 포함된다. 〈익명의 성적 강박자 모임〉(Sexual Compulsive Anonymous), 〈익명의 과도한 성집착자 모임〉(Excessives Anonymous), 뉴욕에 있는 〈익명의 성중독자 모임〉(Sex Anonymous), 샌프란시스코, 로스앤젤레스, 보스턴에 있는 〈성과 사랑 중독자 모임〉(Sex and Love Addicts Anonymous) (Altman, 1986, p. 159) 들은 성과 관련된 문제에 대한 자조집단이 증가하고 있음을 단적으로 보여주고 있다.

(1) 익명 집단

〈익명의 알코올중독자 모임〉(Alcoholic Anonymous: AA) 은 익명집단 중 가장 크고 오래된, 그리고 가장 많이 알려진 조직이다. 이 조직은 여전히 계속 팽창하고 있으며 다른 집단들의 모델이 되고 있다. 이러한 익명의 집단은 매우 다양하다. 그 예로는 암환자들, 마약 투약자들, 범법자들, 습관적으로 사기치는 사람들, 비행청소년들, 행동장애아동들, 이혼한 사람들, 중도탈락자들, 비만인들, 도박중독자들, 편두통으로 고통받는 사람들, 어머니들, 신경증환자들, 마취제투약자들, 부모들, 어려움에 처한 십대 부모들, 재범자들, 친척들, 퇴직자들, 부유한 아동들, 정신분열증환자들, 아동성학대자들, 구두쇠들, 흡연자들, 말더듬이들, 자살기도자들, 그리고 청소년들로 구성된 익명집단들이 있다(Gartner and Riessman, 1977, p. 25).

AA처럼 기반이 탄탄한 집단들은 자신들의 모임에 관한 명료하고 구체적인 원칙과 구성원들에게 해당되는 규칙을 갖고 있는 경우가 많다. AA에는 여러 가지 원칙들이 있는데, 이 원칙들은 이 집단이 처음 설립된 1935년 이래로 비교적 변하지 않은 채로 유지되어 왔다. 그리고 이 원칙들 중 많은 부분은 다른 익명집단들에서도 사용되고 있다. 여기에는 다음과 같은 내용들이 포함된다.

> 행동에 초점 두기, 증상에 관심 갖기, 집단의 역할과 '옛날에 그랬던 사람〔오래된 멤버〕'의 지식 및 경험의 가치 중시하기, 문제(알코올중독)를 만성적인 것으로 보기〔여기서는 알코올중독은 절대 완치되지 않는다고 본다〕(Gartner and Riessman, 1977, p. 25).

익명의 알코올중독자 모임의 통제적 경향, 즉 구성원들간 상호 감시와 감독, 원상태로 돌아가는 사람에 대한 처벌이 아닌 공적인 관심 등은 다른 익명집단에서도 볼 수 있다. 이런 집단들은 한결같이 사회적 규범을 수용하면서 개인의 행동을 변화시키는 일에 관심을 보인다. AA에서는 이 집단을 유영해 가는 원칙을 잘 표현해주는 12단계와 12전통[1]으로 사람들을 이끌어간다.

AA의 이데올로기가 대규모 다른 익명조직에서 발견된다는 사실은 놀라운 일은 아니다. 왜냐하면 익명의 도박중독자나 마약중독자, 그리고 신경증자 모임이 AA성원들에 의해 설립되었고, 이들이 그 활동의

1) 〔역주〕 AA 12단계는 영적 원칙들로서, 이를 생활에서 실천한다면 음주에 대한 강박관념에서 벗어날 수 있다고 보는 것이다(예: 1단계－"우리는 알코올에 무력했으며, 스스로 생활을 처리할 수 없게 되었음을 깨닫고 시인했다"). 이에 비해 AA 12전통은 모임 자체를 위한 것으로서 AA가 일치를 유지하고, 전세계 그룹들과의 관계를 지속하며, 성장할 수 있는 방법을 제시한 것이다(예: 전통1－"우리는 공공복리가 무엇보다 우선되어야 한다. 개인의 회복은 AA의 공동유대에 달려있다").

기반으로 12단계 및 12전통을 받아들이고 있기 때문이다(Gartner and Riessman, 1977, pp.29~31).

(2) 친지와 보호자들을 위한 집단

어떤 어려움을 갖고 있거나 도움을 필요로 하는 사람과 같이 사는 사람들에게 일어날 수 있는 특별한 상황이나 고난을 다루기 위한 집단들이 많이 있다. 예를 들어서 지역사회 내의 보호 자조집단은 도움을 필요로 하거나 문제를 가진 사람들에게 간접적인 방식으로 도움을 주게 된다. 왜냐하면 이 집단은 그들의 친구나 친척인 보호자들에게 직접적인 도움을 제공하기 때문이다.

이런 집단들은 어려움을 경험하는 사람들에게 직접적인 도움을 주는 기존의 집단과 파트너십을 갖고 운영될 수도 있다. 예를 들어서 '알아난'(Al-Anon)은 음주문제가 있는 사람의 가족이나 친지를 위한 모임인데, 그 문제 음주자는 AA모임의 회원일 수도 있다. '견디도록 도와주는 모임'으로 불리기도 하는 이런 종류의 지지집단들의 특성은 피보호자가 보호자에 대해 얼마나 의존적인지 그 정도에 따라 상당히 영향을 받게 된다. 예를 들어서 보호자가 교대를 하면 더 혼란스러워하는 노인을 돌봐야 하는 경우, 그 보호자는 교대하지 못하고 하루종일 더 힘든 시간을 보내야 한다. 이러한 부담이 그 노인에게 미치는 영향은 더 클 수도 있다.

'견디도록 도와주는 모임'은 회원들을 위해 종종 식사를 제공하곤 한다. 회원들은 자신과 비슷한 상황에 처한 사람들과 함께 이 상황을 헤쳐나가려는 이들이다. 이런 모임에 처음 나온 신입회원에게는 이전에 그와 유사한 문제를 경험했던 사람과의 만남을 통해 재확신을 심어주곤 한다. 그리고 그 보호자의 입장에서 필요한 정보를 제공해 주기도 한다. 이와 같이 동일한 질병으로 고통받는 자녀를 둔 부모들의 모임에서는 처음에 문제를 알게 되었을 때부터 현재에 이르는 경험을 공유하기도 한다.

(3) 자조 치료집단

자조집단 중에서 치료에 목적을 둔 경우도 상당히 많다. 페미니스트 치료집단에도 이런 집단이 존재하는데, 이는 가장 흥미로우면서도 역설적인 특성을 갖고 있다. 페미니스트 치료는 심리치료에 페미니즘의 영향을 반영하고 있으며, 원칙적으로 개별 여성의 문제에 접근할 때에도 성차별주의가 미치는 영향에 초점을 두고 있다. 중요한 것은 성차별주의를 사회구조의 한 측면으로 보고 관심을 기울인다는 것이다(Howell, 1981, p. 512). 그런 맥락에서 페미니스트 치료는 심리치료 중 하나이면서도 문제에 내포된 사회적 측면을 인식하고 있다고 할 수 있다. 만약 그런 인식이 없었다면, 그 문제는 순전히 개인 내적인 것으로만 여겨졌을 것이므로 그렇다는 것이다.

페미니스트 치료집단은 의식화 집단의 대표적인 유형으로 볼 수 있다. 그러나 의식화가 사회적이고 정치적인 변화, 즉 심리외적인 변화에 관심을 갖는다는 점에서 보면, 거기에는 치료적 목적은 빠져 있다고 할 수 있다(Howell, 1981, p. 510). 페미니스트 치료집단에 대해 생각해 보면, 좀더 미묘하고 도전적인 이슈가 도출된다. 즉, 개인의 증상에 대한 페미니스트 관점의 기반이 개인적인 것이라기보다 사회적인 것에 있다면, 페미니스트들은 문제의 원인이 개인의 병리에 존재한다는 생각에 의문을 제기할 가능성이 크다는 것이다. 따라서 문제의 원인에 대한 정신역동적 접근들을 거부하는 페미니스트 치료는 결국 의식화과정과 유사해진다는 것을 발견하게 될 것이다. 왜냐하면 이것은 결국 사회적 변화와 정치적 운동의 필요성을 주장하게 되기 때문이다.

(4) 낙인을 경험하는 사람들을 위한 집단

낙인을 경험하는 수많은 사람들을 개선시키려는 도덕적 가치를 내세운 성전(聖戰)을 통해 자조의 열정이 나왔고, 그 열정을 잘 표현하고 있는 것 중의 하나가 AA이다. HIV나 에이즈(AIDS)[2]가 정치화되던 초기에 희생자들을 향해 완고한 태도로 도덕적인 반응을 보이던 시기가 있었다. 그러나 HIV나 에이즈에 대한 반응으로부터 성장했던 자조집단이나 조직은 AA와는 달랐다. AA는 음주문제와 관련된 사회의 도덕적 가치를 그대로 받아들였지만, HIV나 에이즈 자조집단은 그런 도덕적 태도에 대항하여 그들 스스로를 조직하고 정립하였다.

1980년대에 HIV나 에이즈는 자조활동의 핵심이 되었다. 어떤 측면에서 이들은 정부와 관료들이 이런 상황에 처한 사람들 자체를 비난하는 경향을 파헤쳐, 드러나도록 하였다. 처음에는 많은 사람들이 HIV나 에이즈가 공중보건의 문제라기보다는 개인적 생활방식이 가져온 결과라고 인식하였고, 이 질병이 '동성애자들의 전염병'으로 잘못 알려지기도 하였다. 여기에는 HIV나 에이즈 때문에 고통을 당하는 것은 동성애나 난잡한 성행위와 같이 타락하고 비도덕적인 습관을 나타내는 것이라는 가정이 함축되어 있는 것이었다. 하지만 이성애자들에게도 HIV나 에이즈가 퍼지면서 사회적 관심이 높아짐에 따라, 이와 관련된 공공기금 마련과 연구조사 프로그램들이 증가하게 되었다. 비록 여기에는 HIV나 에이즈로 고통받는 사람들의 이익추구와 제약회사들의 이윤추구 간에 긴장이 존재했었지만 말이다.

정부가 민간 및 자발적 공급자들에게 공중보건을 위탁하고, 한층 강화된 민간영역에서 자조를 격려하고 있는 일반적 흐름을 생각해 볼 때, HIV나 에이즈 현장에서 자조가 성장해왔다는 사실은 그리 놀라운 일은 아니다. 아마도 이보다 좀더 중요한 사실은 이를 통해 편견과 도덕적 공포가 만연하는 생활공간에서 자조가 작용하는 기제를 보여주었다는 점일 것이다.

미국에 있는 GMHC(New York Gay Men's Health Crisis)는 잘 알려진 자조조직으로서, 1981년에 세워졌다. 이 조직은 HIV나 에이즈에 걸린 친구와 애인을 둔 남성 40명이 세웠다. 처음에는 그들이 도움을 받을 수 있는 서비스를 찾아다녔으나, 곧 자기 스스로를 도울 수 있는 대책

2) 〔역주〕 HIV(에이즈 바이러스)가 체내에 들어온 상태를 HIV 보균자라고 하고 그 후 치료를 하지 않아 합병증이 온 상태를 에이즈(AIDS)환자라고 한다.

을 취하는 것이 낫다는 것을 깨닫게 되었던 것이다(Altman, 1986, p. 84). 1982년에는 HIV·에이즈 재단이 캘리포니아에서 시작되어 전국적 조직으로 발전하였으며, 이 조직은 교육활동과 로비활동을 전개하였다(Altman, 1986, p. 88). 일반적으로 남성 동성애자(*gay*) 조직이 활성화되고 정부와의 관계가 돈독한 국가에서는 HIV나 에이즈 자조활동도 발달한다. 예를 들어서 캐나다, 덴마크, 네덜란드와 같은 나라들이 그렇다. 영국에서는 테렌스 히긴즈(Terrence Higgins)가 에이즈로 사망한 이후, 1982년에 그를 신뢰하는 사람들의 모임(Terrence Higgins Trust: THT)이 세워졌는데, 이는 GMHC의 영향을 많이 받은 것이었다. 1985년 중반까지 THT에는 250명이 넘는 자원봉사자들이 생겼다(Altman, 1986, p. 91). 남성 동성애자 조직들은 HIV나 에이즈와 같은 보건문제에 대해 활동영역을 넓히며 성장해 갔다. 이는 페미니스트 집단들이 여성보건에 관심을 갖고 그런 이슈에 초점을 둔 방식과 여러 면에서 일맥상통하는 것이다. 그러나 이런 사항들이 자조가 남성동성애자 집단에서 독보적인 것이라거나, 특정 남성이나 여성집단에만 해당된다는 것을 의미한다는 것은 아니다. 특히 아프리카와 아시아에서는 일반 국민들에게 HIV나 에이즈가 퍼져나가는 것을 막는 방법에 대해 관심이 고조되고 있다. 그 방법에는 HIV나 에이즈가 남성동성애자 공동체의 응집력을 더 강하고 견고하게 만들었던 방식이 반영되어 있다.

2) 자기개발 집단

자기개발에는 교육, 사회, 개인개발에 초점을 둔 다양한 활동들이 포함된다. 여기에는 동료 자조 심리치료집단(Peer Self-Help Psychotherapy Group: PSHPG), 미국 전역에 있는 보존집단(*integrity group*)들이 해당된다. 또한 영국에 있는 다양한 영역의 성별 보건집단들도 그 한 예라고 볼 수 있다.

(1) 동료 자조 심리치료집단

동료 자조 심리치료집단(PSHGD: *Peer self-help psychology groups*)은 같은 이름의 전국 조직에 가입되어 있을 수도 있고 그렇지 않을 수도 있지만, 그 지역 나름대로 모임을 자주 갖는 등 활동을 매우 다양하게 전개하고 있다. 여기서 강조하는 바는 집단에 따라서 다른데, 그 강조점은 중독이나 신경증처럼 공유될 수 있는 문제에서부터 개인의 발달 영역에 이르는 일반적인 영역까지 다양하다. 이 집단들 역시 자조집단이 일반적으로 겪는 어려움을 경험하는 것으로 알려져 있다. 즉, 파벌이 생기기도 하고, 기분을 조절하지 못하거나 혼란을 겪는 성원들 때문에 집단활동이 방해를 받기도 하며, 공격적인 성원이 고립되고, 스트레스로 인해 취약해진 성원을 이용하기도 한다. 또한 문제를 지나치게 강조하는 분위기나 모임에서 겪게 되는 부정적인 경험들로 인하여 문제가 더 악화되기도 한다(Hurvitz, 1974, p. 93). 이러한 이유로 허비츠는 '동료 자조 심리치료집단(PSHGP)이 상당한 명성을 갖고 있음에도 불구하고 특정집단으로 규정되는 문제를 가진 사람들은 대부분 여기에 나오지 않는다'고 하였다.

(2) 보존집단

보존집단(*Integrity group*)은 문제에 초점을 둔 집단과 자기개발 집단 사이의 경계를 넘나드는 활동방식을 취하는 좋은 예라고 할 수 있다. 미국에서 운영되고 있는 이 집단은 정신보건 영역에서 자조에 대한 안정적이고 구조적인 접근의 예가 되고 있다. 여기에서 집단운영은 다양한 활동을 허용하는 개방적이고 상세한 가이드라인을 따르고 있다. 구성원들은 스스로 다음과 같은 세 가지 원칙을 적극 따르고 있다. 그것은 정직성, 책임성, 그리고 집단과정에 참여하기이다.

(3) 성별과 관련된 집단

여성운동이 일부 자조와 보건영역에서 가시적이고 영향력이 있다고 해서 성별에 대한 이슈는 이 영역에서만 다루어져야 하는 것이라고 할 수는 없다. 성별에 대한 이슈가 자조의 영역 전반에 영향을 준 것은 분명하다. 특히 여성 자조가들이 집단이 제공해준 지지를 통해 도움을 받은 것은 사실이다. 그러나 이런 경험을 추구하는 남성들도 많다. 따라서 성별에 기반을 둔 집단(*gender-associated groups*)들도 점차 남성의 이슈들에 관심을 갖고 이에 대해 논쟁을 하게 되었으며, 그 이슈들에는 다양한 남성우월주의에 대한 다양한 시각들이 포함된다.

성별과 연관된 집단의 성격은 페미니즘에도 영향을 받았지만, 여성운동이 여성에 대한 억압을 부각해온 방식에도 영향을 받아왔다. 여기서 부각된 억압은 일반적으로 직장, 가정, 교육, 여가 및 기타 여러 활동에서 이뤄져온 것이었다. 또한 이 집단은 의사, 교사, 사회복지사와 같은 전문가들의 실천에 존재하는 성적 불평등에 맞서기도 한다. 남성우월주의는 문화 및 사회에 대한 연구에서도 나타나며(Rowbotham et al., 1980, p.55), 권력관계 안에서도 나타난다. 따라서 남성우월주의로 인한 왜곡에 대한 여성들의 도전이 실제 여성집단에 반영되는 것은 피할 수 없는 일이다. 그러나 여기에 만족하여 이것만으로도 적절하고 충분하다고 받아들여서는 안 된다. 대신, 남성권력이 자조와 임파워먼트에 대한 일상적인 지식구성을 지배하고 있으며, 이들은 단지 그 중의 일부를 발견할 수 있었던 것으로 보아야 한다.

성별과 관련된 집단들 중에서, 자기개발의 과업과 관련된 자조집단 활동이나 의식화에 관심을 둔 활동을 구분해 내기는 쉽지 않다. 여성집단의 관심사에는 보건, 치료 및 의식화 등이 포함된다. 그러나 어떤 여성작가들은 여성해방 집단과 치료집단을 구분한다. 즉, 치료집단에서는 그 기반을 여성 개인의 문제해결에 두지만, 여성해방에서는 모든 여성들이 살아가는 사회상황의 변화에 개별여성의 해결책이 포함되어 있다고 보는 것이다.

3) 정신질환을 갖고 있는 사람들의 집단

우울증과 같은 정신건강문제를 경험하는 사람들은 임파워먼트 전략과 기술을 통해 자신의 대응기술 및 자신감과 자존감을 향상시키는 방법을 얻고, 그들 삶에 대한 통제력을 더 많이 갖게 될 수 있다.

사 례

벨르(Belle)는 중증의 불안장애로 고통을 받아왔다. 몇 년간 그녀는 혼자 생활해왔고, 광장공포증 때문에 집에 머물면서 쇼핑도 못하고, 직장생활도 하지 못하였다. 지역 정신보건 자원팀에서 나온 사회복지사는 그녀가 주간센터에서 하는 자조집단에 참석할 수 있도록 교통편을 제공해 주었다. 2년이 지난 후, 그녀는 항불안제 투약을 중단하였으며, 센터에 있는 매점에서 처음에는 자원봉사로, 그리고 그 다음에는 유급직원으로 자리를 잡게 되었다. 그리고 좀더 시간이 흐른 뒤에는 짧은 거리는 다른 동료들과 함께 걸어서 집까지 다닐 수 있게 되었다. 결국 그녀는 광장공포증으로 고생하는 신입회원을 도와주는 조력자로 활동하게 되었다.

4) 비 평

이 예는 집단의 지지가 어떻게 개인이 점차 자신감과 자존감을 회복하는 데 도움이 되는지, 그리고 도움을 받는 위치에서 도움을 주는 지위로 전화할 수 있도록 해주는지를 보여준다.

(1) 보건집단

보건집단의 구성원들은 이 집단을 전문가들이 지배하는 환경의 사회화를 벗어나 교육이 이뤄지는 곳으로 여길 수 있다. 이 집단이 생김으로써, 보건 전문가들이 그동안 활용한 지식과 기술 뒤에 숨겨둔 방식이 드러났다고 볼 수 있다. 이 집단은 시장에 기반을 둔 지역사회보호의 소비자주의 반대쪽에 있다. 그들은 치료에 대해 사적으로 접근하는 방식보다는 공중보건 접근을 지지한다(Chamberlain, 1981, p. 155). 따라서 이 집단들은 지배적인 사회적 태도에 저항하기도 하고, 보건이슈에 대한 정치적 행동을 취하기도 한다.

여성보건 집단들은 자율성과 선택의 권리에 좀더 폭넓게 관심을 가지며, 자신들의 신체에 일어나는 일에 대해 결정하고 통제력을 발휘한다. 여성보건 집단의 전형적인 모습은 여덟 명에서 아홉 명의 성원들이 정기적으로 모임을 갖고, 자신의 신체에 대한 지식과 경험, 느낌, 태도, 문제를 교환하는 것이다. 성원들은 임신, 월경, 또 때로는 암과 같이 여성의 특별한 관심사에 대해 토의하기도 하지만, 일반적인 건강 이슈들에 대해서도 관심을 기울인다. 여성보건집단들은 전체적인 원칙, 즉 개인의 욕구를 전체 환경과 관련하여 이해한다는 원칙에 기반을 두고 이를 따르고자 한다.

5) 의식화 집단

여성 보건집단이나 지역사회활동 집단들과 같은 현장에서는 각 개인의 이익에 좀더 초점을 두는 데 비해, 의식화 집단(Consciousness-Raising: CR)은 사회변화 쪽에 더 많은 관심을 기울인다. 페미니스트 치료가 심리치료에 페미니즘의 영향을 반영한 것이라면, 이 집단의 관심사는 부분적으로는 문제해결이며, 또 부분적으로는 사회구조의 한 측면으로서 성차별주의에 초점을 두고 있다(Howell, 1981, p. 512). 여성과 관련된 자조집단의 관심사는 다양한 영역, 즉 구체적인 생리학적 주제에서부터 일반적인 건강문제나 의식화까지 아우른다. 그러나 매리스킨드(Marieskind, 1984, p. 28)는 이 집단의 대부분은 기본적으로 교육적이어서 개인이 자신의 잠재력을 깨달을 수 있도록 하는 데 중점을 두고 있다고 지적하였다. 그렇다고 해서 문제해결을 위한 자조활동과 의식화를 위한 자조활동간에 놓인 긴장에 대해 우리의 관심이 분산되어서는 안 된다고 하였다.

(1) 생존자[3] 집단

생존자집단은 정신보건 개혁 부분에서 점차 강력한 힘을 형성하고 있다. 그러나 정신보건 및 장애의 실천현장에서는 전문가들과 보호자들이 적극적으로 참여하고 자조활동을 대신 해줌으로써, 정작 참여자들을 무기력하게 만드는 일이 아직도 일어난다. 그럼에도 불구하고 생존자 집단이 증가한 것은 소비자가 주도하는 자기옹호가 급증한 데서 그 이유를 찾을 수 있다. 생존자 집단들은 선진국에 많이 퍼져나갔는데, 여기에는 정신병원에 입원하였던 사람들과 같이 예전에 환자였던 사람들도 포함되었다. 이들 중에는 사람들을 연결하는 네트워크가 잘 조직된 집단도 있고, 잡지나 소식지를 통해 더 활성화되는 곳들도 있다. 예를 들어서 4장에서 나왔던 〈극복한 자들의 외침〉(Survivors Speak Out)과 같은 네트워크 조직은 개별성원들과 집단이 서로 소식을 전하고 자기옹호를 격려하도록 도움을 준다. 또 다른 예로는 성적 학대나 또 다른 형태의 학대를 경험한 여성들에 의해 형성된 집단이나, 그들을 위해 운영되는 집단들을 들 수 있다.

(2) 자기 옹호

자기옹호는 자조, 특히 정신보건 영역의 자조에서 그 중요성이 점차 증가하고 있다. 신체적 장애, 또는 정신적 장애를 가진 사람들을 위한 협동조합은 자기옹호와 관련되어 있으며, 점차 일반화되고 있다. 이는 다양한 장애를 경험하는 사람들이 자조를 증진시킬 수 있는 좀더 창의적인 방법을 모색하면서, 더욱 각광을 받게 되었다. 이러한 발전은 사

---

3) 〔역주〕 survivor－사전에 의하면 살아남은 사람, 생존자, 유족이라는 의미이다. 이 책에서는 문맥에 따라 생존자(어떤 고난, 역경, 질병 등을) 극복한 사람(者)으로 번역하였다.

회복지 서비스의 민주화를 향한 움직임을 반영하는 것이며, 더 나아가 사회복지사들이 보건과 사회서비스에서 소비자 집단과 함께 일하는 방법을 탐색하도록 추진력을 부여한다. 이는 소비자가 주도하는 운동의 힘이 점차 증가한 데서 그 원인을 찾을 수 있다. 이를 통해 전문가들은 다음과 같은 사실을 인식하게 되었다. 즉, 많은 사람들이 자기자신을 위해 뭔가를 할 수 있는 능력을 갖고 있다는 것과, 그것을 달성하기 위해서는 임파워먼트가 필요하다는 것이다.

이 단계에서 우리가 알아야 할 것은 자조영역에서 이루어지는 의식화의 핵심요소들이다. 이 요소들에는 사람들이 받는 서비스에 대한 비판적인 자세, 그리고 혁신적이며, (관료들의 시각에서 본다면) 때로는 통제되고 정리되기 어려운 집단 및 조직의 특성이 포함된다. 그러나 바로 이것이 생기 있고, 에너지가 충만하며, 창의적인 힘이다. 따라서 이를 통해 자조의 영역에 추진력을 불어넣을 수 있을 뿐 아니라, 사회복지사에게는 배울 수 있는 기회를 제공해주는 것이다.

다음 장에서 우리는 집단에 기반을 둔 임파워먼트 과정에서 만나게 되는 이슈들을 살펴볼 것이다.

■ 더 읽을 거리

Lee, J.A.B. (2001) *The Empowerment Approach to Social Work Practice: Building the Beloved Community*, 2nd edn, New York, Columbia University Press, pp. 290–320.

Mullender, A. and Ward, D. (1991) *Self-directed Groupwork: Users Take Action for Empowerment*, London, Whiting & Birch.

집단 임파워먼트의 과정과 과업 제6장

1. 개 요

이 장에서는 집단에 기반을 둔 임파워먼트의 핵심과정을 알아보고 사례들을 활용하여 실천에 필요한 함의를 도출하고자 한다. 집단에 기반을 둔 다양한 활동들을 생각해보면 모든 실천이 따라야 하는 한 가지 단일과정을 서술한다는 것은 비현실적인 일이라고 할 수 있다. 그러나 우리는 작업을 하는 과정에서 직면하게 될 각 국면과 관련된 어떤 일반적 질문들을 찾을 수 있으며, 그 각 국면마다 생길 수 있는 이슈들에 대해 이야기할 수 있다. 그 대상이 집단의 성원이든, 또는 집단을 실천방법으로 활용하는 실천가든 그 질문과 이슈들이 기본적으로 아주 다르지는 않을 것이다.

2. 집단에 기반을 둔 임파워먼트의 과정

많은 자조집단과 이용자주도 집단에서 일반적으로 나타나는 3단계는 시작하기, 스스로 활동하기, 그리고 방향 전환하기이다. 이 단계들에 대한 일반적 분석이 얼마나 엄격하게 특정집단에 적용될 수 있는지를 논하는 데는 주의가 필요하다. 어떤 분석가들은 각 집단이 통과하는 단계에 해당하는 아주 자세한 체크리스트를 제작하기도 한다. 일반적으로 더 구체적이고 더 자세한 체크리스트일수록 특정상황의 방대한 범주에 적용할 때는 더 많은 주의가 필요하다. 예를 들어 자기지시적 집단 모델에서, 멀렌더와 와드(Mullender and Ward)는 다섯 가지 주요 단계들을 다시 12가지 스텝으로 세분하였다. 다음은 이를 요약한 것이다.

A 단계 — 사회복지사의 평가단계
스텝 1 팀 구성하기
스텝 2 지지 확립하기
스텝 3 임파워먼트 원칙에 동의하기

B 단계 — 집단이 가동되는 단계
스텝 4 계획 세우는 것 시작하기

C 단계 — 집단활동을 준비하는 단계
스텝 5 집단이 문제를 규명하고 대안 세우기
스텝 6 이 문제들의 이유를 질문하기
스텝 7 필요한 변화와 우선적 과업에 초점 두기

D 단계 — 집단활동이 이뤄지는 단계
스텝 8 집단에서 합의된 과업 수행하기

E 단계 — 집단을 보내는 단계
스텝 9 집단 돌아보기
스텝 10 새로운 이슈들을 규명하기
스텝 11 다른 이슈들과 연계하기
스텝 12 다음 과업을 결정하기(Mullender and Ward, 1991, pp. 18~19).

그러나 멀렌더와 와드는 다음과 같은 것을 경고하였다.

> (이 단계들을 제시함으로써) 실천에서 실제로 일어나는 일들이 설명으로 제시한 것과 완전히 일치하거나 이름을 붙일 수 있다는 제안을 하려는 것은 아니다. 또는 현실을 이 모델의 단계와 스텝에 맞추도록 힘써야 한다는 것을 말하고자 하는 것도 아니다. 그 틀을 개념화하는 것은 우리의 모든 생각과 행동을 그 안에 넣을 수 있는 격자를 짜는 것과 같은 것이다. 그럼으로써 그들을 일직선상의 진전으로 보기보다는 서로 연결하여 볼 수 있도록 하려는 것이다(Mullender and Ward, 1991, pp. 18~19).

1) 시작하기

시작하기(*Initiation*)나 들어가기는 어떤 행동을 시작하는 것, 또는 기존집단으로 뚫고 들어가는 것을 의미한다. 집단의 다양하고 중요한 요소들은 사실 그 과정의 시작단계와 관련된 경우가 많다. 그 과정은 개인들이 준비하는 내용과 연관이 있다. 예를 들면 어떤 사람은 이슈나 문제에 대해 뭔가를 해야 하는 상황에 이르렀다는 사실을 받아들이는, 즉 마음의 준비를 할 수 있을 것이다. 이 시점에서 그 사람은 집단에 합류하기를 바라거나, 경험을 공유할 누군가를 찾을 수 있다. 그런 사이에 새로운 집단이 자리를 잡을 수도 있고, 기존 집단과 새로운 구성원들 간에 집단이 얼마나 유용한지, 그리고 그들이 기여할 수 있는 바가 무엇인지에 대해 의견일치에 이를 수도 있다.

2) 스스로 활동하기

여기에서 스스로 활동하기(*Self-movement*)라는 개념에는 다양한 활동들, 즉 자기유지의 요소와 관련된 모든 것들이 포함된다. 이것은 문제중심, 사회화 및 성장중심적인 것일 수도 있고, 자기개발 및 훈련에 관한 것일 수도 있으며, 또는 의식화 및 사회운동 중심적인 것일 수도 있겠다.

좀더 구체적으로 들어가 볼 수도 있다. 예를 들어서 문제중심과 문제해결 영역에서 핵심은 '변화'에 달려 있다. 변화는 다양한 수준에서 일어날 수 있기 때문에, 반드시 대인관계상의 변화로 한정되지는 않는다. 때로는 사빈과 아들러(Sarbin and Adler, 1971, p.606)가 자기소멸 및 재구성이라고 명명한 것, 즉 전환이나 치유와 관련된 것일 수도 있다. 또는 멜로드라마적 요소는 덜하지만, 어떤 행동을 그치고 다른 행동을 대신하는 것일 수도 있다. 변화는 촉발기제나 사람들 앞에서 고백하는 것과 같은 구조를 활용함으로써 자극을 받아 일어나기도 한다. 공중 앞에서 고백하기는 문제중심의 자조집단에서 많이 쓰인다. 특히 AA와 같은 익명의 집단에서 사용되는 경우가 많지만, 의식화 집단의 구성원들에게 요구되는 개인적 발언으로 활용되기도 한다. 치유나 그와 같은 형태의 원조는 집단성원들의 수용과 같은 기제를 통해 개인에게 전달되기도 한다. 비록 치유라는 것이 자기의존이나 다른 집단들의 상호부조와는 거리가 있는 것 같기는 하지만, 수용은 용서와 거의 유사한 것처럼 보인다. 왜냐하면 AA집단에서 그런 것처럼, 치유와 용서는 궁극적으로 신과 같은 집단 외적인 권위에 달려 있기 때문이다. 다시 말하면, 치유는 종교적 색채가 짙은 개념으로, 마치 AA에서 일어나는 것과 같은 참회의 행위와 관련된 것이다. 그 구성원들은 자신의 영혼을 집단 앞에 드러내는 권한상실의 경험을 통해, 자신의 음주문제에 대한 통제력 획득이라는 임파워먼트를 향해 나아가는 경험을 하게 된다.

3) 방향 전향하기

마지막 전향단계(*Proselytising*)에서 다른 사람을 돕는 경지에 이르게 되는 사람들도 있다. 그러나 이러한 변화가 반드시 따라올 것으로 생각하는 것은 잘못이다. 왜냐하면 사람들은 상황에 따라서 여기저기 다니다가 다시 돌아오기도 하고, 또는 도움을 주고받는 두 가지 과정을 동시에 진행할 수도 있기 때문이다. 어떤 사람들은 결국 그냥 집단을 떠나버리는 경우도 있다. 그러나 또 어떤 사람은 집단 외부로 나가서 다른 사람들을 모아서 긍정적인 경험의 영향을 홍보할 수도 있고, 또 다른 사람은 그 활동을 그만두고 새로운 일을 시작하고자 할 수도 있을 것이다.

다양한 상황에 처한 사람들이 자조의 과정을 경험하면서 매우 다양한 이슈들을 만나게 된다. 〈체중 지킴이〉(Weight-watchers)와 같은 집단의 성원들은 다른 사람들과 자랑스럽게 자신의 성공담을 나눌 수 있는 반면, 좀더 낙인이 많은 집단의 성원들은 이런 일에 좀더 신중해야 한다고 생각할 수 있다. 후자의 경우에 속하는 AA 성원들은 마치 이전에 정신질환을 경험했던 사람들처럼, 사람들이 다시 자신을 받아들여 줄 것인지에 대한 서로의 고민을 공유하기도 한다. 과거에 AA는 이에 대처하는 방식으로 알코올중독을 알레르기 개념으로 설명한 한 적이 있다. 이 개념은 사람들에게 음주문제가 생기는 것은 그들의 조절력을 잃도록 하는 생리적 소인 때문이라는 가설에서 나온 것이었다. 이러한 접근에 의하면, AA 성원들은 정신질환자나 비난받을 만한 존재가 아니라, 질병으로 인해 아픈 존재로 비춰질 수 있었다. 그 결과 음주자가 단지 술에 대한 알레르기의 희생자라는 가정은 술만 마시지 않는다면 '알코올중독자'라는 일탈적 오명을 쓸 염려가 없다는 논리로 연결되었다. 그러나 역설적으로 이러한 가정은 문제성 있는 음주가 통제력을 갖지 못한 사람들의 행동으로 비춰지는 결과를 갖고 오게 되었다. 또한 알코올중독자들은 이 가설을 문제극복의 노력을 중단하는 핑계로 사용하게 되었다.

이와는 대조적으로 의식화 집단에서 일어나는 경험은 문제중심적이기보다는 교육적인 것으로서, 임파워먼트의 요소가 좀더 강하다.

> 의식화 집단에서는 교육의 주제를 중요하게 생각한다. 여성들은 개인적 경험을 토의하는 과정에서, 그들이 어릴 때 과학에 관심이 많았지만, 그 관심사를 추구하도록 격려받지 못했음을 깨닫곤 한다. 반면 남자들은 학교에서 그런 교육을 계속하도록 적극 격려받음으로써, 결국 과학영역을 남성들이 주도하게 되었다는 사실을 인식하게 된다. 이와 같이 여성들은 교육현장에서 정형화된 성 역할과 관련하여 자신들에게 부과되었던 한계들에 대해 깨닫게 된다(Donnan and Lenton, 1985, p. 17).

이와 같이 시작하기, 스스로 활동하기, 방향 전향하기의 핵심과정은 다음과 같은 실천단계와도 관련된다. 실천단계에는 초기단계, 유지단계, 그리고 모든 집단들이 거쳐온 것에 대한 마무리단계가 포함된다.

3. 초기단계

집단에 기반을 둔 임파워먼트를 시작하고 그 효과를 지속하는 과정에는, 그 기간이 제한적이든지 혹은 종결이 개방적이든 간에 몇 가지 요인들이 관련되어 있다.

1) 충분한 집단성원 물색하기

활동을 시작하기 위해서는 충분한 집단성원을 물색하는 것이 필요하다. 그러기 위해서는 의도한 활동에 부합하는 목적을 지닌 성원들을 끌어들이는 방법이 강구되어야 한다. 여기에는 활동에 참여하려는 잠재적 성원들을 점검하는 기제에 대한 필수적인 질문이 따른다. 즉, 그런 기제가 이미 기존에 있는가 하는 것이고, 만약 그렇다면 그 기준이 무엇이냐에 관한 것이다(Donna and Lenton, 1985, p. 44). 활성화된 또는 자율적인 이용자집단이나 자조집단에 실천가가 얼마나 개입해야 하는지, 그리고 집단성원의 멤버십을 개방적으로 해야 하는지, 폐쇄적으로 해야 하는지에 대한 이슈들이 제기된다. 개방집단에는 일반적으로 새로운 성원들이 언제나 합류할 수 있는 반면, 폐쇄집단은 합의된 집단의 크기에 이르면, 그 이후에는 더는 그 성원을 받아들이지 않는다.

구성원의 자격을 점검하는 과정은 공식적일 수도 있고 비공식적일 수도 있다. 공식적 절차에는 이 집단에 들어오고자 하는 성원이나 기존 참석자들간에 토론이나 회의가 포함될 수 있다. 참석하고자 하는 성원에게 집단활동 및 집단성원들 전반에 대한 정보를 주기도 하고, 반대로 그들에게 어떤 정보를 요구할 수도 있다. 참석여부에 관한 선택권은 새로운 성원에게 달릴 수도 있지만, 모든 기존 성원들이 참석하는 회의에서 결정될 수도 있다. 기존 성원들은 새로운 성원을 한 명씩 받기도 하고 한꺼번에 받기도 한다. 또한 치료적 목적이 있는 집단의 경우에는 몇 회의 수습모임 및 시범적인 만남을 거칠 것을 요구하기도 한다.

일반적으로 기존 성원들이 새로 들어오고자 하는 성원들에게 부과하는 제한이 많을수록 잠재적 성원들을 수용할 수 있는 정도가 더 한정적인 경우가 많다. 그러나 구체적으로 규정된 과업에 특별히 초점을 둔 집단의 성원들인 경우에는 입단 요구사항을 엄격히 지킬 필요가 있다. 예를 들어서 성학대나 강간과 같은 문제를 다루는 여성집단의 경우에는 실천가나 남성은 제외될 수도 있다.

2) 만남의 기회 마련하기

자조집단이나 이용자주도 집단의 활동에 사람들이 참여하도록 하려면, 우선 계획된 행사에 대해 홍보를 적절히 해야 하고, 그 다음에는 효과적인 의사소통 수단을 확보해야 한다. 어떤 경우에는 구두로 의사소통하여 모임을 갖기도 하는데, 이것이 정기적인 일처럼 되어버리기도 한다. 조직이나 집단이 많이 흩어져 있고 거기서 이뤄지는 활동이 반드시 얼굴을 맞대고 해야 하는 모임의 성격이 아니라면, 뉴스레터를 만들어 보낼 수도 있다. 다양한 미디어의 활용을 통해 활동이미지를 개선하고, 잠재적 성원들, 일반대중, 그리고 전문가들, 예를 들어서 그에 대한 정보를 들은 사회복지사 등을 끌어들일 수도 있다. 보건영역의 자조집단에 대한 로빈슨과 헨리(Robinson and Henry)의 연구는 집단구성원들의 이야기에 기반을 둔 것으로서, 그들 조직으로부터 세 가지 중요한 요인들을 도출해 내었다. 그것은 기존 서비스의 실패, 상호부조의 가치에 대한 인식, 그리고 미디어의 역할이다(Robinson and Henry, 1977, p. 12).

광고의 성공여부는 자원과 불가분의 관계에 있다. 활동적인 핵심 참가자들이 자원활동에 도움을 주게 하려면 이들이 활동을 시작하기 전에 포스터, 홍보물, 전단지, 또는 뉴스기사를 만드는 것은 필수적인 일이다. 이들은 자원활동을 도와줄 수 있을지도 모르기 때문이다. 사회복지사는 지부모임을 형성하는 과정에서 개인의 전형적인 경험을 신문기사나 전단지 광고로 만들어 일반대중의 관심을 일으킬 수 있다.

3) 적절한 지원 확보하기

본드 등(Bond et al.)은 게시판의 유용성에 대해 이렇게 말하였다. 게시판을 통해 전체 조직을 촉진시킬 수 있을 뿐 아니라, 지역집단들을 지원해 줄 수 있다는 것이다. 그러나 여기에서 언급되는 집단들은 상당히 구조화된 집단이었을 수 있다. 왜냐하면 이 집단들이 게시판을 통해 가이드라인, 훈련, 그리고 다른 지부들과 접촉할 수 있는 기회를 제공할 수 있다고 설명하고 있기 때문이다. 그들이 든 예는 안정적인 구조에 속한 지역조직들의 연대구조였는데, 여기에 대해서는 다음과 같이 말하고 있다.

> 또한 이 협력구조를 통해 대중관계 정보를 제공하고, 워크숍을 조직하며, 전국적 회의를 개최할 수 있다. 이것은 모든 성원들이 동시에 조직의 원대한 발전에 참여할 수 있는 좀더 폭넓은 기회가 될 수 있다(Bond et al., 1979, p. 60).

그러나 어떤 집단에게는 이런 협력구조가 보너스가 될 수 있는 반면, 이런 구조 없이도 번성하는 집단들도 많다. 사실 조직이 좀 느슨하면, 거기에 속한 지부 조직들은 그 구성원들의 이익, 선호 및 욕구들을 반영할 수 있는 자율적 정체성을 발전시킬 수 있다. 이 역시 나름대로 의미가 있는 것이다.

4) 합법성 얻기

'합법성'(*legitimacy*)은 관련자들의 눈에 활동내용이 신뢰성 있고 수용할 만한 것으로 비춰지는가에 대한 문제이다. 여기서 관련된 사람들이란 실천가들이나 다른 성원들을 말한다. 본드 등(Bond et al.)은 연구의 대상인 보건집단들이 합법성을 얻기 위해서는 의사와 같은 전문가들의 적극적 지원이 필요하다는 것을 발견하였다.

자조 및 이용자주도 집단의 경영방식은 그 집단을 유지하는 핵심요소이다. 나이트와 헤이스(Night and Hayes, 1981, pp. 83~84)는 사교와 여가활동들이 잠재적 성원들에게 자조 및 이용자주도 집단의 신빙성을 높이는 데 도움이 된다고 하였다. 또한 가능한 전문가와 더불어 지역주민들을 어느 정도 채용하는 방식으로 경영에 참여하도록 하는 것도 필요하다고 하였다.

자조 및 이용자주도 집단이 살아남기 위해서는 기존 회원과 잠재적 회원으로부터 받는 신뢰의 수준을 어느 정도 유지해야 한다. 그러나 실천가에게 수용가능한가 하는 부분이 모든 집단의 생존을 위한 필수 사항은 아니다. 단, 자조 및 이용자주도 집단이 기관에서 제공하는 서비스의 보완적 기능을 수행하는 경우에는 실천가의 공감과 지지가 중요할 수 있다. 반면, 집단이 기존 서비스의 대안적 서비스를 제공하거나 그와 경쟁적인 입장인 경우에는 실천가와의 거리유지가 필수적일 것이다.

실천가의 지원은 긍정적인 차이를 가져온다. 어넬(Unell)은 다음과 같은 집단들을 관찰하였다(1987, p. 37). 관찰대상은 노팅엄 자조 프로젝트(Nottingham Self-help Project)에 따라 100% 실천가의 지원으로 설립된 집단과, 이와는 대조적으로 40% 정도의 지원을 받거나 아예 지원을 받지 않은 집단이었다. 그러나 이들은 모두 어떤 촉진활동을 필요로 하는 집단이었을 것이다. 전체적으로 보면, 자율적인 자조 및 이용자주도 집단은 실천가와는 무관하게, 또는 이와는 대조적으로 실천가들과 협력하여 합법성을 획득하는 것이 관찰되기도 한다. 그러므로 사회복지사는 집단성원들이 전문가 실천의 영향으로부터 벗어날 수 있는 권리를 갖고 있음을 인정하는 것이 중요하다.

5) 구성원 모집하기

본드 등(Bond et al.)이 연구한 보건집단의 모집과정을 보면, 기존회원들이 잠재적인 신입회원들을 방문하는 것이 특히 도움이 되었다는 것을 알 수 있다. 이때 기존회원들은 신입회원들이 곧 받게 될 외과수술을 연결고리로 삼았다.

성공적 시작은 대부분 참석자의 능력, 즉 적절한 빠르기로, 적당한 때를 잡아 사람들 사이에 지지의 사슬을 연결하는 능력에 달린 경우가 많다. 이 일은 집단의 생존을 위해 핵심적인 부분이다.

집단 및 조직의 구성원이 될 만한 사람이 누굴까 생각할 때, 주로 어느 정도 지식을 갖춘 중산층이 그려질 수 있다. 그러나 이것은 조건에 따라서 너무나 다양하게 나타난다. 험버사이드 프로젝트(Humberside Project, 7장 참고)처럼 어떤 조직들은 우선적으로 지역에 기반을 두고 있는 근로자 계층을 모집하고, 또 다른 조직들은 멤버십 자체를 폭넓은 사회계층을 포함하는 것으로 하기도 한다. 1984년에 진행된 〈자신을 돌보자〉(Mind Your Self)라는 프로젝트와 관련하여 정신보건 영역의 자조 및 사용자주도 집단이 있었는데, 이 집단에 대한 소규모 조사결과에서 다음과 같은 사실이 밝혀졌다. 즉, 이 집단에는 대학 연구원이 준숙련 회원, 미숙련 회원, 그리고 실직상태의 회원들과 같이 다함께 회원으로 참여하고 있었다(Lindenfield and Adams, 1984, pp. 24~25).

그럼에도 불구하고 초반 시작기에는 다소 강압적인 활동을 요구한다. 나이트와 헤이스(Knight and Hayes, 1981, p. 88)가 쓴 내용에 따르면, "집단을 시작하기 위해서는 아주 동기가 많고, 숙련된 사람들이 많이 필요하다. 그리고 행동을 개시하기 위해서는 그 사람들이 자주 모임을 가져야 한다".

멀렌더와 와드(Mullender and Ward)는 자기지시적 집단의 멤버십을 임파워먼트와 비(非)임파워먼트 특성에 따라 구분하였다. 이 특성들 대부분은 집단성원에 대한 통제와 관련된 것이다. 비(非)임파워먼트의 특성에는 선발과정을 통해 멤버십을 제한하는 것, 성이나 인종을 이유로 가입을 제한하는 것, 그리고 사회복지사가 폐쇄적이거나 강제적인 멤버십을 규정하는 것 등이 포함된다. 반면 임파워먼트의 특성에는 집단크기에 제한을 두지 않고 개방적이며 자발적인 멤버십을 규정하는 것, 집단을 홍보하는 것, 그리고 소수인종회원이나 여성회원이 집단에서 인종차별이나 성차별을 당하지 않을 것이라는 분명한 기대가 포함되어 있는 것 등이 있다(Mullender and Ward, 1991, p. 60).

4. 유지단계

1) 참여 유지하기

자조 및 이용자주도 집단들은 프로그램 진행을 위해 참석자들의 참여를 충분히 확보해야 한다. 각 활동의 추진력은 성원들이 참여하는 정도에 따라 달라진다. 어떤 프로그램의 전반적인 성공에 문제가 있다고 할 때, 그것은 의견과 경험에 따른 것이다. 그러나 각각의 활동이 유지되는가 하는 문제는 좀더 객관적인 기준, 즉 최소회원 참석 및 출석의 한도와 같은 것에 달려 있다.

집단에 새로 온 사람의 상황은 어떤 면에서 사회복지 조직의 자원봉사자의 상황과 유사하다. 처음에 온 이유는 개인적인 원조를 얻으려는 것이었지만, 타인을 돕는 데서 만족감을 느끼게 됨으로써 변화를 겪는 일들이 종종 있다(Katz, 1970, p. 60). 다른 말로 표현하면, 사람들이 집단에 참여하는 이유는 거기에서 뭔가를 얻을 수 있다고 생각하는 데 있다. 처음에는 신입회원이 집단에 기여하는 것보다는 집단으로부터 받는 것이 많다. 그러나 나중에는 도움을 받는 것과 주는 것 사이의 균형이 달라지기도 한다.

참석자의 효과적인 참여를 위해서는 집단활동이 얼마나 잘 운영되느냐 하는 것이 관건이다. 특별한 욕구를 갖고 있는 집단모임에는 유능한 리더가 필요하다(Lindenfield and Adams, 1984, p. 33). 일반적으로 민주적 스타일의 리더십이 권위적 리더십이나 방임형 리더십보다 바람직하다(Lindenfield and Adams, 1984, pp. 34~35). 어떤 사람들은 대규모의 집단의 경우에는 두 명이나 그 이상의 리더가 함께 협력하는 것이 유리하다고 주장한다. 그러나 프레스톤-슛(Preston-Shoot, 1987, 4장)은 이것은 너무 단순한 논리라고 생각하여, 이런 리더십이 필요한 상황을 별도로 조사하기도 하였다.

모임운영에 대한 좀더 실질적인 조언은 할러웨이와 오토(Holloway

and Otto, 1986)가 쓴 핸드북을 참고할 수 있다. 또한 보존집단(*integrity group*)에서도 효과적인 집단모임의 실행을 위한 가이드라인을 제시한 바 있다(Mowrer, 1972, p. 27).

자조집단의 활동이 모든 회원들의 자조 및 자기보호(*self-care*) 활동의 총합과 똑같을 것이라는 가정은 간단해 보이지만 오해의 여지가 있다. 집단에서 회원들간 관계가 형성되면, 이것이 원동력이 되어 집단 외부 활동으로 이어지는 것을 흔히 목격할 수 있다. 비공식적인 영역, 사교적인 영역, 여가 및 기타 영역에서 형성되는 관계, 프로젝트, 그리고 우정은 집단 외부에서 발전하기도 한다. 그리고 이것이 집단을 유지하는 힘이 되며, 이런 활동들은 또다시 집단에 의해 지속되기도 한다.

집단의 종결시기가 정해져 있는 것이 아니라 개방되어 있다는 것도 이런 집단의 과정과 밀접한 요소이다. 이것은 좀더 형식적이고 전통적인 특성을 지니고 있으며, 여러 가지 계약사항이 주어지는 치료적인 활동과 대조된다. 즉, 자조 및 이용자주도 활동에서는 원조과정의 참여제한에 대해 관심이 별로 없다. 더 나아가, 집단 성원들은 매주 집단과정을 통해 문제를 다룸으로써 그 결과 완전히 낫게 된다거나 문제에서 놓여날 것이라는 기대를 갖지 않는다. 다시 말해서 어떤 집단의 멤버십은 그저 삶의 방식이 될 수도 있다는 것이다.

집단 성원들간의 관계범위가 확대되면 비밀보장의 이슈가 문제가 될 수 있다. 실제로 어떤 자조 및 이용자주도 집단에서는 성원들이 규정된 회합 외의 모임과 관련된 일을 논의하는 것을 금지하는 규정을 갖고 있다. 이와 같은 규정은 참석자들이 서로간의 관계 및 책임성의 경계를 명확히 하고자 하는 욕구를 나타내는 것이다.

2) 충분한 자원 확보하기

자조 및 이용자주도 집단과 조직들은 그들의 자원을 매우 다양한 원천에서 끌어온다. 좀더 큰 조직들은 법정단체, 국가나 지방정부 조직으로부터 큰 규모의 지원을 발굴하거나 따내기도 한다. 지원금을 따내는 것은 집단 구성원들에게 돈이 가진 가치 그 이상의 의미를 부여하기도 한다. 이것이 집단의 신뢰도를 높여줄 수 있기 때문이다. 또한 다른 사람들과 긍정적으로 그리고 쉽게 관계를 형성하는 능력을 객관적으로 입증하는 것일 뿐 아니라, 전문가들과 효과적으로 일할 수 있는 역량을 보여주는 것이기도 하다. 이런 지원금을 사용하는 과정에서 집단은 자원과 노력이 보람있는 방식으로 사용되었다는 것을 외부에 보여주는 데 익숙해질 수 있다.

소규모의 지역자조 및 이용자주도 집단의 경우에는 필요한 주요 자원이 금전적인 자원만은 아니다. 이들에게는 집단의 초기 멤버들이 모임을 갖는 동안 차나 커피를 나눌 수 있는 장소를 확보할 수 있느냐가 관건이 되기도 한다. 최소한의 행정적 지원, 즉 포스터나 전단지를 만들어낼 수 있는 방법이 있는가와 같은 것 또한 집단을 시작하는 데 있어서 필수요소이다. 모임장소는 핵심적 사항인데, 그 이유는 모임장소의 환경이 어떤지에 따라서 그 모임의 특성이 영향을 받기 때문이다. 자조 및 이용자주도 집단 중에는 공간마련을 위한 보조금을 받거나 무료로 사용할 수 있는 기회를 제공받는 경우도 있다. 어떤 경우에는 전문적 요소의 영향을 피하기 위해 회원들의 집에서 만남을 갖기도 한다. 또한 가능한 한 중립적 지역에서 회합을 갖고자 새로운 공간을 임대하는 경우도 있다.

한편 자원손실에 대비하여 가능한 안전장치를 마련하는 데도 주의를 기울여야 한다. 예를 들어서 어떤 자조 및 이용자주도 집단이나 조직들은 스스로 충당이 가능한 수준에 이른 것으로 평가를 받아서 지원이 중단될 수도 있다. 다시 말하면 다른 사람들이 보기에 지나치게 성공적이면 오히려 위기가 될 수 있으므로, 이와 관련된 서비스이용자나 전문가들은 그 위기를 잘 평가할 필요가 있다.

3) 어떻게 어려움을 헤쳐나갈 것인가

자조 및 이용자주도 집단이나 조직을 운영하는 과정에서 수많은 어려움이 발생한다. 일반적으로 우리는 이와 같은 문제들이 그들이 속한 환경에서 지속적으로 발생하는 권력다툼의 일환으로 나타난다고 본다. 즉, 사람들은 그들 내부에서 서로간에 주의를 끌고 통제권을 갖기 위해 경쟁한다는 것이다.

문제나 위기와 관련하여 집단과정을 개념화하는 데는 신중할 필요가 있다. 그런 문제나 위기가 집단활동의 조기 종결로 이어지는 주요인이 될 수 있기 때문이다. 따라서 집단활동에 참가하는 사람들에게는 여러 가지 어려움을 다루는 데 도움이 되는 핵심지식과 기술이 필요하다. 이러한 어려움의 예로는 한 개인의 문제가 다른 주요 사안들을 지배하거나, 그에 대해 생각해 볼 기회를 배제시키는 경우를 들 수 있다. 또한 활동 참가자들에게는 다른 사람이 느끼는 분노나 슬픔, 그리고 좀 더 극단적으로는 폭력과 같은 문제에 대처하는 능력이 필요할 수도 있다(Lindenfield and Adams, 1984, 5장 ; Preston-Shoot, 1987, pp. 105~110). 특히 자조 및 이용자주도 집단의 시작 시기에는, 한 개인이나 작은 무리가 집단 및 조직을 지배하려는 성향을 나타내어 위기에 직면하게 될 수 있다. 그 외에도 리더십 문제나 성격 충돌의 형태로 문제가 발생하기도 하고, 집단모임이나 활동을 방해하는 사소한 문제들이 시시때때로 나타나기도 한다. 따라서 참석자들에게는 그런 상황에서 자신의 통제력을 지키고 활동의 목적을 유지하는 데 필요한 기술이 요구된다.

4) 갈등인가, 불화인가, 권력의 이슈인가

집단이나 조직의 사회적 건강에 대한 책임은 다같이 질 필요가 있다. 가능한 한 구성원들은 창조적인 힘의 불균형, 갈등, 충돌을 견디는 것과 합리적인 한계 내에서 이를 지키는 것 사이의 건강한 균형을 유지하기 위해 노력해야 한다. 중요한 것은 갈등을 집단의 모든 것이 잘못되어 가는 신호로 받아들이지 않는 것이다. 많은 집단들이 갈등을 딛고 발전한다. 다른 사람들이 생각하기에 그들이 모임과 다른 활동들을 통해 뭔가를 얻고 있다면, 그리고 참석자들이 이를 확신할 수 있다면 그것이 중요한 것이다.

그러나 아무리 창조적인 갈등이라도, 그것이 발생했을 때 이를 효과적으로 다루지 못한다면 해를 가져올 수도 있다. 일반적으로 갈등에 대해 성원들이 갖고 있는 다양한 느낌과 견해를 나눔으로써 개방적인 태도를 취하는 것이 훨씬 도움이 된다.

문제를 일으키는 성원에 대해 무시하는 반응이나 너무 질린 반응을 보이는 것 모두 좋지 않다. 너무 말을 많이 하거나, 끼어들거나, 소리지르거나, 공격적이 되거나, 폭력적인 것과 같은 방해행동이 있다면 그 이유는 빨리 파악하는 것이 좋다. 우리는 이런 질문을 해볼 수 있다. "왜 이런 방식으로 주의를 끌거나 힘을 행사하려고 하는가?"

때로는 집단활동에 주어진 시간이 이런 성원들 때문에 다 흘러가 버리는 일도 있다. 조속히 제자리를 잡는 것이 이렇게 흘러간 시간을 보상하는 방법이 될 것이다. 또 어떤 성원들은 회합이 끝난 뒤에 그들이 느낀 것을 표현함으로써 풀어버릴 수도 있을 것이다. 그러나 또 어떤 이들은 이런 식의 모임이라면 자신에게 별로 도움이 되지 않는다는 결정을 내리게 될 수도 있다. 이때 사회복지사가 알아야 할 것은 집단은 모든 성원들을 위한 것이지만, 집단활동이 반드시 모두에게 유익하지는 않을 수도 있다는 점이다. 따라서 어떤 사람들은 상담을 통해 집단을 떠나는 도움을 받아야 할 수도 있다.

그러나 활동을 저해하는 행동의 책임이 어떤 한 명에게만 있는 것처럼 생각하지 않는 것 또한 중요하다. 자조집단이나 이용자주도 집단뿐 아니라 모든 집단에서, 한 사람에게 다른 모든 사람들의 나쁜 느낌이 집중될 위험이 존재한다. 사실 사람들이 서로 관계를 맺는 방식이 불균형적일 수밖에 없음에도 불구하고, 한 사람이 희생양이 되어 그가 문제를 일으키는 것으로 인식되기도 한다. 이때에는 이런 식의 사고가 더 진전되기 전에, 신중하게 그리고 진지하게 이를 검토할 필요가 있다. 이와 관련하여 린덴필드와 아담스(Lindenfield and Adams, 1984, 5장)는 집단성원들이 갈등을 다루는 법에 대해 논하였고, 존스(Jones)는 조직간 갈등부분을 다루고 있다(1981, pp. 33~36).

5) 무관심 또는 불참

위에서 언급한 문제증상에 상응할 만한 요소로는 구성원들 서로간의 무관심 행동이 있다. 이것은 침묵이나 불참, 또는 모임에 적극적으로 참여하지 않고 멀찍이 떨어진 형태로 나타난다. 여러 가지 면에서 앞에서 이야기했던 공격적 행동이나 갈등상황에 대한 것들이 여기에도 적용된다. 그러나 이런 상황들은 모임에 새로운 자극을 줌으로써 극적으로 개선될 수도 있다는 것을 항상 명심해야 한다. 그런 자극으로는 신체활동과 관련된 운동이나 사람들이 모여서 따뜻한 음료를 마시며 잠시 한담을 나누는 사교의 기회 등을 예로 들 수 있다.

참석자들에게 필요한 것은 이런 문제들뿐 아니라 활동의 실패와 같은 궁극적 문제를 다룰 수 있는, 그러면서도 희망을 잃지 않고 다시 시작하고 지속해 갈 수 있는 어느 정도의 탄력성(*resilience*)이다.

6) 실천을 위한 핸드북

자조 및 이용자주도 집단을 시작하려는 사람들을 위한 단계별 조언을 제공해 주는 다양한 핸드북들이 나와 있다. 예를 들어서 도난과 렌튼(Donnan and Lenton, 1985)은 집단 촉진자뿐 아니라 여성 개인을 위한 가이드를 제시했고, 필리스 실버만(Phyllis Silverman, 1980)은 자신의 경험과 연구를 통해 조언을 제시하였으며, 주디 윌슨(Judy Wilson)은 자조의 실제(1986)와 영국의 보호자 집단에 대해 논했다(1988). 리즈 에반스 등(Liz Evans et al., 1986, 6장·7장)은 15쪽에 걸쳐 자조집단을 설립하고 운영하는 장애아동 부모와 같은 보호자들에게 조언을 제공하였다. 멀렌더와 와드는 이용자집단에 개입하는 사회복지사에게 특별히 초점을 두어 책을 기술하였고(Mullender and Ward, 1991), 주디스 리(Judith Lee, 2001, pp. 320~325)는 임파워먼트에 관한 백과사전적 책의 전반을 임파워먼트 방식의 집단실천에 할애하였다.

7) 실천가에 의한 촉진

실천현장이 어디인가에 상관없이, 임파워먼트를 위한 사회복지사의 주요 역할은 촉진가로서의 역할과 유사하다. 촉진가는 집단의 리더로 서보다는 자문가(*consultant*)로서 활동하게 된다. 촉진가는 처음에는 사람들을 모으고, 그 다음에는 지지하는 방식으로 관여한다. 노팅엄 자조 프로젝트(Nottingham Self-help Project)에 대한 연구에서, 주디스 어넬(Judith Unell)은 자조를 지지하는 여섯 가지 요소를 규명하였다. 그 요소들은 실질적 자원을 직접 제공하는 것, 다른 곳에 있는 실질적 자원을 사정하는 것, 사람들이 서로 접촉하고 연결되도록 하는 것, 다양한 집단들이 접촉하고 만나는 기회를 창출하는 것, 전문가들간에 자조에 대한 생각을 증진시키는 것, 그리고 새로운 집단에 구체적 원조를 제공하는 것 등이다(Unell, 1987, pp. 6~7).

자조 및 이용자주도 집단을 촉진함에 있어서, 사회복지사의 역할을 다음과 같이 요약해 볼 수 있다.

(1) 초반에는 사회복지사의 핵심적인 역할을 수립하는 것보다 역할의 경계를 설정하는 데 중점두기
(2) 중점적 활동, 활동의 속도와 목적 등을 결정하는 데 있어서, 사회복지사가 주도적 역할을 수행하거나 그런 목적달성의 수단을 소유하지 않기
(3) 권력, 기술, 전문적 활동과 관련하여 성원들 위에 군림하지 말고 그들 곁에서 함께 하기
(4) 뭔가를 부과하고 감시하는 존재로서보다는 자문을 줄 수 있는 존재로 활동하기

8) 실천현장의 사례

(1) 시작 지점 : 활동에 관한 욕구 규명하기

준(June)은 정신보건과 관련된 민간조직 지부에서 활동해온 사회복지사이다. 그녀는 다양한 종류의 도움을 원하는 사람들에게서 걸려오는 전화가 많다는 것을 알게 되었다. 그러나 문제는 우울증, 진정제, 공포증 등에 관해 조언을 구하기 위해 전화를 거는 사람들이 정작 그런 정보를 받아볼 수 있는 주소를 알려주려 하지 않고, 사회복지사와 더 이야기하기 위해 다시 전화하려 하지 않는다는 것이다. 그러다 보니 사회복지사와 함께 이야기를 할 수 있는 기회에 초대하는 정보를 제공해 줄 수 있은 사람은 한두 사례에 불과하였다.

그녀는 민간조직의 동료들과 이에 대해 이야기를 나눈 끝에 자조집단을 동원하기로 결정하였다. 이를 위하여 우선 정신보건 영역에서 이와 유사한 방식으로 시작했던 사례들로부터 경험을 수집하였다. 그리고 그 단계에 따라 사람들이 참여할 수 있도록 최대한 지원하였고, 특

히 참가자들이 임파워먼트를 경험할 수 있도록 신경 썼다.

(2) 반응방법 정하기

준(June)과 그 지역자원 조직의 구성원들이 결정해야 할 일이 있을 때는 필요한 자산과 그들이 대조해 본 정보들에 기초하여 충분한 심사숙고의 과정을 거쳐 결정을 내렸다. 이런 활동들은 이전 경험과 더불어 집단을 촉진시키는 잠재적 이익을 가져왔다. 본격적인 활동에 들어가기 전에 그들은 스스로 지킬 원칙이자 이후 결정에 반영될 원칙에 동의하였다. 이런 활동들은 중요한데, 왜냐하면 이 단계에서는 그들이 어떤 기대를 갖기는 해도, 무엇이 일어날지를 상세히 예견할 수는 없기 때문이다.

집단을 촉진하기 위한 구상 중 일부는 문제를 상의하기 위해 전화하는 전형적인 통화자의 모습에서 나왔다. 그 모습은 자신의 문제 때문에 기관과 접촉할 만큼 걱정을 하고 있지만, 이것을 지속할 자신이 없는 사람으로 그려질 수 있었다. 또 다른 결정의 일부는 민간조직에서 일했던 사회복지사의 경험에서 나왔는데, 그 조직은 실패한 조직이었다. 그는 이 경험을 준과 공유하였고, 그녀는 이것을 자신이 읽었던 내용과 관련지을 수 있었다.

그 집단은 우울증을 비롯한 다양한 정신보건 문제들에 대처하려고 노력한 6명의 사람들이 초대를 받아들여서 시작되었고, 정기적으로 만나 서로 이야기를 나누었다고 한다. 그러나 몇 번의 모임을 가진 후, 결국에는 두 명만이 남게 되어 집단은 붕괴되었다고 한다.

준과 그녀의 동료들은 이런 경험들에서 교훈을 얻어 집단을 확실히 촉진시키기 위한 활동에 돌입하였다. 여기에는 집단에 합류하도록 초대한 사람들에게 다음 사항들에 대하여 명확한 동의를 받는 일도 들어갔다. 즉, 시작시기에는 상당한 지지를 제공하고, 설립과정에 필요한 자원을 제공하며, 구성원들이 집단을 운영하는 데 필요한 '기술'(*skills*)을 발전시킬 수 있도록 구체적인 도움을 준다는 것 등이다.

(3) 집단의 목적 확립

집단의 '가치기반과 목적'을 규정하는 것은 첫 만남이 이뤄지기 전이라도 잠재적인 성원들이 그들의 문제를 헤쳐나갈 것을 염두에 두고 할 수 있다. 이를 위해 준은 처음부터 자신의 역할이 집단이 출발할 수 있도록 하는 것임을 모든 성원들에게 알렸다. 따라서 그녀는 집단성원들이 요구할 경우에는 서비스를 제공할 수 있지만, 그 외에는 주변으로 물러나 있을 것이라는 점도 분명히 하였다. 집단의 가치기반에 관한 이슈는 사회복지사에게 어려움을 야기할 수도 있다. 왜냐하면 사회복지사의 역할이 촉진자로서의 역할이지 뭔가를 부과하는 것은 아니기 때문이다. 이 과정을 감독하기보다는 집단의 자문가로서 활동하는 것이 필요하다는 것이다. 예를 들어서 사회복지사가 집단과 일을 할 것인지, 말 것인지, 또는 얼마나 할 것인지, 또 어떤 실천활동이 반억압적 실천과 일치되지 않는지를 결정하는 것은 판단의 문제이다. 다시 말해서 사회복지사는 어떻게 억압적 실천들에 도전할 것인지를 결정할 필요가 있을 것이다. 멀렌더와 와드(Mullender and Ward)는 이를 위해 유용한 일반적 가이드라인을 설정하였다(1991, pp. 30~31).

(4) 계획설립 및 프로그래밍

준(June)과 그의 동료들이 그 다음에 한 일은 모임을 위한 적절한 장소를 물색한 것이다. 그 장소가 정말 편안한지 확인하고, 좀더 주위를 집중시킬 수 있도록 파워포인트도 준비하였다. 많은 통화자들이 클라이언트로서의 경험에 대한 느낌을 이야기했던 점을 고려하여, 장소는 '민간서비스 지역협의회' 건물 안에 있는 방을 하나 사용하기로 결정하였다. 비용은 만약 집단이 지속된다면 거기에서 일부 충당해야 하겠지만, 첫 만남은 기관의 기금에서 충당하였다. 이로써 모임의 장소는 '중립지대'에 마련된 셈이 되었다. 이것은 클라이언트나 환자라는 낙인을 경험한 사람들에게는 매우 중요한 의미가 있는 것이었다.

지역 내 상점 유리창과 기관 사무실에 사람들을 초대하는 많은 홍보물을 부착했다. 또한 홍보를 할 만한 장소에서 사람들을 소집하는 광고도 했다. 이 일에 공감한 기자의 도움으로 지역신문에 기사를 실었는데, 이것은 특히 높은 효과가 기대되었다.

첫 모임에서 준과 민간조직에서 온 동료들은 참가자들이 집단에 와서 느낄 수 있는 두려움을 완화시키도록 단계를 밟아나갔다. 커피, 차, 그리고 과자를 놓아두었고, 서로 소개하는 시간을 가졌다. 사람들이 기대와 두려움을 나눌 수 있도록 한 후, 이 모임 이후 몇 번의 모임에 대한 계획을 세웠다. 준은 이 과정에서 집단과 함께하며 충분한 지지를 제공할 것이라는 확신을 주었다. 그녀는 초기단계에서 집단에 필요한 것은 리더십과 목표를 결정하고 이를 향해 나가도록 하는 기술 및 기법의 습득이라는 것을 예견할 수 있었다.

(5) 규칙과 과정의 발전

초기단계에서 준(June)과 민간조직에서 온 동료들은 구성원들이 '간단한 규칙'을 많이 끌어내도록 도왔다. 그 규칙들은 집단을 개방적으로 유지할 것인지, 얼마나 자주 회합을 가질 것인지, 각 회합은 어느 정도로 길게 가질 것인지, 어떤 유형의 활동을 할 것인지 등에 대한 것이었다. 경험상 이런 주제들에 대해 동의에 도달하기까지는 시간이 걸린다는 것을 알 수 있다.

물론 왜 특별히 구조화되고 공식화된 규칙체계를 세우고 가동해야 하는지에 대한 이유는 없다. 그러나 어떤 누군가가 실천에 적용했던 규칙의 예를 살펴보는 것은 도움이 되기도 한다. 비록 이것이 앞서서 뭔가를 설정하지 않는 것이 더 낫다는 기존의 결론을 더 강화시키는 결과를 가져온다고 할지라도 말이다. 규칙을 정하지 않는 것이 옳다고 보는 입장을 취하는 사람들은 집단을 처음에 모집을 결정한 상태 그대로 두고 철저히 도움을 주지 않는 것이 바람직하다고 본다. 그러나 규칙체계가 필요하다고 생각하는 사람들을 위해서는 적용 가능한 규칙을 제공할 수 있을 것이다. 예를 들어서 5장에서 언급했던 보존집단(*integ-*

rity group)은 다음과 같은 15가지 가이드라인을 제공하였는데, 이들은 특정한 사례들에 적용할 수 있는 유용한 기반을 마련해 준다. 단, 어떤 독자들은 너무 엄격한 가이드라인에 자극을 받아 이 가이드라인이 부과하는 통제로부터 오히려 멀어질 수도 있을 것이다.

(i) 사람이나 사물에 대해 위협을 가하거나 물리적 폭력을 행사하는 성원은 그 즉시 추방할 수 있다.
(ii) 문제나 감정을 다루는 과정에서 나가버리는 사람은 집단을 영구히 포기한 것인지에 대해 판단을 받아야 한다.
(iii) 집단 회합중에 말을 해도 되며, 말없이 침묵해도 된다.
(iv) 하위집단을 만드는 것, 즉 옆에 있는 사람에게 귓속말을 하는 것은 허용되지 않는다.
(v) 참석하지 못하는 사람은 사전에 집단에 그 이유를 알려야 한다.
(vi) 미리 집단에 사유를 말하지 않고 지각한 사람은 그 지각의 사유에 대해 설명해야 한다.
(vii) 집단의 화합 사이에 집단의 문제에 대해 성원들간에 토의한 내용은 그것이 우정을 키우기 위한 것이었다고 하더라도 다음 모임 때 보고해야 한다.
(viii) 집단 외부의 비참석자에게 집단성원의 이야기를 한 성원은 비밀보장을 어겼으므로 추방할 수 있다.
(ix) 회합이 3시간이 넘으면 아직 집단을 마치지 않았더라도 자유롭게 나갈 수 있다.
(x) 성원들이 모임에서 먼저 일어설 수는 있으나, 먼저 그 이유에 대해 이야기할 것이 권장된다.
(xi) 집단이 정기적인 주간모임만으로는 구성원들의 욕구를 충족시킬 수 없다면, 별도의 모임을 가질 수도 있다.
(xii) 만약 어떤 구성원에게 진전이 없거나, 위기가 발생하는 경우, 그 사람의 문제를 다루기 위해 별도의 모임을 소집할 수 있다.

(xiii) 의장의 의무는 모임을 원활하게 하는 것이며, 그 과업을 융통성 있으면서도 확실하게 수행해야 한다.

(xiv) 다른 집단성원에 대해 불만이 있는 사람은 집단토의 후에 다른 집단에서 그 사람과 그 문제를 처리할 기회를 찾아야 한다.

(xv) 2~3개의 보존집단(*integrity group*)으로 구성된 한 공동체 안에서는 몇 달에 한번 집단들끼리 성원들을 교환할 수 있다(Mowrer, 1972, pp. 26~27).

이러한 구조에 융통성 있는 실천과 개방적인 종결이 더해지므로 이 집단이 여러 구성원들에게 '뚜렷한 하위문화와 삶의 방식'이 되기도 한다는 사실은 놀라운 일이 아니다(Mowrer, 1972, p. 26).

(6) 효과적인 리더십의 출현에 따른 물러나기

준(June)이 고대한 것은 그녀와 동료들이 직접적인 지도자의 역할에서 물러나서 집단구성원 중 한 명이나 그 이상에게 효과적인 집단운영의 책임을 인계하고, 자신들은 어쩌다 한 번씩 집단에 참석하는 것이었다.

이것은 특히 결정내리기 어려운 부분이다. 각 모임에서 사회복지사가 어느 정도 필요한 존재인지를 아는 방법이 있다면, 이런 결정을 내리기가 좀더 쉬울 것이다. 덧붙이자면 사회복지사는 좋은 의도를 갖고 있었다 해도, 집단 구성원들에게 어떤 사람이 필수불가결한 존재라는 의존적인 생각을 심어줄 수도 있다는 것이다. 따라서 집단구성원들이나 같이 참여하고 있는 동료들과 토의를 통해, 어떤 사람의 지위에 대해 정직하게 사정해 보는 것은 도움이 될 것이다. 이런 과정은 특히 집단 구성원들의 참여수준이 어느 정도인지, 그리고 집단이 필요로 하는 지원이 어느 정도인지를 명료히 하는 데 도움이 될 것이다. 지나치게 많이 개입하지 않고 최소의 역할을 수행하면서도 의미 있는 존재에 대해, 사회복지사와 집단성원들이 의견일치에 도달하지 못할 이유는 없다. 예를 들어서 사회복지사는 또 다른 부분을 정립하는 데 전념할 수도 있고, 응급상황에서 자문을 제공하는 기술적인 역할을 할 수도 있을 것이다. 또는 집단이 끝난 뒤, 차를 마시는 시간에만 참여할 수도 있을 것이다. 여기에는 집단구성원의 요구에 민감하게 반응하는 능력과 창의력이 요구된다고 하겠다.

9) 리더십에 대한 노트

중앙집권적이지 않거나 위계질서를 무시한 소집단이 생기는 것은 흔히 일어나는 일이다. 그러나 위계에 저항한다고 해서 이것이 반드시 조직 자체를 거부한다는 의미는 아니다. 그 예로는 페미니스트 이론에서 나오는 독특한 조직형태를 들 수 있다. 이 조직은 아이디어를 제공하기를 원하는 사람들이 자기 느낌과 견해를 자유롭게 표현하고, 의사소통하며, 집단적인 행동을 취하도록 자극한다. 이런 시도를 향한 정치적 동기는 종종 자기의식적인 사회주의로 연결되곤 하였다(Rowbotham et al., 1980, p. 40). 그러나 위험이나 딜레마 없이는 진전도 없다. 조직이 너무 조직화되고 강제적이 되어서 집단성원들의 불안이 투영될 정도가 되면 집단이 뭔가를 해나가기 어려워질 수 있다. 반면 너무 집단이 무질서해지면 구성원들이 자유정치를 발전시키기보다 자유로운 생활에 몰두하게 될 수도 있다(Rowbotham et al., 1980, p. 40).

어떤 페미니스트들은 여성들이 자신의 느낌을 고수하고 간직함으로써, 자기감정을 억눌러야 한다는 남성들의 견해에 대항해 왔다고 주장한다. 뉴욕에 있는 〈여성 해방〉(Women's Lib)의 설립자는 여성들의 의식화 집단에 대해 다음과 같이 이야기하였다. "우리의 느낌이 우리를 우리의 이론으로 이끌었고, 우리의 이론은 우리의 행동으로 이어졌다. 그리고 그 행동에 대한 우리의 느낌이 새로운 이론으로 이어졌고, 이것이 또다시 행동으로 이어졌다."(Sarachild, 1971, p. 159)

이것이 페미니스트 치료가 심리학적 또는 심리역동적 토론이 조명하는 부분에 대해 백지상태라는 것을 의미하지는 않는다. 그보다는 지각 및 전략과 관련된 문제이다. 즉, 이 여성들의 문제가 사회구조를 얼마나 많이 반영하고 있는가의 문제이다. 또한 여성들이 이런 문제들에 대해 어디까지 반응을 보이며, 이런 문제처리를 개선하기 위해 대응할 수 있는 힘을 어느 정도나 얻을 수 있는가의 문제이다. 결국 페미니스트 치료는 역설을 만들어낼 수밖에 없다. 왜냐하면 여성의 문제가 오로지 사회구조에 의해 발생한다는 성급한 주장은 그 안에 속한 사람들을 꼼짝 못하게 만들 수 있기 때문이다. 즉, 사회환경적으로 결정되어버린 운명에 자신은 아무 영향도 미칠 수 없다고 믿게 된다는 것이다. 따라서 페미니스트의 분석은 문제에 대한 희생자를 비난하는 또 다른 극단적 견해처럼, 해방을 장려하지 않는 상황을 만들어낼 수도 있다.

5. 마무리단계

1) 집단성원들은 어떻게 집단을 마무리해야 하는가?

모든 사람들에게 집단과정의 마지막이 계속 개방되어 있다고 가정하는 것은 곤란하다. 많은 사람들이 자신의 경험에서 원하는 것을 얻게 되면, 그곳, 그 시점에서 기관, 집단, 조직과의 접촉을 종료한다. 개인과 집단 모두에게 종결은 평범하고 자연스러운 집단과정 중 하나로 인식되어야 한다. 종결에는 또 다른 종류의 활동으로 전환되는 과정이 포함되는데, 이것은 좀더 강조될 필요가 있다. 왜냐하면 자조나 이용자집단은 전문가 자원에 기반을 둔 집단형태에 비해, 종결이 개방적이며 좀더 오래 지속되는 경향이 있기 때문이다. 그러나 아이러니컬하게도 정반대의 이유로 종결시 전환과정을 강조해야 하기도 한다. 즉, 다양한 이유들로 인해 많은 집단들이 오래 유지되지 못하고 단명하기 때문이다(Lindenfield and Adams, 1984, pp. 53~55). 결국 모든 것이 언제나 최선이 될 수 있는, 어떤 정해진 규범적 종결사유가 존재할 것이라는 가정은 피해야 한다. 집단 종결의 이유들은 다양하고 복잡하다.

> 구성원들이 달성하고자 하는 것을 달성하여 종결될 수도 있고, 다른 집단과 합병하기를 원하여 종결될 수도 있으며, 다음 모임으로 이어지지 못했을 수도 있다. 또는 구성원들간의 상호작용으로 인해 예상보다 빨리, 그리고 급작스럽게 종결에 이르기도 한다(Lindenfield and Adams, 1984, p. 55).

여기서는 3가지 유형의 종결에 대해 다룰 것이다. 이 유형들로부터 개인적 종결과 집단 종결의 다양한 형태들이 나올 수 있다.

(1) 활동 및 모임의 종결

매 회기의 종결이 집단성원 중 어떤 이에게도 놀라운 일이 되어서는 안 되며, 반드시 모든 성원들이 종결을 앞두고 준비할 수 있는 기회를 가져야 한다. 집단의 구조가 좀더 갖춰져 있고, 회합을 시작하고 마치는 시간이 미리 정해져 있을수록 집단성원들은 종결을 예견하고 그 과정에서 자신들의 상황을 조절할 수 있을 것이다. 만약 리더십을 분담하는 성원들이 있어서 예를 들어서 10분 안에 모임이 종결될 것이라는 사실에 대해 주의를 환기시켜 줄 수 있다면 도움이 될 것이다.

모임의 실질적 종결에 앞서 오늘의 활동을 돌아보는 시간을 가질 수 있다. 이것은 돌아가면서 집단성원들에게 말할 것이 있는지를 질문하는 것만으로도 충분할 수 있다. 그러나 좀더 구조화된 활동을 선호한다면, 성원들이 집단에서 일어난 일에 대해 좋았던 점과 나빴던 점을 종이에 적고 이것을 접어서 상자에 넣은 다음 누가 썼는지를 밝히지 않은 상태에서 꺼내 읽고 여기에 대해 토론할 수도 있다. 그러나 이 활동은 시간이 충분히 허락되지 않는 상황에서는 모두의 쪽지를 읽고 이야기를 나눌 수 없으므로 좌절을 줄 수도 있다.

(2) 구성원에 의한 종결

사람들이 참여를 중단하는 상황은 매우 다양하다. 어떤 사람은 그 자리에 있기는 해도 실제적으로는 참여하지 않는 태도를 노골적으로 보이다가, 아무런 사전경고나 설명 없이 더 이상 안 나오기도 한다. 또는 먼저 그만두겠다는 의사를 표현하는 사람들도 있다. 주목할 사실은 만약 그런 구성원이 그만 두겠다는 의사를 미리 밝힌다면, 다른 성원들은 그에 대해 보다 적절한 반응을 보일 가능성이 많다는 것이다.

그 사람이 자신이 떠나는 이유에 대해 이야기하기를 원하는지 파악하는 것이 도움이 될 것이다. '나 떠납니다'라고 말하려는 동기가 다른 사람들의 주의를 끌기 위한 것일 수도 있다. 또는 응급상황, 정신적 외상, 질병 또는 사고와 같은 개인적 이유가 있을 수도 있고, 다른 집단과의 갈등 때문일 수도 있다. 슬픔이나 불행감과 같은 감정도 집단을 나오기 싫어하는 마음에 무게를 더하기도 한다. 이런 상황에서 집단활동의 효과성은 성원들의 참여에 달려 있으며, 이를 위해서는 그런 이슈를 내놓고 다룰 수 있는 충분히 안정적이고 지지하는 분위기를 유지하는 것이 중요하다.

(3) 집단 및 조직의 종결

자조 및 이용자주도 집단과 조직들이 몇 번 모임을 가진 후, 중단하는 비율은 놀라울 정도로 높다. 사회복지사는 구성원들이 스스로 원한 것이라면 이런 종결이 정상적이고 바람직하다는 것을 사람들에게 일깨워주는 것이 필요하다. 자조나 이용자주도 집단들은 다음과 같은 이유로 종결에 다다른다. 즉, 과정을 다 마쳤거나, 구성원들이 떨어져 나가거나, 대부분의 성원들이 활동을 통해 그들의 목적을 달성했다고 느끼거나, 또는 사람들이 다른 집단이나 조직에 합류하게 되는 것이 그 이유들이다.

이런 모든 상황에서, 어떤 긍정적인 방법으로 마무리 지으려는 시도는 의미 있는 일이다. 종결 전 모임에서 구성원들간 논의를 통해 기분

전환할 수 있는 행사로 파티계획을 세워 마지막 모임에 특별한 활기를 불어넣을 수도 있다. 또는 원래 정기적인 모임과는 별도로 파티를 여는 것도 대안이 될 수 있다. 이 경우에는 집단의 목적과 관련된 '심각한' 과업을 위한 마지막 모임을 가진 후, 좀 다른 장소에서 파티를 열 수도 있을 것이다. 통상적으로 과정을 돌아보는 것도 좋고, 그들이 경험한 것을 함께 관조하면서 계획을 나누는 것도 유익할 수 있다.

앞에서 서술한 만남의 마무리에 관한 내용에 따라서 회고활동을 체계적으로 수행할 수 있다. 활동이 진행되어온 기간과 경험의 강도 등에 따라서 회고의 시간을 연장하는 것도 의미가 있다. 때로는 집단성원들이 이런 활동에 대해 뉴스레터를 만들거나, 기사를 쓰거나 사진을 찍을 수도 있다. 단, 이것은 비밀보장의 정도 및 경험과 관련된 따뜻한 기억들의 정도에 따라 다르다. 어떤 집단은 예측할 수 없는 난관에 부딪혀서 다소 급작스럽게 종결이 이뤄지는 반면, 또 어떤 집단은 주의를 기울여 서로 돌아가며 껴안아 주고 고마움을 표현하며 종결을 하기도 한다.

■ 더 읽을 거리

Lee, J.A.B. 'Empowerment Groups: Working Together Toward Empowerment', in J.A.B. Lee (2001) *The Empowerment Approach to Social Work Practice: Building the Beloved Community*, 2nd edn, New York, Columbia University Press, pp. 320–5.

Mullender, A. and Ward, D. (1991) *Self-directed Groupwork: Users Take Action for Empowerment*, London, Whiting & Birch.

Whitaker, D.S. (1985) *Using Groups to Help People*, London, Tavistock/Routledge.

지역사회 및 조직 임파워먼트 제7장

1. 개 요

이 장에서는 지역사회 집단 및 조직에 대해 이루어지는, 또는 그들 안에서 이루어지는 임파워먼트 작업에 관한 접근을 생각해 볼 것이다. 이런 실천현장에 있는 사람들의 임파워먼트를 위해서 사회복지사는 무엇을 할 수 있을까? 여기에는 개인과 집단에 기반을 둔 활동의 핵심사항들이 포함된다. 따라서 개인 및 집단과 일하는 내용을 다룬 앞의 장들에서 도출된 주요사항들이 여기에도 적용될 수 있다. 공식적인 조직의 상황은 지역사회 협회나 초기 자조집단들과 활동하는 지역사회의 상황과는 매우 다르다. 그러나 그 실천현장이 어디든지간에 임파워먼트가 제도화되고 지역사회나 조직의 일부가 되지 않는 한, 지역사회와 조직의 임파워먼트는 주변적인 것이 되거나 어쩌면 무용지물이 될 수도 있다. 지역사회와 조직 안에서 일어나는, 또는 이들과 함께 일어나는 임파워먼트는 결국 사람들과의 작업이다. 따라서 이 과정에는 사람들을 모으고 그들의 소망을 이끌어내기, 그들이 스스로의 목적을 설정하도록 촉진하기, 그들의 결핍·불평등·불이익을 다루기, 그리고 그런 목표달성이 가능하도록 하기와 같은 활동들이 포함된다.

2. 맥락

2장에서 살펴본 임파워먼트실천의 틀이 다양한 수준에서 일어나는 임파워먼트 활동의 변화, 즉 개인적인 임파워먼트로부터 조직이나 지역사회에 기반을 둔 집단 임파워먼트로의 전환에 대해 기성적 사고를 제시하지는 않는다. 이런 조건에서 집단적 임파워먼트 활동의 발전은 그 자체로서 논쟁의 대상이라고 할 수 있다. 그 예로 한 영역을 든다면, 서구사회에서 1960년대 후반에 절정에 달했다가 이후 쇠퇴한 것으로 여겨지는 집단적 사회 저항세력을 들 수 있다(Bagguley, 1991, p. 139 결론 참고). 그러나 1990년대 초반 영국에서는 이런 결론과 상반된 몇 가지 사례들이 있었다. 예를 들어 인두세에 대한 반대항쟁 및 새로운 도로개발사업이나 폭력적 스포츠, 야생동물을 유럽대륙으로 반입하는 것에 대한 저항들을 들 수 있다. 미성년자들의 저항 역사에 대한 연구(Adams, 1991)나 수감자들의 폭동에 대한 연구(Adams, 1994)가 보여주는 바와 같이, 저항은 야사(野史)를 만들어 내기도 한다. 특히 이것이 억압받는 집단과 관련이 있거나 공공 및 대중매체에 노출되는 것에 적합하지 않은 경우에는 더욱 그렇다. 더 나아가 어떤 사람들은 이런 저항활동에 정당성을 부여하기도 하지만, 또 다른 사람들은 이를 불법적인 것으로 간주하기도 한다. 결국 사람들이 표면적인 저항이든 아니든 간에 반억압적인 다양한 임파워먼트 활동을 통해 자기를 실현할 수 있는 기회는 남아있다.

조직과 지역사회를 통해 임파워먼트를 실현하는 사회복지실천에는 다양한 억압에 투쟁할 수 있는 잠재력이 존재한다. 톰슨(Thompson, 1993, p. 122)이 관찰한 바와 같이 그런 억압들은 서로 엮여서 서로를 강화시키기도 한다. 투웰브트리(Twelvetrees, 1991, p. 150)는 오리 등

(Ohri et al., 1982)의 영향을 받아서 백인 사회복지사들이 인종차별 없이 일하도록 하는 가이드라인을 제시하였다. 이것은 장애, 연령, 성의 측면에서 차별받는 사람들과 같이 억압이 존재하는 다른 영역에도 적용할 수 있다.

1. 인종차별이 사회 전반에 존재하는 현실이라는 점을 인식하라.
2. 인종차별주의는 백인들의 문제라는 것을 이해하라.
3. 모두가 인종차별 없이 일하는 방법을 찾아라.
4. 자신이 인종차별주의와 결부되어 있다는 것을 인식하라.
5. 자신이 소속된 집단이나 조직이 인종차별적인 방식으로 활동하고 있지 않은지 모니터하라.
6. 자신의 일차적 역할을 백인들의 인종주의에 도전하는 것으로 삼아라(유색인들의 자조를 지원하는 것은 2차적인 것이다).
7. 유색인종과 관계를 형성하는 것과 반인종주의를 혼동하지 말라.
8. 다른 사회복지사들도 함께 인종주의와 싸워가도록 격려하라.
9. 유색인종의 지역사회에 관심을 갖는 이슈들과 친밀해지도록 노력하라.

3. 조직 임파워먼트

과연 '조직들이 더 많은 권한을 부여하고자 하는가'라는 질문을 당연한 것으로 받아들일 수 없다. 많은 조직들이 사람들의 권한을 박탈하고, 여성, 유색인종, 장애인과 같은 특정 집단을 차별한다는 사실을 인정할 수밖에 없기 때문이다. 따라서 반스와 보웰(Barns and Bowel, 2001, p.165)은 서비스이용자들의 참여를 증진시키고자 노력하는 조직들은 좀더 포괄적인 임파워먼트 전략을 개발해야 한다고 주장한다. 그런 의미에서 다소 이상적이기는 하지만, 임파워먼트 과정의 다양한 전략을 포괄하는 체크리스트를 점검해 보고자 한다. 이 장에서 특히 초점을 두는 부분이 자조나 이용자주도 활동이기 때문에 자조영역에서 이뤄진 조사연구들을 살펴보는 것은 도움이 될 것이다. 자조조직에 대한 카츠(Kattz, 1970)의 연구는 조직이 생활주기에 따라 다섯 단계를 거친다는 것을 보여준다. 즉, 기원, 비공식 조직, 리더십의 출현, 공식조직의 시작, 유급직원 및 전문가 채용이 그것이다. 이제 순서대로 살펴보기로 하자.

1) 1 단계 : 기원

조직이나 공동체 활동의 기원(*origins*)은 실천현장에 따라서 매우 다양하게 나타난다. 완전히 자발적으로 시작될 수도 있고, 전문가의 활동에 의해 일어날 수도 있다. 여기서는 후자에 대한 일반적 관찰사항들을 제시하고자 한다.

(1) 전문가와 서비스이용자 관계

처음 시작은 전문가가—여기서는 사회복지사라고 가정하자—특정 지역에 존재하는 욕구를 인식하는 것에서부터 일어난다. 일반적으로 서비스가 이런 이용자의 욕구에 반응할 수 있는 정도는 자원을 얼마나 활용할 수 있느냐에 달려 있다. 이상적이라면 서비스가 이용자들의 욕구에 잘 맞아서, 서비스이용자들이 그들이 받는 서비스를 구체적으로 제시하거나, 이용자집단의 욕구조사에 참여하거나, 또는 사회복지사가 그들과 어떻게 일할지를 결정하는 과정에 참여할 수 있을 것이다. 서비스이용자 및 보호자들의 욕구를 규명하는 방법들은 당국에 따라서 여러 가지로 나타난다. 서비스이용자와 보호자들의 개별적이고 집단적인 관점에 접근하는 방식은 다양하다. 여기에는 이들이 자문 및 계획회의에 참여하도록 하는 것과, 질문지나 인터뷰를 통한 조사대상이 되는 것들이 포함될 수 있다. 이런 정보수집은 절대 간단하지 않다. 처음에 서비스이용자들은 조사방식을 미심쩍어 하는데, 특히 낯선 사람이 문 앞에서 노크하는 경우라면 더욱 그럴 것이다. 예를 들어서 낯선 사람에게 문을 열어주지 말라는 경고를 자주 들은 노인들의 경우에는 약속하지 않고 찾아오는 방문객에게는 협조하지 않으려는 경향이 있을 수 있다. 더 나아가 어떤 보호자의 경우에는 그들이 보호자가 아니라 단지 친구, 이웃, 또는 친척이라고 생각하여, 자신이 보호자라는 사실을 밝히지 못할 수도 있다. 따라서 이런 상황에서 서비스이용자들과 보호자들로부터 정보를 수집하기 위해서는 신중한 준비작업이 필요하다. 또한 서비스와 자문과정에 대한 정보가 그와 관련된 사람들에게 전달되도록 하는 것도 필수적이다. 필요하다면 전단지를 기획하는 과정에서 정보를 다른 나라 말로 번역해야 할 수도 있다. 단, 이때 번역과정에서 정보가 왜곡되지 않도록 유의해야 하며, 특수한 용어는 사용하지 않도록 해야 할 것이다. 때로는 다시 편집하고 번역하는 과정에서 정보가 지나치게 축약되어 버리는 경우도 있다. 정보를 접해야 하는 모든 사람들에게 그 정보가 직접적으로나 간접적으로 전달되는 정도를 모니터링하는 방법을 개발하는 것 또한 중요하다. 장애인 및 정신장애인이나 노인을 위한 옹호자는 이들 대신 이런 절차에 관여해야 한다는 가정을 하지 않는 것도 중요하다.

(2) 지역사회에서 서비스이용자 및 보호자와 일하기

특정 집단에서 서비스이용자와 일하는 데 있어서, 실천가에게 강조되는 것은 다양한 기관들을 아우르는 감을 갖는 것과 이용자집단 구성원이 되는 권리를 갖는 것이다. 구성원이 되는 것은 이용자들과 경험을 공유하는 부분이 있기 때문이다. 예를 들어서 장애인과 함께 일하는 사람이 장애인이라면 일의 효과성은 달라진다. 그러나 이런 방식으로 일을 하게 되면 사회복지사는 사회복지사이자 서비스이용자가 되어 모호한 역할을 수행하게 되므로 이에 대해 대처할 수 있는 기술이 필요해진다.

서비스이용자를 규명하는 방식과 그들과 일하는 방법은 〈선택권이 살아있는 실천〉(Living Options in Practice Project, 1992)의 경험을 통해 제시된 바 있다. 이러한 작업은 지역사회 업무와 밀접한 관련이 있다. 여기서는 지역사회 자원과 네트워크를 실천가, 서비스이용자, 보호자들을 비롯한 여러 사람들이 정보를 접하고 교환하는 장소로 이용한다. 이것은 민간영역을 조정하는 지역자원 집단 및 조직들과 연계되는 것이 얼마나 중요한지를 보여주는 것이다. 이 영역에는 자조집단, 보호자집단, 이용자집단, 그리고 개별서비스이용자 및 보호자들이 포함된다. 이들 모두는 더 필요한 정보나 만남의 자원이 될 수 있다. 또한 네트워크 구성은 지역에서 보건 및 사회보호나 사회복지 서비스를 구입하고 제공하는 데도 필요할 수 있다. 이를 위해 가능한 빨리 관련된 것들을 명확히 인식하고 이를 모니터하고 평가할 수 있는 방법을 구체화하는 것이 요구될 것이다.

(3) 서비스이용자 및 보호자와 협의하기

협의를 위한 모임에는 신중한 계획, 그리고 이 계획과정에 서비스이용자 및 보호자들을 관련시키는 것이 필요하다. 이러한 협의는 우호적이고 물리적으로 접근 가능한 장소에서 이루어지도록 해서 여기에 참석하는 것이 '중립적'인 것으로 여겨지도록 하는 것이 좋다. 그리고 회의는 충분한 시간을 갖고 계획하도록 해서 사람들이 못 올 경우 대신 참석할 사람을 구하거나 직장에 양해를 구할 수 있도록 해야 한다. 기관은 탁아나 다른 서비스들을 필요로 하는 사람들을 위해 서비스를 무료로 제공하거나 이에 대한 보조금을 줄 수 있는지도 결정해야 할 것이다. 홍보를 활용하는 것이 필요하며, 홍보는 표적집단의 상황에 맞게 이뤄져야 한다. 예를 들어서 감각장애나 언어장애가 있는 사람들을 고려해서 각각의 언어로 여러 번 공지를 하고, 지역 라디오 등을 활용한 공고도 내야 할 것이다. 모임을 조직하는 사람은 모임에서 나올 수 있는 이슈에 어떤 것들이 있는지 예상해 볼 필요가 있다. 모임의 목적 중 하나는 사람들이 자신의 견해뿐 아니라 경험과 느낌에 대해 의사소통하는 것이므로, 모임을 조직하는 사람은 만약 참석자들이 특정 사회복지사나 서비스이용자, 또는 보호자를 비판할 경우 이를 어떻게 다룰 것인지를 분명히 알고 있는 것이 도움이 될 것이다. 누가 모임을 이끌어야 하는지, 누가 소개를 하고, 이야기하고, 토론에 참여하며, 모임을 요약하고 결론지을지를 미리 명확히 해두는 것도 필요할 것이다. 사후관리를 위해서 모임을 언제 할지 생각하고 이를 모임에서 공지할 것도 요구된다. 모임에 대해 어떻게 기록하고, 그 효과를 어떻게 평가할 것인지에 대해서는 구성원간 의견일치가 있어야 한다.

〈선택권이 살아있는 실천〉의 목적은 중증의 신체 및 감각장애가 있는 노인들을 위한 포괄적인 지역서비스를 마련하는 것이었다. 그리고 서비스이용자들이 그 계획을 위한 욕구 사정, 서비스 실행, 모니터링, 및 평가과정에 적극 참여할 수 있도록 하는 것이었다(Living Options in Practice, 1992). 한 실천가는 다양한 공급기관들과 구매단체들이 이 과정에 관련되어 있다는 것을 발견하였다. 다음은 이런 작업의 주요 영역들이다(Living Options in Practice, 1992).

- 장애인들과 최초 접촉을 시도하기
- 협의를 위한 모임 및 기타 행사들을 계획하고 수행하기
- 장애인들에게 정보가 제대로 전달되는지를 확인하기
- 서비스이용자집단을 구성하고 유지하기
- 전문가들과 서비스이용자들이 협력적으로 일하도록 하기
- 장애인들이 그 과정을 충분히 활용할 수 있는 훈련을 적절히 조직하기
- 장애인 이용자집단을 위한 지속적인 자금을 확보하기

2) 2 단계 : 비공식 조직

나이트와 헤이스(Knight and Hayes)는 자조공동체 집단의 출현과 성장에 대해 다음과 같이 조언한다(1981, 6장). 즉, 새로운 프로젝트는 외부의 도움을 필요로 하는 경우가 많다는 것이다. 왜냐하면 공동체 집단들은 삶의 또 다른 측면들과 경합해야 하고, 공동의 목표가 없다면 사람들은 개인적인 방식으로 문제에 적응하려는 경향이 있으며, 결핍은 그 자체로 집단적 행위를 저해할 수 있기 때문이다. 이에 더하여 여기에는 정치적 경험, 조직경영에 대한 지식과 기술, 그리고 자원을 위한 협상 등이 요구된다(Knight and Hayes, 1981, p. 77). 정부의 서비스 공급이 의존심, 수동성, 자조 및 상호부조의 쇠퇴를 유발한다는 주장이 제기되기도 한다. 그러나 이것은 민간참여를 증진시키기 위해 사회적 공급을 차단하고자 하는 파국적인 잠재된 유혹을 드러내는 것이다(Knight and Hayes, 1981, p. 78).

(1) 자조집단과 조직은 어떻게 설립되는가?

자조집단과 조직의 설립자가 전문가인 경우가 많다는 것은 역설적이다. 보어맨(Borman, 1979, p. 21)은 자신의 연구를 통해 10개의 조직 중 6개의 조직은 전문가가 그 설립 및 초기 발전과정에서 핵심적 역할을 했다는 것을 발견하였다. 다른 집단에 속했던 이전 성원이 시작한 자조집단과 조직들도 있다. 예를 들어 〈시나논〉(Synanon)[1]은 AA의 전 멤버가 설립한 것으로서, 이것은 왜 이 두 조직들간에 목적과 운영원칙이 유사한지를 설명해 준다. 자조조직들을 설립하는 과정에서 조언이 필요한 경우가 종종 있다. 이 경우에는 기존 활동과 관련된 사람들이나 동조적인 실천가들, 예를 들어서 사회복지사, 의사, 성직자, 교육가, 민간기관의 직원 등에게서 조언을 구한다.

---

1) 〔역주〕 미국에 있었던 마약중독자 갱생단체에서 따온 이름.

집단이나 조직이 출발하는 시점에서 참석자들은 일반적으로 자조조직의 미래에 대해 불안이나 공포감을 경험한다(Lindenfield and Adams, 1984, p. 20). 이것이 자조집단을 만든 문제나 이슈와 관련된 불안에 더해지는 것이다. 이런 현상은 왜 그렇게 많은 사람들이 아주 초기에 집단을 포기하고, 왜 얼마 되지 않은 자조집단이 시작하려는 동기를 저버리게 되는가를 부분적으로 설명한다.

지역사회 수준에서 조직요인들은 임파워먼트를 시작하려는 초기에 많은 영향을 미친다. 사회서비스의 효과적인 파트너십에서 규명한 세 가지 요인들은 여기에도 적용할 수 있다. 첫째, 지방정부 기관이 민간 영역과 관계를 형성하는 태도에 반영된 이데올로기이다. 둘째, 지방정부 부서 및 중앙정부와 같은 곳으로부터 자원을 이용할 수 있는 가능성이다. 셋째, 민간단체가 지원하는 영역 및 클라이언트 집단에 대해 지방정부가 부여하는 우선순위의 정도이다(Jones, 1981, pp. 6~7).

조직과 업무를 수행하기 위해서는, 그 조직의 특성과 기능에 대한 인식을 갖고 있어야 한다. 큰 규모의 공식조직들, 즉 사회복지 및 사회서비스 부서들은 비교적 형식적이고 관료주의적인 면이 있다. 이와는 대조적으로 공동체 연합은 크기는 다양하지만, 얼마 안 되는 자원봉사자들로 운영되며 이들이 대부분의 결정을 내리고 일도 많이 한다. 크고 복잡한 조직일수록 그것이 법적인 것이든, 자발적인 것이든, 사적인 영역이든 간에 개인의 임파워먼트에 특별히 초점을 맞추지 않는다. 따라서 실천가들도 다른 구성원들과 마찬가지로 억압을 경험하게 되는 경우가 생긴다.

(2) 불평등 줄이기

SSI (Social Service Inspectorate)가 지원한 조사결과에 따르면 개별적 사회서비스에 존재하는 성적 불균형은 수정될 필요가 있다. 예를 들어 여성들은 서비스의 주 이용대상이자 공급자지만, 사회서비스의 운영에 있어서는 주변적인 역할만을 수행하고 있다고 한다. SSI는 이러한 경각심을 불러일으킬 만한 상황에 대처하기 위한 핵심전략은 임파워먼트라고 보았다(SSI, 1991, p.55). 만약 자조조직이나 이용자주도 조직에 이런 불균형이 존재한다면 어떻게 할 것인가? 실천가는 어디까지 개입해야 하며, 조직이 운영되는 차별적인 방식으로부터 어느 정도까지 거리를 유지해야 하는가?

(3) 임파워먼트 효과를 축적하고 유지하기

조직이나 지역사회 세팅에서 임파워먼트 문화를 발전시키려는 노력이 성공을 거두려면, 이런 조직의 의도가 외부로 퍼져나가서 점점 더 많은 사람들이 권한을 부여받을 수 있어야 한다. 한편, 이러한 시도로 인해 새로운 접근으로 전환하려는 사람들이 결집하게 될 수도 있다. 그러나 사람들이 그런 시도에 대해 무감각하거나 적대적이라면, 조직이나 공동체 차원의 발전은 미미해질 수도 있다.

3) 3 단계 : 리더십의 출현

(1) 어떤 종류의 리더십이 출현할까?

초창기에는 새로운 구성원들뿐 아니라 집단 자체도 취약하다. 초기 단계에서 구성원들은 매우 열성적임에도 불구하고, 그 열정은 기본적 요구사항이 충족되지 않을 경우 쉽게 증발해버릴 수 있다. 예를 들어서 모임을 조직하고 이끄는 것은 그 중요성이 명확한 만큼 정말 필수적인 요소이다. 구성원들이 자조적으로 주도하는 것과 실천가가 주도하는 것을 구분하는 기준은 리더십의 과업을 어떻게 다른 사람들과 공유하는지가 되는 방식인 경우가 많다. 효과적인 집단들은 민주적인 리더십에 의해 이끌어지는 것이 일반적이다. 자조집단의 경우 여러 참가자들이 이런 민주적 리더십을 가능하게 하는 지식과 기술을 갖고 있어야 한다. 이를 통해 집단의 목적, 적절한 의사소통의 수준, 집단운영 과정에서 참여의 정도에 대해 폭넓은 합의를 끌어내야 하기 때문이다

(Lindenfield and Adams, 1984, p. 22).

나이트와 헤이스(Knight and Hayes, 1981, p. 88)는 30개의 지역사회 자조집단들을 조망하는 가운데 다음과 같은 사실을 발견하였다. 집단을 설립하는 데 도움을 준 사람들에 의한 강력한 리더십은 그 이후 집단의 발전을 저해하는 경향이 있다. 지역주민들과 관련된 활동을 유지하는 것의 성패는 관료적 활동과 형식적 모임을 덜 강조하고, 중산층이나 실천가의 리더십에 의존하는 것을 지속적으로 줄여가며, 집단 및 활동의 다른 목적들을 수반하는 사회적 이벤트를 개발해 가는 것에 달려 있다.

한편, 리더십의 강도를 조절하는 문제는 임파워먼트를 통해 해결할 수 있다. 나이트와 헤이스(Knight and Hayes, 1981, p. 50)는 '레티큘리스트'(*reticulist*)라고 불렀던 이들에게 권한을 부여함으로써 해결할 수 있다고 하였다. 그들은 레티큘리스트를 젊은 중산층의 의사표현이 확실한 사람들, 그리고 사회적으로나 정치적으로 헌신적인 사람들로 정의하였다. 그러나 이들은 집단을 주도하는 데는 성공적일 수 있는 반면, 이들의 리더십을 계속 유지시키는 엘리트주의를 영속시킬 수도 있다. 만약 이들이 리더십을 유지하지 않았다면 이 집단활동은 어쩌면 가난하고 힘없는 사람들에 의해 운영되었을 수도 있기 때문이다.

4) 4 단계 : 공식 조직의 시작

(1) 공식적 자조조직이 출현하게 될 것인가

다른 여러 조직들과 달리, 자조조직이 설립 초기단계를 넘어서서 공식적 조직단계로 넘어가는 것은 보편적인 일은 아니다. 초창기 설립자들이 조직을 저절로 유급 경영자에게 인수하지는 않기 때문이다. 이런 관점에서 보어맨(Borman, 1979)의 연구는 카츠(Katz, 1970)의 초기 연구(1970)와 첨예하게 대립하고 있다. 보어맨이 연구한 10개의 집단 중 어느 집단도 그렇게 변화한 경우는 없었는데, 이는 카츠가 연구한 집단과 대비되는 것이었다. 결국 보어맨(1979, p. 41)의 보고에 따르면, 카츠와 벤더(Katz and Bender, 1976, p. 122)도 후에는 자조조직이 유급 직원을 두는 공식 조직으로 발전하는 일이 자조집단의 보편적인 특성은 아니라는 것을 알게 되었다고 한다.

아마도 자조집단이 공식 조직들처럼 행동하기를 고집스럽게 거부하는 이유는 차별성을 의식한 탓이 클 것이다. 특히 자발적인 자조집단의 출발은 평범한 사람들에 의해 이뤄졌고, 지역적이고 소규모적인 특성을 보유하고 있다는 점에서 차별화된다. 일정한 지역에서 생겨났다가 사라지는 수많은 집단들과 비교해 볼 때, AA와 같은 집단은 분명히 의미가 남다르다. 관료주의적 특성으로 봤을 때 극단적인 경우는 의료 분야의 자조조직인 〈멘디드 허츠〉(改心 ; *Mended Hearts*)이다. 이 조직은 자조조직이 피하고 싶어하는 부류의 조직들과 매우 닮아 있다. 본드(Bond) 등은 다음과 같이 말하고 있다.

> 자조집단이 큰 조직이 되어감에 따라 새로운 성원들이 핵심적인 집단활동에 개인적으로 참여하기는 점점 더 어려워진다. 큰 규모의 모임에서는 대부분의 참여자들이 자신들을 청중으로 인식하게 된다. 도움을 줄 능력이 없는 성원들은 집단구성원이 됨으로써 얻을 수 있는 이득이 별로 없다고 여기게 되어, 결국 주변을 맴돌며 조직에 깊이 관여하지 않게 될 것이다(Bond et al., 1979, p. 59).

좀더 기초적인 수준에서, 집단이 한 번에 1회 이상의 모임을 계획하게 될 때, 관련된 과업들을 어떻게 분류하는지는 쉽게 관찰할 수 있다. 여기서 관련된 과업에는 책임을 맡고 경영을 하는 것에서부터, 결정사항을 알리고, 편지를 쓰고, 회계담당자나 행사진행자로서 활동하는 것까지 포함된다. 여러 집단들 중에서, 이런 과업배분을 확인할 수 있고, 그 과업 담당자들의 책임수행을 평가할 수 있는 효과적인 방법을 찾은 집단들만이 끝까지 살아남을 수 있는 것이다.

(2) 자조가 어떻게 타인 원조로 발전할 수 있을까

자조집단이 발전할 수 있는 또 다른 길은 원래 집단의 내부로 향한 시선의 초점을 변화시키는 것이다. 이것은 모임에 기여할 수 있는 외부인들을 초청함으로써 달성할 수 있다(Lindenfield and Adams, 1984, p. 95). 외부인의 존재는 분명 집단의 특성을 변화시키며, 참가자들을 새로운 활동이나 예상치 못한 방향으로 이끌어서 극적인 영향을 미칠 수 있다.

집단이나 조직들 중에는 구성원들이 교육행사에 참여함으로써 집단 내 역할의 일부를 수행하는 단계까지 발전하는 경우도 있다. 물론 제대로 형성되지 못한 집단들은 그렇게 될 가능성이 적다. 아무튼 교육적 행사를 주관하는 구성원들에게는 다른 사람들의 격려가 필요하다. 따라서 어떤 집단은 개설된 코스나 회의에 대표를 보내기도 한다. 이런 행사는 실천가가 아닌 일반 사람들을 환영하는 경우가 많고, 자조집단 구성원들을 위해서 비용을 할인해 주기도 한다. 훈련코스 참석 경비마련을 위해 기금을 모으기도 하지만, CVS(Council for Voluntary Service)나 노인교육 센터에서는 이런 코스에 참석하는 사람들을 위해 후원을 제공하기도 한다. 이런 코스의 주제로는 우울증에 대한 대처법, 인종과 성의 이슈, 혼자 자녀 양육하기, 실직과 구직, 노인 돌보기, 자원봉사활동, 그리고 특히 자조활동 등을 들 수 있다.

어떤 집단은 다른 집단에 비해 지역공동체나 큰 이슈에 참여하는 것을 더 쉽게 받아들인다. 그것은 이런 집단들이 그와 같은 이슈를 다루는 것에 더 익숙하기 때문일 수도 있다. 예를 들어서 이런 집단들은 지역사회 인식 개선을 위한 활동에 참가하여 지역정보를 수집하거나, 보건이슈에 관련된 교육적 캠페인을 벌인 경험이 있을 수 있다. 시간이 지남에 따라, 어떤 집단이나 조직들은 활동의 방향을 외부로 돌려서, 자신들의 자원을 활용하여 지역사회의 다른 원조활동을 성장시키는 데 일익을 담당하기도 한다. 특히 의식화 집단의 경우, 이런 활동들이 집단의 목적과 관련이 있을 수 있다. 반면 다른 집단들은 이를 향해 나아가는 속도도 느리고 어려움을 겪는 경우가 많다. 따라서 이런 활동들은 미리 준비되었던 집단의 논리적 연결선상에서 나와야 한다.

여기에 해당하는 세 가지 논리를 제시하면 다음과 같다. 첫째, 자조하거나 서로 돕기 위해 만난 사람들은 이미 그 헌신과 동기를 보여준 것이다. 따라서 그들의 다양한 노력을 통해 이미 서로 자극하고 원조하는 지점에 도달한 것일 수도 있다. 둘째, 집단은 편협해지는 것을 방지하고 지역발전과 관련을 맺음으로써 이득을 취할 수 있다. 셋째, 자조에 관심을 보이기는 하지만 아직 적극적으로 참여하지 못하는 다른 사람들을 격려하고 지원하는 것이 집단에게 의미 있는 일이라는 것을 알 수 있다(Lindenfield and Adams, 1984, p. 94). 그러나 외부활동만이 공식적 조직으로 성장하는 것을 예측할 수 있는 요인은 아니다. 외부활동은 전형적 발달의 예로서, 이를 통해 공식집단을 향해 가는 힘이 형성되는 것이다.

자조자들이 나아갈 바람직한 방향 중에 외부 지역사회 과업이 있다는 것은 확실하다. 트웰브트리스, 그리고 헨더슨과 토마스(Henderson and Thomas, 1980, pp. 148~186)는 지역사회 과업의 과정에 관련된 단계들에 대해 설명하였다. 다음은 트웰브트리스(Twelvetrees, 1991, pp. 35~36)가 제시한 지역사회 집단과 일하는 단계이다.

(1) 사람들과 접촉하고 욕구를 분석한다.
(2) 사람들이 욕구를 규명하고 그 욕구를 충족시키려는 의지를 갖도록 한다.
(3) 사람들이 욕구가 충족되기 위해 무엇을 해야 할지를 이해하도록 한다.
(4) 목표를 채택한다.
(5) 이 목표달성을 위한 적절한 조직을 구성한다.
(6) 행동계획을 세우고, 거대한 목적을 구체적인 목표와 과업으로 나누도록 한다.

(7) 그에 따른 과업을 할당하고, 이를 수행하도록 한다.
(8) 행동의 결과를 피드백하고 평가하며, 이에 의거하여 새로운 목표들을 채택하도록 한다.
(9) 3단계에서 8단계까지 반복하면서, 서비스 제공자로서 사회복지사의 역할을 줄여간다.

5) 5 단계 : 유급직원 및 전문가 채용

(1) 자조집단 성원들이 유급직원이나 전문가를 고용할 수 있을까?

언제부터 자조집단과 조직의 시선이 점차 외부로 향하게 되는지 그 특성과 시기를 일반화하기는 어렵지만, 그런 지점이 존재하는 것 같기는 하다. 그 시기가 되면 참가자들이 공식조직을 세우기 위해 갖고 있는 모든 것을 동원하도록 압력이 가해진다. 이것은 자조의 원칙과는 모순인 것처럼 보일 수도 있지만, 자조자들이 어떻게 이를 향해 나아가는지를 쉽게 볼 수 있게 해준다.

5장에서 언급하였던 '익명'의 조직들과 같이 유급직원을 고용하는 집단이나 네트워크가 존재한다는 사실은 놀라운 일이다. 그러나 이용자들이 운영하는 조직도 다른 조직들처럼 그들이 고용한 유급직원에게 반드시 권한을 부여해야 하는 것은 아니다. 이것은 공식조직이 되는 과정의 일부이므로, 특별한 모순을 야기할 수 있다. 예를 들어서 실천가가 개입에 대한 권리를 갖고 역할을 수행해야 하는지 아닌지와 같은 것이다.

사 례 험버사이드 프로젝트 (The Humberside Project)

험버사이드 프로젝트는 SCF (Save the Children Fund) 과 험버사이드 시회서비스부서의 파트너십으로 진행되었다. 이는 일련의 지역사회 자조환경을 만들고자 하는 것으로서, 부모와 자녀들이 자원관리를 공유할 수 있도록 이들과 함께 일하는 것에 초점을 두었다. 우선 몇 가지의 과업에 초점을 맞추었는데, 그 중 두 가지 과업의 기반은 협회 건물과 그림스비(Grimsby) 구역 두 곳에 있는 기존 놀이집단이었다. 프로젝트 직원이 지향하는 바는 부모들을 격려해 어린 자녀들을 위한 활동과 서비스의 종류를 결정하고, 이끌어가도록 하는 것이었다. 프로젝트 직원이 이 일을 시작한 1986년 12월 이후, 부모들은 부모와 유아들을 위한 사랑방과 각 지역의 놀이집단 운영에 관여하게 되었고, 어머니들만을 위한 집단도 운영하게 되었다.

험버사이드 프로젝트의 핵심은 이용자가 운영에 참여한다는 것이었다. 실행하기 전 3년 동안 계획과정을 통해 준비를 하면서, SCF 직원과 험버사이드 사회서비스부서는 파트너십에 관련된 이슈들을 철저히 다루었다. 결국 개발기간 동안 프로젝트는 SCF가 운영하고, 서비스 제공은 지역 자원 및 개발부서 직원들이 담당하기로 합의하였다. 다른 직원들의 봉급과 비용은 사회서비스 부서가 맡기로 했는데, 그것은 개시 후 5년이면 전체 프로젝트가 결국 사회서비스 부서로 이양될 예정이었기 때문이다.

사업기반을 갖추고 처음 일이 시작된 이후 1년이 채 안 되어, 직원들과 부모들은 다음과 같은 사실에 동의하였다. 즉, 기관이 처음에 생각한 대로 프로젝트 운영을 지역이용자들에게 인수인계하는 일이 순조롭게 진행되었다는 것이었다. 저자는 이 프로젝트의 평가를 수행하였는데, 여기서 다음과 같은 임파워먼트 과정의 예가 도출되었다. 그 과정은 프로젝트의 지원을 받는 지역사회서비스 담당자인 지역 팀매니저의 다음과 인식에서 비롯된 것이었다.

> 사람들이 바라는 것은 우리가 상상한 것보다 소박한 것이었습니다. 그저 사람들이 오고, 만나고, 성장하고, 발전하며, 자신감을 얻고, 그래서 외부로 나아가 어디서든지 그와 같은 걸 다시 시작하는 과정을 이어가길 원하는 거지요. 우리는 지역운영을 한다는 천국의 길에서, 그리고 프로젝트를 활용하는 지역주민들 사이에서

한 단계 아래 있습니다. 저는 의사결정에 참여하길 원하는 지역주민들이 힘을 모으길 고대했습니다. 그런데 실제로 참여의지를 가진 사람들로부터 오는 힘이 상당히 강해서 … 그 파장은 지금도 외부로, 더 넓게, 더 많은 조직들에게로 퍼져나가고 있습니다. 저는 그 파장이 좀더 높게 일어서, 사람들이 자기 자녀들이나 욕구에 대해 갖고 있는 생각이 기존의 사회적 시설이나 활동수준을 뛰어넘기를 소망합니다. 그 소망은 단지 지방정부가 그 지역의 유일한 재원으로 작용하고, 사람들이 자신들의 일을 처리하면서 지엽적인 자신감을 얻게 되는 정도를 말하는 것이 아닙니다. 그보다 훨씬 더 포괄적인 것이었으면 좋겠습니다. 즉, 뭔가 합리적인 비용으로 작동되고, 지역사회에서 진행되는 것들이 함께 조화를 이뤄하는 것 말입니다. (대화내용에서 발췌)

완전한 자조에는 역설이 존재한다. 즉, 후원자인 사회복지 기관은 그 서비스 수혜자의 자조를 위해 자원을 대고 지원한다. 이에 대해, 위에서 언급했던 매니저는 다음과 같이 서술한다.

일단 어떤 조직화의 조짐이 보이면 이를 파악한 후 그걸 하나의 조직이라고 생각해야 합니다. 그리고 그들이 발달하는 과정에서 때때로 필요로 하는 도움과 지지를 제공해야 합니다. 그러나 나는 궁극적으로 이것이 지역주민들의 임파워먼트를 성장시키고 발전시키는 지역사회복지같이, 권한을 부여하는 것이라고 생각합니다(대화내용에서 발췌).

임파워먼트 과정에서 필요로 하는 다양한 자원들을 만나게 되는 일은 일상적으로 일어난다. 그러나 이들 중에는 사회복지 서비스 범주를 벗어나 있는 것들도 있다. 따라서 사회복지사는 협상가로 일하면서, 다양한 학문분야로 구성된 다양한 전문가들과 협력하는 방안을 마련해야 한다. 험버사이드 프로젝트에서는 부모교육을 비롯하여 놀이 및 양육과 관련된 수많은 훈련코스가 개발되었다. 그 후, 부모들은 함께 코스에 참가하였고, 이를 통해 많은 사람들이 놀이지도자로 등록하였다. 이 단계부터 부모들은 자원봉사자나 유급직원으로서 프로젝트 직원들과 기본적인 과업을 공유할 수 있었다. 여기서 기본적 과업이란, 놀이활동을 감독하고, 더 발전하기 위해 필요한 지역사회의 시간과 자원이 있는지 확인하는 것이었다.

4. 지역사회 임파워먼트

지역사회복지는 종종 사회적, 정치적 교육으로 인식되곤 한다. 이것은 사회복지사가 "이제까지 지배해온 가정들에 의문을 던지며 — 프레이리(Freire)의 개념으로 말하면 그들의 머리 속에서 억압자들을 나오게 하며 — 그들이 함께 일하는 지역사회의 임파워먼트를 정립하는 것"을 의미한다(Mayo, 2000, p. 6). 그리고 이것은 임파워먼트를 통해 사람들이 "스스로 그들 문제의 근원을 분석하고, 자신들의 욕구를 탐색하며, 전략을 개발하도록 하는 것"이다(p. 6). 4장에서 보았듯이 프레이리는 개인의 의식화를 사회개혁의 핵심으로 간주했다.

이러한 아이디어들은 다양한 실천현장에 적용된다. 즉, 성인교육, 경제개발, 사회교육, 참여조사, 교양, 보건교육, 스포츠, 레크리에이션, 문화 및 지역사회 프로그램들과 미술공예 및 드라마, 마임, 노래, 무용과 같은 다양한 대중매체 프로젝트들이 여기에 포함된다(pp. 7~8). 제 3세계에서 참여조사는 지역사회복지 및 경제개발을 통한 임파워먼트(Carr et al., 1996), 또는 사회개발 프로그램과 관련되는 경향이 있다(Slocum et al., 1995 ; Barker et al., 2000 ; Blackburn and Holland, 1998 ; Guijt and Shah, 1998). 영국에서 지역사회복지는 도시와 지방의 갱생 프로그램에서, 그리고 사회적 배제에 맞서 고안된 전략들에서 점차 중요한 역할을 수행한다.

최대한 긍정적으로 생각하면, 지역사회의 이러한 시도들은 임파워먼트와 관련된 것으로 볼 수 있다. 그러나 대중의 관심을 사회집단들간 불안 및 양극화 문제와 사회적 배제의 존속으로부터 돌려놓을 수 있는 취약성도 있다. 예를 들어서 브리스톨(Bristol), 리버풀(Liverpool), 샐포드(Salford) 및 헐(Hull)에서 관광증진을 위해 시도했던 카니발과 같은 행사, 부둣가를 산책길로 바꾸는 작업, 그리고 새로운 경기장이나 종합운동장을 건설함으로써 그 건물 주변의 기회를 창출한 것 등은 경제적, 사회적 이득으로 이어졌다. 그러나 다른 도시 및 지방들에서는 오히려 이런 시도들이 왜곡구조를 연장시킴으로써 고통이 더해지고, 분리가 견고해지며, 실직, 노숙, 권한상실(*disemowerment*) 그리고 경기불황이 악화된 경우도 많다.

런던의 밀레니엄 돔과 같은 구조물에는 지방정부가 여러 면에서 주도적으로 참여하였지만, 그 활동들은 정치, 경영, 사업상의 이익에 의해 크게 좌우되었고, 결국 주민들이 상대적으로 그 특성과 결과물에 대해 미칠 수 있는 영향력은 매우 작은 것이었다. 이렇듯 위에서 아래로 내려오는(*top-down*) 방식은 지역사회복지의 임파워먼트 목표와 거리가 있을 수밖에 없다.

이에 반해 사회문제에 대한 상호부조와 집단적인 자조는 지역사회 임파워먼트의 다양하고 중요한 모델들을 제공해 줄 수 있다. 예를 들어 산업혁명 이전부터 있었던 공제조합은 제한된 수단이지만 주민들간에 서로를 지원할 수 있는 훌륭한 자원이었다. 저자의 아버지도 직무기간 동안 매주 1페니씩을 햄프셔(Hampshire) 공제조합에 내셨는데, 이것은 자신의 장례비용을 마련하기 위한 것이었다. 신용협동조합도 변화하는 환경과 지역사회의 상황에 대처하기 위해 오래 전에 생긴 제도 중 하나로서, 여전히 사람들의 욕구를 충족시키고 있다.

사 례

북아일랜드 데리(Derry)지방에 있는 지역 미술공예조합은 건설적인 지역사회 임파워먼트의 예로서, 지역풍습, 음악 및 문화의 풍부함과 생명력을 잘 표현했었다. 1980년대 말, 임시고용 창출을 위해 만들어진 여성집단은 템플모어 공예조합(Templemore Craft Co-operatives)으로 발전되었다. 그들은 자신들의 지식과 봉제기술을 활용하여 아일랜드 전통 무용복을 만들었다. 이들은 초창기에는 성공을 거두었으나, 정부주도의 사업지원과 기술 및 자본 투자의 부족으로 말미암아 결국에는 해체되었다. 그러나 결과적으로 실패했다고 해서, 기술과 자신감을 개발함으로써 주민들의 고용가능성에 기여한 부분을 깎아 내리지는 못할 것이다(Mayo, 2000, pp. 128~130).

사 례 아시아 자원센터(Asian Resource Centre)

버밍험(Birmingham)에 있는 ARC는 사회서비스 기관으로부터 많은 자율권을 부여받아서 기능을 수행하는 우수한 자조조직의 예라고 할 수 있다. 이 센터는 액션센터(Action Centre)라고 불리는 다문화센터에 관련된 사람들이 뜻을 모아서 풀뿌리 방식으로 세운 것이다. 당시 이 일에 관여한 사회복지사들은 아시아 주민들의 욕구에 부응하기 위해 특별히 고안된 이 센터의 욕구를 알고 있었다. 핸즈워드(Handsworth) 상가 안에 자리를 잡게 된 ARC는 아시아인 지역사회를 위한 지역사회센터로서 다음과 같은 활동을 전개하였다.

서비스를 제공받는 사람들의 종교와 문화적 열망에 대해 깊은 이해를 바탕으로, 그들의 언어를 사용하며 일해 나갔다. 서비스는 센터의 어드바이스 작업을 통해 제공되었으며, 아시아 노인 및 여성의 복지권, 주택 복지 등과 같이 그들에게 맞는 프로젝트가 운영되었다. 또한 이민, 국적, 반성차별주의와 같은 영역에 자원과 실질적 원조를 제공하는 서비스를 제공하기도 하였다. 센터에서 나오는 안내지와 팜플렛은 아시아 언어로 제작하였고, 법적인 서비스에 대해서는 센터가 압력집단으로 기능을 수행하였다. 그리고 그 지방의 지역사회 기관, 민간기관 및 법령기관을 위해 교육 및 훈련의 편의를 제공하였다. 아시아인 사회복지사가 센터 직원으로 채용되었으며, 그 지역사회에서 선출된 대표가 센터를 운영하게 되었다(Asian Resource Centre, 1987).

ARC가 지향하는 바는 다음과 같다.

그 지역 아시아인 공동체들 중에서 특히 불이익을 당하는 분야의 문화 및 사회 시스템을 규명하고 분석하며, 그들의 일반적이고 특수한 욕구들을 확인하는 것이다. 그리고 자신들의 시민으로서의 권리와 인간으로서의 권리를 보호하기 위해 고안된 프로젝트에 참여하여 이를 보조할 수 있도록 동기를 주는 것이다. 이를 통해 문화적 표현의 자유를 증진하고 모든 아시아인들이 그들의 문화적 정체성과 자신감, 그리고 자부심을 거듭 천명할 수 있도록 격려하는 것이다.

ARC의 운영위원회는 18명으로 구성되는데, 이 중에는 연차회의에서 투표를 통해 선출된 10명의 구성원, 특별한 기술을 가진 이유로 모신 5명, 그리고 지역 당국을 대표하는 2명의 심의위원들이 포함된다. 정직원 7명을 고용할 수 있는 재원은 도심 파트너십 프로그램(Inner City Partnership Programme), 주택당국, 사회서비스 부서, 캐드베리 트러스트(Cadbury Trust)를 비롯한 기부단체들에서 지원하였다. 방글라데시, 파키스탄, 인도 사람들의 이익을 고려하여 다양한 지역사회 활동에서 직원들간 균형을 유지하도록 노력하였다.

ARC는 자조의 자율적 영역을 보여주는 훌륭한 예이다. 즉, 전문가들에 의해서는 지역사회 내에서 자신들의 욕구를 충족시키기 어렵다는 집단의식이 형성된 결과이며, 그 목적을 이루기 위해 지역사회가 주도해야겠다는 동기가 발휘된 것이었다.

1) 비 평

위와 같은 사례들에서 도출된 몇 가지 주제들은 사회복지사의 임파워먼트 노력에 폭넓게 적용될 수 있다.

(1) 역설적 힘

완전한 자조를 통한 임파워먼트의 개념에는 역설이 함유되어 있다. 즉, 초창기에는 전문가들이 자신의 힘을 필요한 자원공급에 투입하며, 활동이 나아갈 방향을 제시해야 한다. 그러나 동시에 뒤에 서서 주민들이 스스로 무슨 일이 일어날 것인지에 대해 결정을 내리도록 해야 한다.

(2) 우리가 받아들이는 임파워먼트 목적은 누가 정한 것인가

임파워먼트가 시류에 맞는 사회복지사들의 목적으로서 자조를 발전시킨다는 사실은 실천의 딜레마를 부각시킨다. 즉, 사회복지사의 견해에 기반을 두어 진행할 것인지, 또는 잠재적인 자조자들의 견해에 기반을 두어 진행할 것인지 하는 것이다. 험버사이드 프로젝트(Humberside Project)에서처럼, 일을 시작하는 초창기 단계에 참여한 부모들은 프로젝트 운영에 대한 책임 맡기를 주저하고 이를 거절하는 경우도 있다. 이럴 때 실천가들은 자신들이 결정한 목표를 향해 나아가야 하는가, 아니면 처음부터 부모들 스스로 결정한 활동의 방향을 수용해야 하는가? 이것은 답하기 어려운 문제이다. 여러 가지 방법들 중 가장 현실적인 접근은 이런 이슈들에 대해 초창기부터 실천가와 자조가들 간 개방된 의사소통을 계속해야 한다는 것이다. 초기에는 소극적이었던 참여자들도 나중에 자신감과 능력이 생기면, 좀더 적극적인 역할을 맡고자 하는 의지가 점차 커진다는 증거들이 있기 때문이다.

(3) 개인적 성장과 전문적 실천

자조를 통한 임파워먼트를 바라볼 때, 개인적 성장과 전문적 실천이 사회복지사와 자조가 모두에게 있어서 서로 연관된 주제라는 것을 인식해야 한다. 즉, 이 둘을 실천가와 이용자의 역할에 따라 분리된 것으로 보지 않아야 한다는 것이다. 이상적인 임파워먼트 과정이라면, 사회복지와 관련된 모든 당사자들, 즉 사회복지사, 클라이언트, 조직들, 자조가들, 그리고 모든 네트워크들을 포괄해야 한다.

(4) 한 가지 결과를 낳는 활동보다는 열린 과정으로

자조에 대한 접근에서 가장 주목할 만한 특징은 프로젝트의 결과라고 말할 수 있는 한 가지 이정표가 없다는 사실이다. 대신 활동은 하나의 과정으로 인식되는 것이 일반적이며, 그 과정을 통해 앞에서 언급했던 개인적이고 전문적인 측면들이 개방적으로 발전해간다. 흥미로운 점은 이런 방식으로 프로젝트가 진행됨에 따라서, 전문가와 자조가들의 역할과 책임이 뒤바뀌게 된다는 것이다. 이런 일이 험버사이드 프로젝트(Humberside Project)에서도 일어났다. 예를 들어, 참가부모들 중 한 명이었던 어떤 어머니는 이전에는 한 번도 이와 관련된 일을 맡아본 적이 없었던 사람이었다. 그러나 얼마 지나지 않아 이 프로젝트에서는 그녀가 운영하는 부모와 유아들로 구성된 두 개의 집단을 지원하게 되었다. 그녀는 다음과 같이 말하였다.

> 집단의 침묵이 저의 도움과 조언을 요구해 올 때, 저는 그냥 가정주부가 아니었습니다. 제가 중요하다는 것을 느끼기 시작한 겁니다. 저는 제 자신이 이 프로젝트에서 하나의 씨앗이라고 생각합니다. 그것이 자라서 이제는 스스로 씨앗을 키워내고 있는 거지요(대화내용에서 발췌).

(5) 복제 가능한 접근방법

이러한 프로젝트가 사회복지사가 수행해야 할 핵심적 과업인지에 대해 의문이 제기될 수 있다. 이런 의문에 답하기 위해서 다음과 같은 두 가지 사항을 고려해 볼 필요가 있다. 첫째로 보건, 교육, 사회복지, 그리고 민간 기관들이 자조의 형태로 부모들과 힘을 합침으로써, 5세 미만의 자녀들과 그 부모들을 위해 더 좋은 환경을 만들어가는 모습이 점점 더 많이 관찰된다는 것이다. 둘째, 이와 같은 사례들이 지역적으로 다른 곳에 위치한 클라이언트 집단에 쉽게 적용할 수 있는 모델로 제공되고 있다는 점이다.

(6) 지역사회교육 진행하기

이 영역의 임파워먼트 지침을 마련함에 있어서, 그리고 완전한 자조로부터 자율적인 자조로 변화된 목적과 관련하여, 사회복지사가 하는 일과 지역사회 교육가가 수행하는 업무 사이에 존재하는 지속성을 좀 더 명확히 할 필요가 있다.

험버사이드 프로젝트(Humberside Project)에서 가장 멋진 발전 중의 하나는 프로젝트 사회복지사가 만든 새로운 시리즈의 기본적인 교육코스들이라고 할 수 있다. 이는 가족 및 지역단위 사업으로서, 그림스비(Grimsby)에서 성인교육을 받고 있는 스텝들과 연합해서 이뤄낸 것이다. 사회복지사들이 자신의 전문적 영역을 넘어서서, 교육제공자들과 활동할 수 있는 영역은 다양하다. 예를 들어, 학습현장에 다가갈 수 있는 기회를 늘리고, 자격을 개선하는 일을 들 수 있다. 지역사회교육은 단순히 지역사회에 새로운 교실을 개설하는 것만은 아니다. 그보다는 자발적으로 나서서 지역사회가 협상하고 주도하는 학습을 해나가야 하며, 어떤 구성원이든지 참여해서 사회적 불평등을 줄이고 변화와 임파워먼트를 증진시키는 수단으로 삼을 수 있어야 한다.

■ 더 읽을 거리

Craig, G. and Mayo, M. (eds) (1995) *Community Empowerment*, London, Zed Books.

Jacobs, S. and Popple, K. (eds) (1994) *Community Work in the 1990s*, Nottingham, Spokesman.

Lee, J.A.B. 'Community and Political Empowerment Practice', in J.A.B. Lee (2001) *The Empowerment Approach to Social Work Practice: Building the Beloved Community*, 2nd edn, New York, Columbia University Press, pp. 351–95.

임파워먼트 평가 제8장

1. 개 요

임파워먼트 평가, 즉 힘을 부여하는 평가는 사회복지 임파워먼트실천의 핵심이다. 평가에 대한 임파워먼트 접근은 4장에서 기술한 파울로 프레이리(Paulo Freire)와 그 후배들의 이론작업 및 실천에 영향을 받아 성장했다. 여기에는 참여조사(Chambers, 1997 ; Holland and Blackburn, 1998 ; Marsden and Oakly, 1990)와 협력조사 및 새로운 패러다임조사(Reason and Rowan, 1981 ; Reason, 1994)가 해당된다. 평가에 정당성을 부여해주는 두 가지 요소 중 첫째는 비판적 반영적 실천에 기여한다는 점이고, 또 하나는 실천의 질에 대한 체계적 피드백 수단을 제공해 준다는 점이다.

이 장에서는 평가과업에 대한 임파워먼트 패러다임의 영향을 살펴볼 것이다. 이를 통해 채택될 가능성이 있는 다양한 접근들을 좀더 분명히 할 수 있으며, 임파워먼트 방식으로 평가를 수행하는 방법에 대한 가이드라인을 얻을 수 있다. 이는 〈그림 2-1〉에서 보듯이, 평가자가 참여자이자 협력자로서 수행하는 권한부여 방식의 평가를 통해 어떻게 임파워먼트실천이 달성될 수 있는지를 보여줄 것이다.

2. 기존 평가들의 약점

일반적으로 이뤄지는 실천평가에서는 평가에 들어가기 전에 그 수행방식 전반을 고찰하는 데 별로 주의를 기울이지 않는다. 그보다는 평가의 유의미성(*significance*)에 지나친 관심을 기울이는 경우가 많다. 특히 관리자가 평가를 실천의 질 향상을 위한 도구로 의미를 부여하는 경우에는 더욱 그렇다. 도르프(Thorpe, 1993, p. 15)에 의하면, 교육영역이나 사기업에서 질에 대한 압력으로 인해, 평가가 질 보장(*quality assurance*) 수단으로 재설정되고 있다고 한다. 실천가와 서비스이용자에게 평가과업을 부과하는 것은 일선관리자들일 수도 있고 기관 외부환경일 수도 있다. 따라서 실천가와 서비스이용자에게 방문면담가(평가자)들에게 협조하라는 요구나 지시가 내려지기도 한다. 그러나 정작 이들에게는 그 실천에 대해 수집되는 자료를 계획하고, 실행하고, 분석하며, 이후에 활용하는 권한이 주어지지 않는 경우도 많다. 이런 접근방식으로 인해 실천가들이 무력감을 느낀다고 할 때, 이런 접근을 경험하는 서비스이용자들의 경우에는 더 말할 것이 없을 것이다.

평가를 사회복지실천의 계획 단계에서부터 염두에 두고 발전시키는 것이 아니라 '하고 있는 것을 조사하기 위해' 뒤늦게 시도하는 경우도 있다. 이런 경우, 평가는 이미 실천이 시작되고 난 후에 고려되는 것이다. 그러나 그보다 더 심한 것은 종결시점에 가서야 평가를 떠올리는 것이다. 만약 이미 어떤 일이 일어난 후에 평가에 착수한다면, 그 평가는 효과적으로 수행되기 어렵다.

이 장에서 제시하는 관점들은 평가조사의 이러한 특성들과는 정반대의 입장에 서 있다. 왜냐하면 임파워먼트 평가는 서비스이용자가 포함된 주요 관련자들을 아주 초기 단계부터 포함시켜야 하기 때문이다.

쿤(Kuhn, 1870, p.47)은 이론을 학습하는 과정은 그 이론을 적용하는 연구에 따라 달라진다고 하였다. 2장에서 보았듯이, 임파워먼트의 패러다임을 개발하는 것과 그것을 여러 가지 다양한 사회복지 영역에 적용시키는 과정은 동시에 일어나는 과정이다. 이런 측면에서 우리는 임파워먼트 평가의 네 가지 특성을 다음과 같이 규정한다.

1. 평가에는 사회복지사, 서비스이용자, 보호자 또는 관련자들이 공동 프로듀서나 참석자로 참여하여 스스로 평가를 관리하고 수행해간다.
2. 실천에 대해 평가하려고 시도할 때에는 서비스이용자 — 즉, 핵심과정에서 가장 빠뜨리기 쉬운 주요 관련자 — 와 함께 협력하고 이들의 임파워먼트를 위해 노력해야 한다.
3. 가장 생산적인 조사방법은 전통적인 실험방식이 아니라 임파워먼트 평가방식이다.
4. 실천가들과 서비스이용자들이 자기 책임을 수행하면서 스스로를 평가하는 경우, 사례조사나 비판적 사정평가가 양적·통계적 평가보다 훨씬 유용한 경우가 많다.

3. 전통적인 실험방법의 대안으로서 임파워먼트 평가

임파워먼트 평가를 평가수행의 도구로 사용하려는 노력은 쇤(Schön, 1991, pp.141~153)의 실천가에 대한 관점, 즉 실천가를 반영적 실천의 과정을 통해 실험하는 사람으로 보는 것으로부터 시작되었다. 쇤은 반영적 실천에, 사례들을 돌아보고 그것들을 재구성하는 전 과정을 엄격히 평가하는 실험을 포함시켜야 한다고 주장하였다. 이것은 문제 상황과 관련된 경우가 많다. 따라서 실천가들은 다음과 같은 여러 가지 질문들을 던져 보아야 한다.

> 자신이 규정한 문제를 해결할 수 있을까? 문제를 해결하면서 얻을 수 있는 것에 가치를 두는가? 그 상황에서 자신의 기본적 가치와 이론에 일관되게 부합하는 결과와 아이디어를 이뤄낼 수 있을까? 계속해서 새로운 질문을 할 수 있는가?(Schön, 1991, p. 141)

이 과정들은 기본적으로 가설을 검증하거나 통제된 실험을 통해 조사에 접근하는 전통적인 방식과는 다른 것이다. 쇤은 반영적 실천은 통제실험의 기본적 조건, 즉 조사자가 관찰행동으로부터 일정한 거리를 유지해야 한다는 조건에 위배되는 것이라고 지적하였다. 그러나 이것이 반영적 실천이 덜 엄격하다는 것은 결코 아니다. 여기서는 실천가가 실천에 들어 있는 이론과 가정들을 지속적으로 시험하고, 수정하고, 재시험하며, 필요한 경우 재구조화함으로써 가설들을 확인하고 탐색해 가야 하기 때문이다.

4. 과업을 명료화하기

우리는 쇤(Schön)이 실험에 대해 보여준 아이디어보다는 좀더 융통성 있으면서도, 조사 및 활동을 위해 기본적인 틀을 제공해 줄 수 있는 접근이 필요하다. 어떤 비평가들은 평가에 대해 좀더 유연하고 현실적인 접근을 설명하기 위해 '비판적 사정평가'(*critical appraisal*)라는 용어를 사용하기도 한다(Key et al., 1976, pp. 44~46을 참고하시오). 그러나 이것이 실천과, 실천이론 개발 및 실천을 통한 이론 개발에 대한 그의 공헌을 격하하려는 것은 아니다. 이런 방법들을 통해, 평가는 반영적 실천가의 비판력을 풍부하게 할 뿐 아니라, 서비스이용자들에게 이익을 줄 수 있다. '사정평가'라는 용어는 사람들이 던진 질문, 즉 그들이 무엇을 하고 있고, 그것을 어떻게 하고 있으며, 얼마나 '잘' 하는지에 대한 질문들에 대해 답하려는 시도를 말하는 것이다. 전반적으로 임파워먼트와 관련하여 당면하게 되는 사정평가는 미래보다는 현재나 바로 직전의 과거에 대한 것이다. 즉, 사정평가 도구를 통해 답을 찾으려는 가장 일반적인 질문은 "우리가 어떻게 이 활동을 해왔는가?" 하는 것이다. 그러나 이 질문만큼이나 중요한 후속질문은 "이것이 무엇을 의미하는가?" 그리고 "지금 우리는 무엇을 하고 있는가?"가 되어야 한다.

특정한 임파워먼트 활동에 대해 사정평가를 하기 위해서는 우선 어떤 논리적 근거를 갖고 있는지를 질문해 봐야 한다. "그 논리적 근거가 정말 어떤 목적에 필수적이며 바람직한 것인가, 또는 이익에 의해 좌우되지 않고 심사숙고한 것인가?"

사정평가가 프로젝트나 미래의 활동에 관한 합리적 의사결정과정을 보장하는 수단은 아니다. 그러나 키 등(Key et al., 1976, p. 31)이 언급했듯이 정책가나 관리자가 사정평가에 이 정도의 중요성을 부여하는 일도 매우 드물다. 실천가들이 활용할 수 있는 자원이 너무 적어서 그들의 활동을 평가하지 못하는 경우도 있다. 따라서 임파워먼트실천 현장에서 조사는 매우 부족하다. 예를 들어서 자조집단에 대한 평가연구는 눈에 띌 정도로 부족해서, 1970년대 중반에는 "지금까지 자조집단의 효과성에 대한 적절한 연구가 단 한 건도 없었다"는 보고가 나오기도 했다(Lieberman and Borman, 1976, p. 459). 이런 일이 아직도 대부분이라는 사실로 인해, 평가에 대한 실천가들의 의욕이 꺾여서는 안 된다. 실천에 대한 체계적이고 비판적인 성찰의 결과가 우리—개인, 서비스이용자, 실천가 및 기관 관리자들—모두가 동원할 수 있는 다양한 정보출처들 중 하나로 제시된다는 사실이 더욱 중요하다. 임파워먼트 활동을 평가하기 위한 실제적인 합리적 근거는 일반적으로 통용되는 정당화성의 근거는 다를 수 있다. 그러나 이 모든 것에도 불구하고 사정평가를 시행하는 것은 가능할 뿐 아니라 중요하다.

1) 임파워먼트 도구로서 사정평가

임파워먼트 활동에 대한 사정평가의 과정과 결과를 좀더 긍정적으로 바라볼 수도 있다. 즉, 이 평가의 과정과 결과가, 민감하고 건설적으로 활용된다면, 서비스이용자와 사회복지사 모두를 위한 임파워먼트 수단이 될 수 있다는 것이다. 사정평가를 외부의 이익에 따라서 억압을 영속시키는 데 사용해서는 안 된다. 커닝햄(Cunningham, 1994, pp. 164~167)은 이른바 '상호작용적인 전체조사'(*interactive holistic research*)에 관한 유용한 원칙목록을 제시하였다. 그 목록들은 협력, 대화, 경험, 행동에 기반두기, 맥락화 등이다. '협력'은 집단성원들이 사정평가를 위해 같이 노력하는 것을 말한다. '대화'는 자료수집에 참여한 사람들간의 상호작용을 서술하는 데 사용되는 개념이다. '경험'은 개인이나 사회복지사의 직접적 경험에 초점을 둔 것이다. 단, 조사자와 조사대상이 동일인인 경우, 또는 그 경험을 다른 사람들과 공유하는 것일 경우, 그 경험에 대한 반응은 개인적인 것일 수도 있다. '행동에 기반두기'는 액션 리서치(*action research*)에서 폭넓게 사용되는 개념으로서, 과정에 중점을 둔다는 것을 의미한다. '맥락화'는 행동을 상황에 적용하는 과정을 말한다. 다음으로 넘어가기 전에, 이런 질문들을 좀더 명확히 해주는 체크리스트를 작성해 볼 수 있다.

(1) 누구를 위한 것인가

모든 사람들이 사정평가의 결과를 받아볼 수 있다. 즉, 사정평가는 전문가, 서비스이용자, 기금모금자, 관리자나 이들끼리의 모임을 위한 것일 수도 있고, 기자, 독립적 조사를 수행하는 학생이나 대학교수와 같은 사람들 모두를 위한 것일 수도 있다.

후원자나 이사가 누구냐에 따라서 그 결과가 나올 수 있는 속도뿐 아니라 그것을 보고 받을 사람들의 특성에도 영향을 줄 것이다('사정평가 제시 및 활용' 이하 부분을 참조). 일반적으로 실천가들에 비해 학자들은 사정평가결과가 빨리 나올 것으로 기대하지 않는다. 그것은 평가자에게, 사정평가에 관련된 모든 사람들이 동의할 수 있는 결과를 명확하게 하고 구체적으로 제시해야 할 책임이 있기 때문이기도 하다.

(2) 누가 사정평가를 통제하는가

통제의 문제는 전통적 상황과의 대조를 통해 설명될 수 있다. 전통적인 사정평가에서는 조사자들이 상호작용이 이뤄지는 상황에 대한 모든 통제권을 가지므로, 그 외의 사람들은 사정평가에 별로 영향을 미치지 못한다. 그러나 임파워먼트 평가는 조사자 이외의 사람들에게 좀 더 많은 힘을 부여하는 경향이 있다. 이 장에서 언급된 모든 과정에서, 조사자와 서비스이용자들이 상호 협력해야 하기 때문이다. 전반적으로, 조사평가에서 상의를 많이 하면 할수록 시간은 더 많이 소요될 것이다. 그러나 궁극적인 결과에 대한 주인의식을 공유함으로써 모든 대상들에게 더 많은 보상을 줄 수 있을 것이다(Patton, 1982, pp. 55~98).

(3) 어떤 종류의 사정평가를 하려 하는가

위에서 살펴보았듯이, 누가 그 사정평가의 스폰서가 되고 청중이 되는가에 따라서 진행될 조사의 종류를 결정하는 데 영향을 받게 된다. 다음 질문들은 이들이 관심을 가질 만한 것으로서, 패튼(Patteon, 1982, p. 44)이 제시한 몇 가지 카테고리에 속한 항목들을 예로 제시한 것이다.

① 사전 분석(*Front-end analysis*)

- 임파워먼트 활동을 시작할 만한 정당한 사유가 있는가?
- 임파워먼트 활동을 수행할 만한 지역적 여건을 갖추고 있는가?
- 이 지역 내에 잠재적인 서비스이용자들이 충분한가?

② **형성평가** (*Formative Appraisal*)
- 어떤 활동이 진행되고 있는가?
- 이 특정영역에서 실현되고 있는 임파워먼트의 핵심은 무엇인가?
- 임파워먼트 프로그램을 개선시키기 위해 필요한 것은 무엇인가?

③ **효과평가 또는 총괄평가** (*Impact or summative evaluation*)
- 이 임파워먼트 활동이 가져온 효과와 결과는 무엇인가?
- 가장 가치 있었던 것은 무엇인가?

여기에서 강경노선과 온건노선을 구분해 보는 것은 유용하다(Key et al., 1976, pp. 10~11). 전자의 경우에는 과학적 평가의 개념 위에 서 있으며, 사업이나 자연과학과 같은 세계에서 접할 수 있는 반면, 후자의 경우에는 좀더 인상적이고 주관적이며 경험에 기초한 발견에 관심을 둔다.

(4) 일반적 접근 : 사례조사에 의한 비판적 사정평가

사례조사는 앞에서 제시된 임파워먼트 활동의 형성적, 총괄적 평가 모두를 포괄하는 것이다. 사례조사를 선호하는 이유는 시간이나 다른 자원이 무한하지 않기 때문이다. 즉, 평가를 위해 모든 출혈을 감수할 수 없다는 것이다. 그러나 이 평가방법은 서비스이용자에게 압박을 가하고 이들을 상대적으로 수동적이고 무기력한 상황에 처하게 함으로써 결국 임파워먼트의 반대 결과를 가져올 위험성이 있다.

다음은 사례조사의 특성에 해당되는 것들이다.

1. 융통성이 있어서 조사가 진행되는 과정에서 연구 질문, 목적, 가정이 변화될 수 있다.
2. 일반적으로 조사자의 관찰은 비교적 비구조적일 가능성이 높다.
3. 조사자는 재귀적일 필요가 있다. 어떤 상황에 대한 조사자의 반

응은 자료의 출처이자 반영, 평가활동으로 활용된다는 것이다.
4. 활동이 종료된 후 단순히 결론을 도출하기보다 활동의 과정을 이해하고자 한다.

사례조사를 수행하는 과정에는 다음과 같은 것들이 요구된다.

1. 증거에 대한 접근성을 확보할 것. 즉, 사람들이 비밀을 나눌 수 있다는 느낌을 가질 때까지 인내심을 갖고 기다리며 어떤 상황이 진행되고 있는지 느낄 정도로 아주 충분한 시간을 갖고 주변에 머무를 것.
2. 독특하고 비일상적인 사례, 상황, 사건, 과정뿐 아니라 전형적인 유형을 탐색하여 이들을 비교하고 대조하며 이해하려고 할 것.
3. 조사를 통해 제기된 이론적 이슈들에 대한 감각을 유지할 것.
4. 전반적인 증거의 원천과 지속적으로 관계를 유지할 것.
5. 신선한 아이디어와 해석에 개방적일 것.

(5) 평가의 대상은 무엇인가

사정조사의 대상이 되는 활동이 몇 주나 몇 날 전에 짧은 기간 동안 진행된 것이라면 그에 대한 정보들을 찾을 수 있는 것인가? 그 활동이 현재 이뤄지고 있는 것인가, 아니면 가까운 미래에 진행될 계획에 있는가? 조사대상이 되는 집단은 새로 형성된 집단인가, 아니면 이미 자리를 잡은 집단인가? 또한 그 지역에 하나만 존재하는 집단인가, 아니면 전국적인 네트워크를 갖고 있는 집단인가?

사정조사의 특성, 범위, 그리고 규모에 대한 이런 질문들은 조사계획의 방향에 상당한 영향을 미치게 된다.

5. 사정평가 준비하기

일반적으로 사정평가에 대한 접근은 예상치 못한 것들을 잡아낼 수 있을 정도로 융통성이 있어야 하지만, 동시에 정확하고 객관적이며 유효한 판단을 합리적으로 이끌어 낼 수 있을 만큼 구체적이어야 한다.

1) 정보의 출처를 어디에서 찾아야 하는가?

한 개인이나 집단의 활동을 정보의 출처나 샘플로 활용할 것인가? 정보의 출처로 한 가지를 찾을 것인가, 아니면 여러 가지를 찾을 것인가? 여기에서 선택은 한 가지 출처를 깊이 있게 살필 것인가, 또는 다양한 출처를 사용하여 여러 방향으로부터 도출된 확실한 증거를 취할 것인가 하는 사이에 존재한다. 평가의 초점은 서비스이용자를 포함한 주요 참여자들뿐 아니라 그 상황과의 관련성에 따라 달라진다.

또 활동이 이루어진 곳이 아닌 외부에서의 사정평가를 고려할 수도 있다. 예컨대 어떤 활동은 그 활동을 이끌던 문제가 해결되어 종결할 수 있다. 따라서 그 활동이 종료된 후 새로 생긴 활동의 수나 그들이 존재한 기간을 통해 임파워먼트의 효과성을 평가하는 것과는 별도로, 종결된 여러 활동들을 모니터하는 것이 좀더 적절할 수 있겠다. 그러나 이 자체만으로는 문제가 있을 수도 있다. 몇몇 참가자들의 문제가 효과적으로 해결되지 않거나 타협이 이루어지지 않아 참가자들이 좌절을 경험하거나 지루함을 느껴서 활동이 종결될 수도 있기 때문이다.

2) 얼마나 많은 정보를 수집해야 하는가?

데이터를 대규모 조사를 통해 구할 것인지, 또는 소규모 조사를 통해 구할 것인지는 시간과 자원의 제한이라는 실질적 여건에 따르게 된다. 이것이 결국 사정평가가 큰 규모로 가는 것을 저해하는 요인이 된다. 그러나 소규모나 심지어 단일사례조사에 대해 긍정적으로 보는 주장도 존재한다. 패톤(Patton)은 이 점을 강력히 강조한다.

> 지식에 있어서 획기적인 발전들은 소규모 사이즈의 연구로부터 나왔다는 사실을 기억할 필요가 있다. 프로이트(Freud)의 성과는 몇몇 임상사례에 기반을 둔 것이었다. 피아제(Piaget)는 두 명의 어린이, 즉 자기자녀들을 깊이 있게 연구함으로써 아동의 학습기제에 대한 교육학적 사고체계에 큰 변화를 가져왔다(Patton, 1982, p. 219).

패톤이 든 예들에 대해 비판을 할 수도 있겠지만, 실제로 매우 소규모 사례조사가 유효한 예들이 존재한다. 이들은 심오한 정보 및 질적 깊이를 갖고 있어야만 달성할 수 있었던 성과물들에 기반을 두고 있다. 이러한 사정평가를 수행하는 데 있어서 지켜야 할 세 가지 포인트는 다음과 같다.

1. 사정평가가 다루게 될 한 가지 또는 몇 가지 질문을 두고, 여기에 답해 줄 수 있는 정보만을 수집하라.
2. 너무 많은 데이터를 수집하지 말아라. 데이터가 너무 많으면 파일 정리함만 복잡해지고 결국에는 다 사용해 보지도 못한 채 쓰레기통에 버리게 될 것이다.
3. 보고서를 짧고 간략하게 써야 할 필요성을 명심하고, 수집을 위한 수집이 되지 않도록 필요한 증거만을 모아라.

3) 어떤 증거를 수집할 것인가

서베이에서부터 질문지, 인터뷰, 더 구조화된 인터뷰, 덜 구조화된 인터뷰, 직접관찰에 이르기까지 자료를 수집하는 방법이 매우 다양하기 때문에 어떤 방법이냐에 따라서 수집될 증거의 종류도 달라진다. 존스턴 버첼(Johnston Birchall)은 주거영역의 협력적 실천사례의 역사는—여러 자조활동 및 이용자가 이끄는 활동과 매우 유사함—여섯 가지 핵심 변수로 평가해 볼 수 있다고 자신 있게 주장하였다(Birchall, 1988, pp.162~188). 이들을 임파워먼트 영역에 적용함으로써 다음과 같은 유용한 리스트를 만들 수 있다.

1. 참가자: 참여하고자 하는 의지를 가진 '진정한 신봉자', 참가에 따른 비용을 부담하지 않고 이익을 보려는 '무임승차자', 적극적으로 참여하지 않고 따라가는 '회의론적 순종자', 따라오지 않으면서도 활동에는 남아있는 '거부자', 그리고 어떤 기회만 되면 떠나려 하는 '탈출자'의 유형
2. 범위: 활동의 크기 및 지리적 밀집도
3. 기간: 활동이 지속되는 시간
4. 적절성: 공동목표에 도달할 수 있는 참가자들의 능력
5. 강도: 서로에 대한 참가자들의 헌신의 깊이
6. 순수성: 활동의 원칙을 지키려는 참가자들의 노력

어떤 사람들에 대한 활동이 추구하는 가치의 방향은 그들의 경험에 대해 질문해 보는 것만으로도 얻을 수 있다. 참가자의 시각에서 보면 임파워먼트의 성공은 그들이 일상에서 더 행복해지고 더 많은 것을 통제할 수 있게 되었는지, 자존감이 더 증가했는지, 대인관계가 개선되었는지, 그리고 그 활동이 즐길 만한 것이었는지 여부로 개념화될 수 있다. 분명 이러한 정보들은 참가자들 자신의 판단과 별도로 객관적인 기반을 갖고 있기는 어렵다. 그러나 이는 널리 보급된 운동, 즉 참가자들의 상황을 활동의 효과성에 대한 우수한 자료출처로 규정하는 방식의 일부로 볼 수 있겠다.

또 다른 접근법은 참가자의 삶의 질을 직업, 여가, 고용, 관계, 가

족 경험과 같은 주요 영역에서 조사하는 것이다. 참가자의 경험에 초점을 둔 또 다른 접근법으로는 활동에 참가하려는 사람들과 그렇게 않은 사람들의 인식을 비교하는 것이다.

이런 상황에서 가장 핵심적인 질문은 과연 무엇이 사람들이 참가하고자 하는 동기를 부여하는지, 그리고 여기에 관련된 요인들이 사회적, 심리적 측면에서 개인의 상황적 차이를 반영하고 있는지 하는 것이다.

4) 정보수집의 문제점

조사자와 활동에 관련된 사람들의 가치 간에는 시작부터 갈등이 존재할 수 있다. 이로 인해 활동에 관련된 사람들은 조사에 협조하지 않게 될 수도 있다. 이들은 자신들에 대해 이야기하거나 문헌정보를 제공하기를 거부하기도 한다. 또한 조사자들이 그들의 활동에 접근하는 것을 거절하거나 실제 자료를 통해 확인하기 위한 직접적 증거수집을 허용하지 않기도 한다. 이러한 현상은 특히 전문가와 별도로 이뤄지는 활동사례에서 더 많이 나타나는 것 같다. 페니 웹(Penny Webb)은 자조집단의 확립을 도모하기 위해 고안한 틀을 관찰하고자 하였으나 바로 이런 문제에 당면하였다. 즉, 어떤 사람들은 질문에 답을 채워 넣지 않으려 하고, 또 어떤 사람들은 제대로 대처할 능력이 부족하였다(Webb, 1982, p. 125). 리버만과 보어맨(Lieberman and Borman, 1976, p. 461)은 이런 집단들이 그들의 활동에 외부인이 들어오는 것에 대해 저항을 보인다는 사실을 발견하였다.

임파워먼트 활동의 가치는 조사자들이 비교하기를 원하는 전통적인 원조활동과 갈등을 일으키기도 한다. 임파워먼트 활동을 특이한 것으로 보는 여러 전문가들의 인식이 그 효과성에 대한 직접적 사정평가를 저해할 수 있다. 정직과 자기이해를 강조하는 심리치료와 달리, 자조집단은 부정과 신화창조를 부추긴다고 보는 것이다(Lieberman and

Borman, 1976, p.229). 다른 말로 하면, 의사가 일반인들을 현혹하는 형태로 처방을 내려서 전문적 권한과 비법을 보전하는 데 관심이 있는 것처럼, 임파워먼트의 대안적 실천가들도 다양한 관점들에 대해 유사한 방어막을 형성할 수 있다는 것이다.

평가자가 임파워먼트 활동의 '과정'과 '결과' 중 어디에 더 관심을 보이는가? 그 외에 누가 질문을 하는가? 기타 관련된 사람들이 활동에 대한 사정평가에 실질적 또는 잠재적 관심을 갖고 있는가? 누구의 질문이 주요 요구사항을 담고 있는가? 이 질문들은 활동의 정치적이고 윤리적 측면에 대한 것이다. 일반적으로 이에 대해 분명하고, 쉬우며, 일관된 답변이란 존재하지 않는다.

또한 초점을 어디에 둘 것인가에 대한 질문이 있을 수 있는데, 이는 어떤 평가방법을 채택하느냐와 관련이 있다. 예를 들어서 과정을 강조하는 평가에서는 경험의 질과 같은 측면이 나타나는 반면, 임파워먼트의 결과에 초점을 둔 평가방법에서는 참가자들에게 미친 영향이나 다른 활동의 영향과의 비교를 강조하는 경향이 있다. 이런 이슈들은 사정평가의 기반이 되는 주요 시각에 영향을 받게 된다. 그 시각이 활동의 내부에 존재하는 것이든, 외부에 존재하는 것이든, 또는 그 둘을 합한 것이든 간에 영향을 미치게 된다. 다음은 이런 관계에서 고려해야 할 관련 질문들이다. 사정평가가 활동 내부에서 진행되는가, 아니면 완전히 외부에서 진행되는가? 조사자가 유경험자인가, 아니면 초보자인가? 조사자가 전문가인가, 그냥 평범한 사람인가, 또는 평가와 관련된 정기적인 수퍼비전과 지원을 받는 사회복지사나 학생인가? 조사자가 표명한 관심사가 있는가? 즉, 사정평가의 동기, 개인적 관심사, 외부 전문가나 기관의 활용, 서비스이용자에게 오는 이익, 또는 기타 다른 조사에 기여하는 것과 같은 외부의 또 다른 의도가 있는가, 있다면 무엇인가?

평가자는 다음 중 하나에 속할 것이다. 즉, 서비스이용자나 관련된 전문기관이 고용하지 않은 외부 평가전문가, 기관 및 서비스이용자가 직접 고용한 내부 평가전문가, 또는 서비스이용자나 관련된 사회복지사 자신들일 수 있다.

키 등(Key et al., pp. 25~27)은 선택된 평가자가 어디에 속하느냐와 관련하여 제기된 이슈들을 정리하였다. 전반적으로 평가자가 '내부'에 존재할수록 동료들이 좀더 수용적으로 대하며, 평가에 드는 비용이 적다. 또한 비판하는 데 두려움이 없고 객관적인 사항을 제시하게 될 때 일어나는 일에 대해서도 친밀하게 다가갈 수 있다. 반면, 평가자가 '외부'의 존재일수록, 객관적인 거리의 유지와 복잡한 심경에 다가가기 위해 소모하는 시간 간 균형이 더 요구될 것이다. 내부자보다는 외부자가 객관성을 더 강조하지만, 그렇다고 객관성을 더 많이 확보하게 되는 것은 아니다. 인식을 하든, 안 하든 간에 모든 조사자들은 어떤 가치체계를 갖고 있어서 그들이 평가조사를 계획하고, 수행하며, 해석하는 방식에 어느 정도 영향을 미치게 된다.

결국 패톤(Patton, 1982, p. 223)은 이런 논쟁이 한 가지 대안으로 결론지어져서는 안 된다고 보았다. 효과적이었던 많은 사정평가들은 내부자와 외부자가 협력하여 수행한 것이었기 때문이다.

5) 과정 조사

활동과정에 대한 조사가 결과를 탐색하는 것보다 더 접근하기 쉽고 생산적인 경우가 많다. 특히 비교적 그 집단, 프로젝트, 계획이 긴 기간 동안 진행되고 개방된 형식인 경우에는 더욱 그렇다. 여러 측면에서 과정조사는 평가적 조사와 양립될 수 없다. 과정조사는 집단, 활동, 계획, 프로젝트, 조직의 역사와 참가자들의 입장에서 경험의 특성에 초점을 두는 경향이 있기 때문이다. 이런 이유로 과정조사는 서술적이며 질적인 방법으로 데이터를 수집한다. 예를 들어서 여기서는 구성원들의 경험이 집단에서 어떤 방식으로 존재하는지 특별한 관심을 기울인다. 경험은 그 주관적 특질에 내재된 고유의 유효성을 표현한다고 한다. 이런 관점을 옹호하는 입장에서는 결과에 대한 외부의 사정평가에 비해 과정에 기반을 둔 조사가 더 의미가 있다고 주장한다.

그러나 한 가지 알아야 할 중요한 사실은 이와 같은 과정과 결과조사 간의 극단화는 다소 인위적인 것이라는 점이다. 집단과정에 대한 직관적 고찰이라고 해서 집단 결과에 대한 사정평가를 부정해야만 하는 것은 아니다. 오히려 이 둘은 서로 보충적인 것으로 간주될 수 있다. 20개의 다양한 자조집단에 대한 조사에서, 레비(Levy)는 다음과 같은 사실을 발견하였다. 즉, 이 집단들은 구성원의 문제뿐 아니라 감정이입적 이해, 자존감 증진, 의미찾기, 자신의 감정을 표현하고 자기경험을 타인과 공유하기와 같은 가장 기본적인 인간의 욕구를 다루고 있다는 것이다(Levy, 1979, p.217). 그는 이것이 대부분의 구성원들이 집단에 머물러 있기를 원하는 이유를 설명해 줄 수 있다고 보았다.

(1) 참여도 조사하기

어떤 측면에서 보면, 과정조사는 평가조사에 대한 귀중한 통찰력을 제공한다. 자조집단의 효과를 평가하는 맥락은 여러 집단의 생명력만큼 변화하기 쉽다. 분명 자조집단의 활동은 사회복지팀, 병원, 또는 지역사회보호 제공자와 같은 조직 및 기관만큼 장수하지 못하는 경우가 많다.

이미 언급한 대로, 자조집단 및 이용자주도 집단의 구성원들은 자신들의 문제를 통제하기까지 걸린 시간, 즉 속도에 대해서는 그다지 자랑스러워하지 않지만, 집단 및 조직의 구성원으로 지낸 햇수에 대해서는 자부심을 느끼는 것 같다. 그러나 멤버십의 개념이 명확하지 않기 때문에, 자조집단에서 가능한 출석, 참여도 및 집중도의 다양한 수준에 맞추기가 쉽지는 않다. 어떤 성원은 몇 년 동안 매주 모임에 참석하지만 집단에서 비교적 눈에 띄지 않았을 수도 있고, 반면 또 다른 성원은 가끔씩 출석하는데도 항상 주목을 받기도 한다. 오랜 기간 동안 3분의 1 정도만 가끔씩 참석했던 것이 일상에서의 간헐적 스트레스가 일어날 때와 일치될 수도 있다. 또한 우편이나 인터넷으로 연결된 조직들을 고려해 볼 필요도 있다. 이런 상황에서는 어떻게 결과평가를 설정할 것인가?

(2) 멤버십 계승 조사하기

개방집단의 관점에서 보면, 집단 및 조직이 멤버십을 이어가는 것에는 고려해 보아야 할 복잡한 문제들이 존재한다. '계속 이어지는 상호성'의 개념은 구성원들이 자신이 집단으로부터 도움을 받은 후에 어떤 식으로든지 집단에 다시 지원을 보내는 유형을 서술하기 위해 사용되었다(Richardson and Goodman, 1983, p. 96). 이것은 구성원들이 집단에 공헌할 수 있는 가장 효과적인 방법 중 하나라고 할 수 있다. 이 과정에서 다양한 성원들이 각기 다른 단계에 위치할 것이라는 점을 짐작해 볼 수 있다. 그러나 여기서 참여의 유형은 사람들을 끌어들이는 초점이 어떤 특성을 갖느냐에 따라 달라진다. 예를 들어서 학습장애를 가진 아동을 양육하는 부모들은 자조집단의 구성원 자격을 오래 유지하는 경향이 있다. 대조적으로 한 부모나 배우자를 잃은 사람들의 멤버십은 짧은 것이 일반적이다(Richardson and Goodman, 1983, p. 97).

이러한 맥락에서 보면, 개방집단에서 충분한 경험을 가진 구성원의 존재가 안정성과 지속성을 제공해 주면서도, 잠재적 성원들의 합류를 저해할 만큼 너무 큰 비중을 차지하지 않는다면 좋을 것이다. 또한 구성원들이 자기문제를 토의하고 감수하는 데 있어서는 모두 같은 단계에 있다고 느끼는 것이 도움이 될 것이다(Richardson and Goodman, 1983, p. 98).

따라서 설혹 서비스이용자가 허용을 했다고 하더라도, 사전·사후 측정 및 조사가 반드시 임파워먼트 경험의 질을 보여준다고 할 수는 없다. 또한 집단성원의 생활, 즉 사고, 상처, 일회적 사건과 같은 일들을 규명하기는 쉽지 않을 것이다.

6) 결과 조사

여기에서 사정평가는 개인적 결과, 비교 결과, 또는 활동이 미친 영향에 관한 평가에 집중될 수 있을 것이다. 결과를 바라보는 관점은 그 활동에 관여한 주체가 누구인가에 따라서 달라질 수 있다. 이러한 주체에는 전문적인 참가자나 평범한 참가자, 활동경험과 직접적 관련이 없는 친지들, 또는 조직이나 집단이 포함될 것이다. 결과조사에서 이들의 주요 관점들간에 합의를 보장하기는 어렵다. 예를 들어서, 지역사회는 서비스이용자가 순응하기를 바라고, 전문가는 이들이 문제를 궁극적으로 해결하는 성과를 달성하기를 원하지만, 서비스이용자들은 지금 여기서 만족을 추구할 수 있기 때문이다.

전통적으로 결과에 대한 사정평가를 하려는 심리학자들은 개인의 '태도변화'의 방향을 조사해 왔다. 활동이 개인에게 미친 영향은 어떤 종류의 주요한 변화가 일어났는지에 달려 있었다. 그러나 사람들의 어떤 태도, 또는 인성에 그런 변화가 있었다고 보는 정도에 대해 의문이 제기되기도 한다. 과업을 공식화하는 또 다른 방식은 사람보다는 문제에 초점을 두는 것이다. 이때 문제는 사정평가가 가능한 개념으로 규정되어야 한다는 것이다.

다음 질문들에 대한 답변을 찾아볼 필요가 있다. 문제를 어떻게 구체화하는가? 성격이나 강도의 변화를 어떻게 측정할 것인가? 이런 변화가 미처 염두에 두지 않고 진행한 요소들로부터 온 것이 아니라, 그 활동의 직접적인 결과라는 것을 어떻게 확신할 수 있는가(Lieberman and Bond, 1978, p. 225)? 이런 분야에서 조사의 고충은 사전·사후 측정이 불가능하거나 어렵다는 것이다. 왜냐하면 사람들은 당면한 문제가 개인적으로는 감당하기 어려워진 다음에야 어떤 활동에 참여하게 되기 때문이다. 따라서 사정평가에서 참여가 시작되기 전 그 개인의 상황으로 거슬러 올라가 조사를 하기는 어렵다(Lieberman and Bond, 1976, p. 460). 조사가 집단 구성원에 대한 것이든, 문제에 대한 것이든 간에 효과성을 판단하는 기준은 모두에게 중요하다. 결국 중요한 것은 효과성을 개념화하는 방식과 평가자의 이론적 관점이다.

7) 언제 진행할 것인가

사정평가를 통해 과거를 마무리 짓는 일(관료주의에서 공통으로 요구하는 것)은 가까운 미래에 이뤄져야 하는가, 아니면 정해지지 않은 먼 훗날에 이뤄져야 하는가? 이런 질문은 데이터를 수집하는 시기부터 형성되기 시작한다. 보통 활동에는 합법적 기금의 요소나 특정서비스를 제공하기 위한 계약이 존재하며, 그에 따라 사정평가의 어떤 형식이 요구된다. 예를 들어서 정기적인 검토의 과정이 있을 수도 있다. 이런 상황에서 검토과정에 긴요하며 사정평가에 부합할 수 있는 가이드라인을 만드는 일은 도움이 될 것이다.

8) 기간을 어느 정도로 할 것인가

사정평가에 단기간, 말하자면 2주 정도가 걸릴 것인가, 또는 긴 기간, 즉 5년 정도가 소요될 것인가? 일반적으로 사람들이 말하듯이 사정평가는 빨리, 그리고 부정확하게 이뤄지는 경우가 많다. 그러나 때로는 서비스이용자나 사회복지사가 스스로에게뿐 아니라 심지어는 후원자나 주변 자원에게까지 활동기간중 제시된 이슈들에 대해 장기적인 조사를 수행해야 한다는 주장을 펴기도 한다. 이 경우의 문제는 데이터와 결과가 질적인 특성을 띠며, 개방형의 조사로 인해 평가에 필요한 증거를 지속적으로 찾기가 어렵다는 것이다. 반면 활동과정에 대한 통찰을 얻을 수 있고, 조사과정을 통해 자극을 받아 지속적인 개념의 구체화 및 재개념화가 이루어지며, 이 둘간의 지속적인 상호작용이 가능하다는 장점이 있다. 이 장에서도 언급했듯이, 사정평가에는 다루어야 할 질문과 그 질문을 다루는 방법 모두를 지속적으로 다시 살피고,

재공식화하는 것이 포함되는 경우가 많다.

6. 사정평가 수행하기

사정평가 과정에는 중복적이고 주기적으로 반복되는 세 가지 주요 단계들이 존재한다. 이것은 심사숙고, 프로그래밍, 과업수행이며 각각의 단계에는 특정과업이 있다. 그리고 우리는 이어서 사정평가의 제시 및 활용의 단계를 따로 떼어서 살펴볼 것이다.

1) 심사숙고하기

사정평가를 시작해서 진행에 들어가기 전에 심사숙고가 이루어진다. 활동에 따라 평가의 방향과 특성이 변화되거나, 또는 질적인 방법론이 사용되는 상황에서, 사정평가를 수행하는 사람에게는 다음과 같은 것이 요구된다. 즉, 엄격한 조건하에서 조사과정 전반을 진행하는 것에 지속적으로 익숙해져야 한다는 것이다. 또한 목표를 전환하고, 강조점 및 자료수집의 영역을 바꾸며, 분석과 계획된 결과를 다시 생각해 볼 것을 각오해야 한다는 것이다. 아주 기초적인 단계에서는 심사숙고의 과정이 수집된 데이터에 집중되어야 한다.

2) 프로그래밍

일반적으로 사정평가에 관련된 사람들이 느끼는 부분들을 통해 실질적인 계획을 세우고 어떤 종류의 프로그램을 끌어낼지 정할 수 있다. 앞에서 살펴본 내용들을 비춰보면 이 포인트는 효과적인 진전을 만들어 낼 수 있을 정도로 안정적이어야 하지만, 동시에 필요한 변화에 대처할 수 있을 정도로 충분히 융통성이 있어야 한다.

3) 과업 수행하기

이 단계에는 프로그램을 행동으로 전환하고, 조사에 존재하는 한계의 종류를 명확히 하는 것이 포함된다. 너무 원대해서 달성되기 어려운 조사를 해보려는 유혹을 받는 경우가 많기 때문에, 한계를 규명하는 것이 중요하다. 과업은 계속 관리할 수 있는 정도의 것이어야 한다. 결국 각 과정의 단계마다 현실적인 '한계선'을 설정하고 이것을 지키는 것이 필요하다는 것이다.

양적인 조사를 수행하는 절차에서는 이 단계들을 꽤 분명하게 구분할 수 있을 것 같다. 그러나 질적인 조사에서는 통상적으로 증거사례의 수집과 분석이 시작되는 명확한 지점이 존재하지 않는다. 평가자가 증거를 수집하여 예비적인 결론을 끌어내고 또 다른 증거를 수집하려는 시도를 다시 시작하자마자 분석과정이 시작되는 일은 종종 일어난다. 이것은 지속적인 과정이므로 조사의 종결에 이어서 또 다른 심사숙고, 프로그래밍 다시 하기 및 자료수집 단계가 계속될 수 있다.

마지막 단계에서는 만약 조사결과가 기대한 대로 나오지 않는 경우에, 즉 효과가 없는 것으로 나타났을 때 어떤 일이 일어날 것인지에 대해 항상 생각해 보아야 한다. 예를 들어서 여성 의식화집단의 사정평가를 통해 그 집단들과 다른 원조집단들 간의 차이를 강조함으로써 여성문제에 미친 영향을 생각해 보려 한다고 해보자. 심리치료에서는 증상의 감소가 달성된 반면, 의식화 집단에서는 증상에 별 영향을 미치지 못한 것이 확연히 대조를 이룰 수 있다. 그러나 의식화집단에서 보다 강조점을 둔 구체적인 결과는 증상의 감소가 아니라 구성원들의 자존감과 자기가치의 향상에 영향을 끼친 증거일 수 있다(Howell, 1981).

7. 사정평가 제시 및 활용

최종단계에서 서비스이용자, 사회복지사, 관리자 등과 같은 관련자들은 각자 자신의 역할을 적절히 수행해야 한다. 만약 모두가 제 역할을 잘 수행한다면, 비록 우리가 앞에서 살펴본 계획을 철저히 따르지 않았다 하더라도, 주요사항을 보고할 수 있을 것이다. 그러나 조사결과는 '매우 우수하지만, 언젠가 때를 만나면 활자화될 것을 기다리며' 정리함으로 들어가는 일도 자주 있다. 따라서 이 단계는 중요하다. 앞에서 제시된 주의사항을 참고하여 따라왔고, 연구의 범위가 적절하였으며, 스케줄대로 진행되어 왔다면, 이제 필요한 주요 기술은 다음과 같다. 즉, 결과를 다른 사람들과 공유하는 방식이 서면(書面) 형태이든 대면(對面) 회의이든 간에 이를 위해 실질적으로 필요한 것은 자기주장능력과 자신감이다. 이때 중요한 것은 그것이 어떻게 이루어졌는가 하는 것보다는 그것이 일어났다는 사실을 확실히 보여주는 것이다.

1) 평가의 유용성 : 주의사항

평가자의 주관심사에서 도출된 핵심질문은 과연 그 증거가 얼마나 관련성이 있고, 믿을 만하고, 포괄적이며, 체계적인가 하는 것이다. 이에 대한 답변은 앞에 나온 질문들을 얼마나 성공적으로 다뤄왔는지에 달려 있다.

임파워먼트에 관련된 사람들의 관점에서는 사정평가가 활동의 앞날에 도움이 될 것인가, 아니면 방해가 될 것인가가 하는 것이 핵심질문이 될 수도 있다. 엄격한 조사에서는 효과적인 사정평가가 여러 가지 주요 기준을 만족시키는지가 중요하다. 여기에는 신뢰성, 유효성, 다른 사정평가와의 비교, 평가대상 인구에 대한 관련성 등이 포함된다. 임파워먼트 활동도 다른 사회복지 영역들처럼 이 기준들을 충족시키기 위해 제기되는 모든 요구들로부터 자유롭지 못하다.

전반적으로 평가조사를 통해 자조 및 이용자주도 운동이 참가자들에게 유익하다는 사실이 제시된 예는 많지 않다. 그러나 이것이 참가자들이 그 활동을 통해 얻는 것이 없었다는 것을 의미하는 것이라기보다는, 어떤 방향을 보여주는 진지한 조사가 부족했음을 말하는 것이다. 또한 이것이, 사람들이 이런 활동에 참여를 저지당하거나 여기서 원하는 것을 얻지 못하기 때문으로 보이지도 않는다. 자조의 영역에서는 그래도 다른 부분보다도 집단의 효과성을 조사하는 데 좀더 많은 관심을 기울여 왔지만, 이것이 참가자들에게 유익을 준다는 명확한 증거를 갖고 이뤄진 것은 아니었다. 예를 들어, 민감성 향상집단은 유익한 결과를 가져온다는 조사가 이뤄지지는 않았지만, 이 집단의 인기는 지속적으로 유지되어 왔다(Back, 1972, p. 14).

서비스이용자의 입장에서는 다음을 명심해야 한다. 즉, 엄격한 사정평가에서, 모든 자조집단의 결과가 긍정적으로 나오는 것은 아니라는 것이다. 물론 긍정적 영향에 대한 증거는 존재한다. 그러나 의식화 집단들이 성원들에게 미친 영향은 반대방향일 수도 있다. 하지만 이런 결과는 개인 내부의 문제 때문이 아니라, 우리사회의 상황적 모순이 반영된 것일 수 있다. 예를 들어 여성들의 주장이 강해지면 주변 사람들이 그들의 변화된 행동에 놀라서 부정적인 반응을 보이게 될 수 있다는 것이다. 아네트 브로드스키(Annette Brodsky)는 여성을 위한 의식화집단 연구에서 다음과 같은 인식을 피력하였다.

> 민감성 향상 집단성원들은 집단 외부의 사람들이 집단에서처럼 긍정적으로 반응해 주기를 기대한다. 이와 같이 의식화 집단의 성원들도 집단은 이해를 해주지만, 그러나 외부세계는 집단의 의식화 수준에 맞게 변화되지 않는다는 사실을 종종 발견하게 된다. 여성들이 계속 맹목적이고 전형적인 방식으로 행동하려 하는 자신의 고용주나 애인, 친구들에게 분노를 느끼는 것이 바로 이 단계이다. 여성들의 새

> 로운 반응은 무시되고, 오해를 사며, 비웃음을 사거나, 위협적인 도전에 직면하게 될 수도 있다. … 여성들은 이런 좌절감으로 인해 과도하게 반응함으로써, 그 결과 그들이 두려워했던 바로 그 반응을 유발하게 되는 것이다. 예를 들어서 예전에는 온순했던 여성이 일터에서 더 좋은 대우를 해달라고 소리 높여 요구할 경우 오히려 반발을 사서 직장을 잃게 될 수도 있다(Brodsky, 1981, p. 576).

이때 어떤 대안이 제시되지 않을 경우, 정신병이 악화되거나, 방어를 상실하는 것과 같이 심각성은 좀 덜 하지만 다소 큰 타격을 입는 사람도 생길 수 있다(Back, 1972, p. 221). 페미니스트운동에서 여성의식화 집단들은 정치적인 페미니스트 이데올로기를 유지하려는 신념에 기반을 둔 독특한 역사를 보유하고 있으며, 이 집단들이 치료적이 되는 것을 피해왔다(Bond and Reibstein, 1979).

전문가의 부적절한 서비스에 불만을 느껴서 찾아오는 성원들과 달리, 배우자를 잃은 여성들로 구성된 집단의 경우, 제대로 작동되지 않는 사회적 네트워크를 보충하는 기능을 수행하기도 한다. 그러나 전문가들이 담당하는 클라이언트 집단과 동일한 대상에게는 이런 기능을 수행하지 않았다(Bankoff, 1979, pp. 192～193). 15개의 여성 의식화 집단에 대한 평가조사에서, 리버만 등(Lieberman et al., 1979, pp. 356～361)은 이 집단이 유용한 치료적 가치를 지닌다 해도 한계가 존재하며, 여성의 문제를 감소시키지 못하고, 감수성 훈련집단(*encounter groups*)과 같이 개인의 성장을 촉진하지도 않는다는 것을 발견하였다. 반면 여성들은 자신의 상황에 대해 폭넓은 관점을 획득하였다. 따라서 조사자들은 다음과 같은 결론을 내리게 되었다. 즉, 의식화집단은 만성적이거나 심각한 문제를 가진 여성들을 위한 치료를 대체하는 대안이 될 수는 없으며, 그들의 생활방식을 변화시키지 못할 수도 있다는 것이다. 그러나 약간의 우울감을 경험하는 사람에게는 자신의 이미지를 교정하고 개선하도록 할 수 있다는 것이다.

임파워먼트의 또 다른 영역에서, 문제감소라는 개념만 가지고 논하는 경우에는 집단활동의 결과에 결실이 있다고 보기 어려울 수 있다. 의료적인 자조집단의 영향을 평가한 결과 비데카(Videka, 1979, p. 386)는 다음과 같은 사실을 발견하였다. 즉, 그 집단의 가치는 그들 자신을 변화시키거나 내부성찰, 또는 대인학습을 촉진하는 것보다는 문제를 조절하고 자존감을 유지하도록 돕는 데 존재한다는 것이다. 결국 여기서는 자조활동이 참가자들에게 이익이 된다는 증거는 존재하지 않는다고 보는 것이 일반적이다. 오히려 이와는 반대로 이런 부류의 집단이 해가 되는 경험을 하는 사람들도 있다는 것이다.

2) 사정평가의 결과물

사정평가의 결과가 단순히 개인적으로 돌아보는 데 사용될 것인가? 임파워먼트 활동에 참가한 사람들간에 경험을 공유하는 데 쓰일 것인가? 보고서를 어떤 형태든지 활자화하고 평가를 통해 발견한 내용을 요약할 것인가? 어떤 청중을 상대로 쓸 것인가? 그리고 사정평가를 활용하는 사람은 전문가, 서비스이용자, 학생, 일반대중 중 누가 될 것인가?

결과물을 조사에 의한 발견이나 질문에 대한 답변의 형식에 맞춰 요약할 것인가, 아니면 아주 간결한 형태의 사례조사로 제시할 것인가? 기금을 지속적으로 마련해야 하는 것과 같은 외부의 요구에 따라서 결과물을 어느 정도나 다듬을 것인가? 이것이 결과물이 객관적이고 비판적인 입장에서 이뤄지는 조사에 의한 것이라기보다는 공적인 관계가 작용한다는 것을 의미하는가?

현실적으로 대부분의 활동들이 추구하는 바는 다양한 목적과 청중을 위해, 다양한 결과물이 시리즈로 여러 번에 거쳐 나올 때 가장 잘 충족될 수 있다. 따라서 계획단계에서는 이러한 전략에 기반을 두는 것이 좀더 적절해 보인다. 단일하고 서내한 평가작업은 이 활동에 관계했던 사람들이 떠나고 오랜 시간이 흐른 뒤에나 이뤄지거나, 아니면 수정만을 계속 반복하다가 결국에는 발표되지 못할 수도 있기 때문이다.

결과물에 대한 피드백에는 사정평가를 준비했을 때처럼 서비스이용자들이 중심적인 위치에서 참여해야 한다. 물론 이 과정에서 절대적으로 중요한 요소는 사정평가 기록은 누가 소유하는지, 서비스이용자가 그 내용에 대해 가질 수 있는 통제력은 얼마나 되는지, 서비스이용자들이 변화를 이끌어내거나 심지어는 동의하지 않는 구절을 거부할 수 있는 힘은 무엇인지에 대한 이슈이다.

8. 사정평가 검토하기

마지막으로 고려해야 할 것은 평가자가 사정평가 자체를 검토하기 위해 공식적인 측정방법을 생각해 두었는지, 또한 서비스이용자들이 평가자와 평가에 대해 솔직한(아마도 익명으로) 코멘트를 할 수 있도록 어떤 기제를 마련해 두었는지 하는 것 등이다. 이것은 평가의 성공과 실패를 알리고, 임파워먼트 활동에 참여한 사람들간의 힘의 관계를 적나라하게 보여줄 수 있는 진실의 순간이다.

사 례

탄자니아 정부는 해변을 따라 방대한 영토를 담당하고 있는 어부조합에게 그들의 무지로 인해 환경이 파괴되었다는 비난 내용을 통보하였다. 어부들은 6일에 걸쳐 남녀 모두 그들의 경험과 견해를 보여줄 수 있는 비디오 제작의 전 과정에 참여하였다. 이것은 관련자들이나 이익집단에 의해 왜곡되거나 좌우되지 않고, 그들에 의해 통제된 것이었다. 이를 통해 그들은 어종과 어업 환경의 무차별적인 파괴에 경찰과 거대 판매상들이 연루되었다는 것을 폭로하였다. 비디오 제작자가 두 번째 비디오 워크숍을 위해 탄자니아에 다시 돌아올 때까지, 첫 번째 비디오는 지역사회를 움직였으며, 점차 거대한 규모로 인종의 장벽을 넘어 자신감을 형성하고 분발하도록 영향을 미쳤다. 지역적인 규모로 형성된 집단이지만 비디오를 활용하여 환경당국과 의회에 영향을 미쳐서, 결국 지역주민들이 법률적이고 정치적인 변화를 위한 캠페인을 벌이는 임파워먼트의 효과를 거둘 수 있었다(Holland and Blackburn, 1998, pp. 156~157).

〈표 8-1〉 임파워먼트 평가의 과정

과업을 명료화하기	· 이 평가의 목적이 무엇인가? · 이 평가를 통한 임파워먼트의 대상은 누구인가? · 관련된 모든 사람들이 평가를 통제하는가? · 어떤 종류의 사정평가를 추구하는가? · 비판적 사정평가/사례조사 접근이 선호되는가?
사정평가 준비하기	· 정보 수집하기 · 정보의 출처를 규명하기 · 어떤 정보를 수집할 것인지 구체화하기 · 정보수집에서의 문제점을 예견해 보기 · 언제 진행할 것인지 프로그래밍하기 · 평가를 위한 자원공급의 스케줄 짜기
사정평가 수행하기	· 심사숙고하기 · 프로그래밍하기 · 과업 수행하기
사정평가 제시 및 활용하기	· 사정평가의 결과가 욕구에 맞는지 확인하기 · 사정평가(익명으로 의견을 제공하는 서비스이용자들을 위한 통로) 검토하기

9. 결 론

이 장에서는 실천에 대한 평가의 계획 및 적용에 있어서 임파워먼트 평가에 도움이 되는 필수요소들을 제시하였다. 앞의 예를 통해 우리는 비판적인 사정평가가 서비스이용자들의 목적달성을 위한 도구로서 얼마나 강력한 힘을 갖는지를 알 수 있었다. 여기에서는 '비판적 사정평가'(*critical appraisal*)라는 용어가 어떤 단계나 과정이든지 여러 가지 참여평가를 적절히 표현하는 개념으로 사용되었다. 〈표 8-1〉은 참여조사의 주요 단계를 요약한 것이며, 각 단계마다 고려해야 할 주요 핵심질문과 이슈들이 제시되어 있다. 그 전 단계를 마치고 다음 단계로 넘어가기 전까지, 평가과업과 그 실행을 바로잡기 위한 지속적인 '검토'는 필수적이다.

■ 더 읽을 거리

Holland, J. and Blackburn, J. (eds) (1998) *Whose Voice? Participatory Research and Policy Change*, London, Intermediate Technology Publications.

Reason, P. (ed.) (1994) *Human Inquiry in Action: Developments in New Paradigm Research*, London, Sage.

제 3 부 사회복지에 대한 이슈

실천가와 서비스이용자는 임파워먼트의 관계인가

제9장

1. 개 요

최근에는 임파워먼트를 지역서비스가 갖춰야 할 필수요소로 보고 있다. 이것은 임파워먼트에 대한 분명한 책임성을 요구하고, 그 지위가 높아지고 있다는 데서 알 수 있다. 영국에서는 대략적으로 1주일에 한 번은 신문 직업광고란에서 임파워먼트라는 용어를 보게 된다. 예를 들어서, 정부의 재개발 전략의 일환으로 지역사회주택쇄신협회에서 일할 '임파워먼트 관리자'(*empowerment manager*)를 구한다는 식이다. 여기서 임파워먼트의 개념이 뜻하는 것은 '지역주민들이 자신의 삶에 영향을 미치는 결정과정에 참여하도록 도와주고', '주민들의 강점을 개발하며, 이들이 앞으로 있을 지역 재개발에 참여할 수 있도록 하는' 것이다.

이것은 기관과 실천가에게 임파워먼트의 틀을 제공한다는 측면에서는 긍정적이지만, 역설적으로 실천가와 서비스를 이용하는 주민들간의 힘의 차이를 명확히 구분하는 것이기도 하다.

주디스 리(Judith Lee)는 다음과 같이 말하고 있다.

> 임파워먼트실천에 있어서 실천가와 클라이언트 모두에게 필요한 역할은 '파트너', '협력자', '공동교사', '공동조사자', '대화자', '비판적 질문제기자', '연결자', '가이드', '동맹과 권력의 배분자', '공동추진자', '공동활동가', '공동작업가'로서의 역할이다.… (여기에 덧붙이자면) 직접적인 사회복지실천에서 발휘되는 '중재자', '옹호자', '자원연결자', '임상가', '동원자', '조직가', '창시자', '코치', '촉진자'로서의 역할도 요구된다.… 우리는 억압에 대항하는 동료로서 파트너이다. 따라서 춤을 출 때 누가 춤을 선도하고, 누가 따라오는가 하는 것은 유동적이며 바뀔 수 있는 것이다. 함께 가르친다는 개념에는 클라이언트와 사회복지사가 그들이 당면한 억압의 문제에 대해 서로에게 아는 것을 알려준다는 의미가 포함되어 있다(Lee, 2001, pp. 62~63).

권한을 부여하는 역할에 대해 실천가와 서비스이용자가 공유할 수 있는 풍부한 내용이 공유라는 과업의 복잡성 때문에 그럴싸하게 얼버무려질 수 있다. 그러나 임파워먼트 패러다임의 출현으로 인해 사회복지사와 서비스이용자 간 관계에는 복잡성의 이슈와 같은 태생적 문제가 증폭될 가능성이 있다. 이 이슈의 핵심에는 상대적으로 권한을 더 갖고 있는 실천가와 상대적으로 권한을 덜 갖고 있는 서비스이용자 간의 긴장이 존재한다. 이것은 임파워먼트실천을 개발한다는 총체적인 목적의 맥락에서 일어나는 것이다. 따라서 이 장에서는 이 둘간의 효과적인 관계를 위해 주의해야 할 사항과 그에 따라 기억해야 할 지침들을 살펴볼 것이다.

2. 주의사항

이 장의 앞부분에서는 서비스이용자와 실천가 모두의 활동에서 일어날 수 있는 주요 위험의 문제를 정리하면서, 특히 이용자주도 활동이나 자조활동에 초점을 맞출 것이다. 여기에는 실천가와 서비스이용자간 관계의 태생적 문제, 이들이 당면한 도전으로부터 후퇴하거나 도전을 변형하는 방식, 그리고 마지막으로 관계 내 권력의 요소를 다루기 어려운 문제 등이 포함된다.

다음 예에서는 자기옹호를 통한 임파워먼트가 전통적 실천에 도전이 된다는 것을 구체적으로 보여준다.

사 례

켄(Ken)은 학습장애를 갖고 있는 21세 된 청년이다. 그는 평상시에 어머니가 사회복지사에게 그에 대해 이야기하는 동안 조용히 앉아 있었다. 그러나 지금 그는 자기 자신을 대변할 수 있게 되었다. 그는 자기 자신을 위해 이야기하는 기술을 배웠을 뿐 아니라, 그로 인해 그의 관계까지도 극적으로 변화하였다. 특히 가장 눈에 띄는 것은 그의 주변 사람들과의 힘의 관계에 있어서의 변화이다. 여기에는 사회복지사와 어머니가 포함되는데, 이들은 그와 힘을 공유하게 되었으며, 그에 대한 태도 및 서로에 대한 태도에도 변화가 생겼다.

1) 서비스이용자와 사회복지사 : 문제의 여지가 존재하는 관계

실천가들이 서비스이용자들을 다루는 방식에 있어서 더는 그들의 동의를 당연한 것으로 보고 넘어갈 수 없게 되면서, 이른바 사회복지사와 서비스이용자 간의 '적절한' 관계에 문제의 여지가 생기게 되었다. 아니 오히려 이제서야 그것을 무시할 수 없게 되었다는 의미에 강조점을 둔다면, 그 관계는 지속적으로 문제였다고 하겠다. 서비스이용자는 차치하고, 사회복지사들이 비전문적 원조자들과의 관계도 발전시키지 않았고, 따라서 그들의 잠재력이 충분히 발휘될 수 없었다는 증거는 옛날부터 있었다(Holme and Maizels, 1978). 그러나 이제는 여기서 더 나아가 사회복지사들이 서비스이용자들에게 그들의 상황에 대해 여러 가지 방식으로 책임을 지우는 경향이 생길 수도 있다. 기관의 상황은 '예전과 같지' 않고, 사회복지사들도 '옛날에 받았던 것 같은' 존경을 받지 못하게 될 수 있다. 또한 서비스이용자들은 감사하기보다는 언어적으로 또는 물리적으로 공격할 수도 있다.

한편 법률제정 등의 노력에도 불구하고, 많은 실천가들은 그들의 힘을 서비스이용자에게 주려는 시도를 하지 않는다. 이는 정신보건 서비스에 대한 이용자들의 인식조사에서도 나타난다(Rogers et al., 1993). 여기에서 조사자들은 '법률적 제재의 가장 큰 한계는 전문가와 환자 간에 존재하는 구조적인 힘의 불균형을 깨뜨릴 수 없다'는 것이라고 결론 내리고 있다(Rogers et al., 1993, p. 172). 그러나 사회복지사가 실수를 저지르거나 이상적인 실천을 해내지 못할 때, 이것은 점점 더 엄격한 비판의 대상이 되는 것 같기는 하다. 이런 비판은 서비스이용자에 의해서뿐 아니라 다른 실천가들, 대중매체, 그리고 대중에 의해 행해진다. 전문가의 가치뿐 아니라 서비스이용자에 대한 책임을 유지한다는 논리에서 볼 때, 현대 사회복지에서 서비스이용자들이 그동안 실천가들의 전유물이었던 자율성과 권위에 대해 점차 의문을 갖게 된다는 것은 유익한 일이다.

서비스이용자들이 사회복지사가 미치는 영향력에 저항하는 것은 수동적인 행위로 볼 수 있다. 이 경우 그들은 손을 떼거나 협력을 거부할 수 있을 것이다. 반면, 좀더 적극적인 경우는 1989년 아동법(Children Act)이나 1990년 전국보건서비스(NHS: National Health Service) 및 지역사회보호법(Community Care Act)과 관련하여 그들의 권리를 행사하거나 비판했던 것을 예로 들 수 있다. 또는 탄원서를 내거나, 연좌항의, 파업 및 시위를 하거나, 변호사를 접촉하는 것도 포함시킬 수 있겠다. 또한 서비스이용자들은 사회복지사가 자신들의 문제를 적절히 다룰 만한 지식을 갖추고 있는지 의심할 수도 있고, 그 문제를 정의할 권리를 달라고 주장할 수도 있다. 그 결과 사회복지사에게 의지하지 않고 그냥 자신들의 문제를 스스로 해결해 보기로 결정할 수도 있을 것이다.

이렇듯 만약 서비스이용자들이 기존의 사회서비스에 대해 느낀 환멸로 인해 대신 자조 및 이용자주도 집단이 인기를 누렸다고 본다면, 이용자주도 운동의 성격은 비판을 받을 만한 측면이 있다. 즉, 이용자주도는 중산층의 대안적 치료방법으로, 또는 국가지원으로부터 벗어나 자활을 지향하는 반사적 이행으로 볼 수 있다는 것이다. 그러나 그들의 출현은 적어도 어떤 사회복지 형태에 대한 소비자 저항의 신호였다고 할 수 있다.

따라서 사회복지사는 이용자주도 영역과 협상하는 어떤 방향에 주의를 기울일 필요가 있다. 이때 이슈는 그 방향의 유용성 여부가 아니라, 지배하거나 침입하거나, 또는 부적절하게 간섭하는지 여부가 될 것이다. 베이스토(Baistow)는 벨(Bell)이 다음 사항을 구체화하였다고 언급하였다. 즉, 심리치료에서 이용자 임파워먼트는 정신보건전문가가 자신의 전문적 권한을 어느 정도 포기하는 것과 관련이 있다는 것이다(Bell, 1989, Baistow, 1994, p. 38에서 재인용). 그러나 이러한 변화는 임파워먼트가 실천가들의 전유물이 되고 있는 상황과 불안하게 공존하고 있다. 이때 실천가의 전유물로서 임파워먼트는 이용자주도 집단의 촉진에 대해 아무 관심이 없는 새로운 출세 제일주의자, 원조자, 일반도우미, 자원봉사자와 같은 현대적인 방식을 통해 이뤄지는 과업 중 하나에 지나지 않을 수도 있다(Mullender and Ward, 1991).

(1) 소비자 통제 : 잘못된 약속?

지금은 사회복지사와 서비스이용자 간의 역동을 조직 맥락에서 볼 필요가 있다. 듀몽(Dumont, 1972)이 제시한 '새로운 전문가주의의 면모'는 사회복지에서 증가하고 있는 자조의 인기를 설명해주며, 사회변화를 향한 정부와 기관의 역량에 대한 낙관주의를 제공해준다. 듀몽(Dumont)은 새로운 전문가주의의 면모에 대해 다음과 같은 여섯 가지 원칙을 설정하였다. 첫째, 소비자에 의한 통제, 둘째, 자격증에 대한 무관심, 셋째, 개인중심의 전문적 실천을 넘어선 일반적인 언어와 목적에 대한 감각, 넷째, 비판적 태도, 다섯째, 변화에 대한 열망, 여섯째, 정치활동에 대한 투자가 그것이다.

(2) 초(메타) 전문가주의

위의 원칙들 중 네 번째부터 여섯 번째 원칙은 전문가들에게 거부감이 없을 것이다. 그리고 세 번째는 영국 사회복지에서 초 전문가주의와 같은 형태로 수 년간 존재했으며, 그 예로는 매개치료를 들 수 있다(Adams, 1976). 그러나 다음과 같은 주장도 있을 수 있다. 첫째, 듀몽이 제시한 새로운 전문가주의의 정도는 과장되었다는 것이다. 그것은 개혁운동의 구성원들뿐 아니라 학생 및 영향력을 가진 사람들에게만 국한되어 일어나는 일이라는 게 이유이다. 둘째, 그것이 가진 영향력 또한 제한적일 가능성이 많다는 것이다. 셋째, 새로운 전문가주의에 내포된 의미가 실천가들이 어떤 한정적인 지식과 기술에 대한 배타적인 권리를 주장해서는 안 된다는 것이라면, 이것은 비전문가주의를 위한 그럴듯한 주장에 지나지 않는다는 것이다.

2) 도전으로부터의 후퇴

영국에서 국가 전국보건서비스 및 지역사회보호법(1990)이 시행됨에 따라, 보건 및 사회보호 서비스 제공에 있어서 법률적 영역과 사적 영역뿐 아니라 이와 병존하는 민간과 비공식적인 영역에 합법적인 힘이 부여되었다. 그러나 민간과 비공식적인 영역에서 이용자의 참여가 증가함에도 불구하고, 실천가들에게서는 다음 세 가지 형태의 후퇴가 일어나고 있다. 즉, 이들 실천가의 자기만족이 강화되고, 서비스 제공자로서의 역할에서 스스로 물러나는 일이 일어나며, 자조 및 이용자주도의 활동이 양자택일주의로 퇴색될 수 있다는 것이다.

(1) 실천가의 자기만족 강화

자조 및 이용자주도 집단들이 현존하는 법률적 서비스를 받는 이용자 집단에게 뚜렷한 영향력을 미치지 못하여 도태될 수도 있다고 하지만, 이런 경고는 지나치게 단순화된 것이며 정확성이 떨어진다. 어떤 집단들은 실제로 정치적 현상을 지지하며, 실천가 활동의 지역적 권력기반을 침범하려는 심각한 위협을 기하여, 상당한 법적 분쟁을 야기하는 경우도 있다(Robinson and Henry, 1977, p. 136). 그러나 이런 위협에 처하지 않고, 법률적 서비스와 충돌하는 자조집단이나 이용자주도 활동의 예들도 존재한다. 이런 연속성의 한쪽 끝에 지역사회보호 제공의 한 유형으로서 보호자 및 자기보호자(*self-carer*)가 존재한다. 그리고 또 다른 방향의 극단에는 실천가와는 별도로 독자적인 활동을 하는 이용자가 존재한다. 이들은 모두 권한을 부여받은(*empowered*) 존재들이다.

그러나 현실에서는 원조 서비스와 활동의 질에 대한 위협이 더 위험하다. 보건영역에서 대부분의 자조 및 이용자주도 집단들은 보건 및 질병에 대해 전통적인 원조자들과 같은 관점을 견지하고 있는 것으로 관찰되었다(Robinson and Henry, 1977, p. 126). 로빈슨(Robinson)과 헨리(Henry)는 그들의 연구를 통해 다음과 같은 사실을 발견하였다. 예를 들어서 노숙, 밀집, 고독, 스트레스 등과 같은 문제들에 대한 초점을 좀더 넓은 상황의 구조적 특성에 두기보다, 문제를 갖고 있는 개인의 원조에 두고 있다는 것이다. 이런 상황에서는 자조 및 이용자주도 활동이 그들이 경감시키고자 했던 보건문제를 오히려 더 악화시킬 수도 있다(Robinson and Henry, 1977, p. 126). 이런 일들은 말초적인 욕구를 충족시킴으로써, 지역활동이 사람들의 문제를 해결해 줄 것이라고 믿게 만듦으로써, 잠재적 서비스를 적절히 공유하지 못하게 함으로써, 그리고 정부와 기관이 제공해야 할 것을 방임한 것에 대해 변명을 제공함으로써 일어난다.

그 결과 실제 보건영역에서 보호측면과 기술측면 사이의 괴리는 더 커질 수 있다. 이와 관련하여 로빈슨(Robinson)과 헨리(Henry)는 암환자 보호 및 재활협회(Cancer After and Rehabilitation Society: CARE)의 예를 들고 있다. 암환자들이 정기적인 점검은 받고 있기 때문에 CARE는 이를 활용하여 환자의 정서적 욕구를 파악하는 일을 시작할 수 있었다는 것이다. 이렇듯 덜 기술적이고 덜 도전이며 덜 비판적인 영역에서는, 자조 및 이용자주도 집단들이 기존의 실천방침을 그대로 따르거나 강화하기도 한다(Robinson and Henry, 1977, p. 126). 그러나 이들이 인식한 바와 같이, 실천가의 실천범위를 기술적 영역으로 제한하는 것을 긍정적으로 볼 수도 있다. 왜냐하면 이를 통해 실천가의 권한을 제한할 수 있고 어느 정도 한계를 지을 수 있기 때문이다.

(2) 기관의 빠져나가기

원칙적으로 유급 사회복지사와 자원봉사자들이 파트너십을 갖고 협력하는 것, 또는 법률적 서비스와 민간 서비스가 상호 연결된 방식으로 협력하는 것은 환영할 만한 일이다. 그러나 보호에 있어서, 법률적 서비스의 쇠퇴에 따라 비용을 절감하는 방식으로 자조와 같은 이용자 참여가 오용되어서는 안 된다(Darvill and Munday, 1984, p. 5). 유급 직원과 자원봉사자 모두 서비스에 대해 뚜렷한 공헌을 했고, 각기 서로 다른 쪽에서 제공하는 것을 풍부하게 하는 역할을 했다. 그러나 지역사회보호 제공에 있어서 혼합경제의 도입은 자원봉사자, 보호자 및 자기보호자의 작업을 지탱해주는 국가의 자원공급을 불안정하게 만들었다. 오히려 정부가 국민의 복지에 대한 국가의 책임을 축소하려는 경향이 커질수록, 자조와 상호부조의 능력을 개발하는 영역에 대한 예산삭감이 점점 더 많이 그리고 좀더 신속하게 이루어질 위험성이 증가하고 있다. 이것은 실천가들에게 새로운 과업을 제시한다. 즉, 성공에 가려진 부정적 결과에 대하여 자조 및 이용자주도를 보호하기 위한 전략을 실행해야 하며, 기관이 민간 영역과 비공식적 영역을 위한 자원을 확보하는 데 적절한 수단을 확보할 수 있도록 해야 한다.

(3) 양자택일주의 : 위험인가, 기회인가

자조 및 이용자 활동의 논리에는 다음과 같은 의미가 포함된 것처럼 보인다. 즉, 기존 서비스 및 관련된 지지조직과 네트워크에 대한 각성이 높아지면, 자조 및 이용자 활동이 번성하는 것처럼 보인다는 것이다. 그러나 사실, 그보다는 자조 및 이용자주도 활동의 출현은 대안이 결여된 상황이나 반선문가주의와 관련된 경우가 많다. 그렇다고 이것이 참여자들 스스로 자조 및 이용자주도 활동에 동의하고, 이를 촉진하고, 격려하고, 참여하며, 활성화한다는 사실을 부정하는 것은 아니다. 하지만 장애인 권리증진을 입법화하기 위한 캠페인(1994~1995)에서 보듯, 서비스이용자 활동은 개인적이며 경쟁적인 사회에 대한 반대론과 관련되어 있다. 사실 이런 환경은 사람들이 필요에 따라 선택한 서비스에 맞는 적절한 자원할당에 대해, 권한을 부여하기보다는 오히려 힘을 빼앗기 때문이다. 일반적으로 그 활동이 진정한 임파워먼트에 뿌리를 두고 있을수록, 전문가와의 관계는 소원하며, 잠재적인 갈등을 안고 있을 경향이 많다.

반전문가주의의 입장을 견지하는 것에 본질적으로 잘못된 것은 없다. 그러나 실천가와의 접촉에서 멀어지면, 실천가와 지속적으로 경합하게 되어 기존의 실천에 도전하기보다는 양자택일주의(*Alternativism*)로 후퇴하는 결과를 가져올 수도 있다. 그럴 경우, 자조와 이용자주도 영역에 다음과 같은 문제가 생길 수 있다. 즉, 자조 및 이용자주도활동이 실천가들로부터 단순히 하나의 대안으로 치부되면, 이들이 기존의 전문가들, 즉 사회복지사, 보건방문가, 의사, 간호사들이 하는 일에 대해 비판자로서 수행하던 역할과 역량을 잃어버리게 될 수 있다는 것이다. 그렇다고 한쪽 대안으로 후퇴한 것 때문에 비판을 받아서는 안 된다. 하지만 이런 상황에서 실천가들은 서비스이용자들을 어쩌다 한 번 형식적인 수준에서나 만나며, 그것도 동정심에 의한 것이 될 수도 있다. 위기에 처한 서비스이용자들이 가하는 비판은 사회복지사들로부터 무시당할 수 있기 때문이다.

3) 전문가에 의한 도전의 변질

사회복지사와 서비스이용자들 사이의 관계는 다음 세 가지 방향의 변질에 대해서 취약하다. 이것들은 서비스이용자를 비(非)실천가(*non-practitioners*)로 이용하는 것, 전문화되는 것, 또는 흡수하는 것이다.

(1) 비(非)실천가로 이용

서비스이용자들은 또 다른 종류의 자원봉사자로 비춰질 수 있는 위험이 있다. 이 장의 시작부분에서 우리는 자원봉사자들의 잠재된 역량이 사회복지사들에 의해 어떻게 실현되는지를 살펴보았다. 전반적으로 과거 영국에서 사회복지사들과 함께 일하던 자원봉사자들의 주요 역할은 친구가 되어주며, 실질적인 서비스를 제공하는 것이었다. 또한 보호관찰 서비스에서는 친구되기나 상담가로서의 역할에도 참여하였다(Holme and Maixels, 1978, p. 88). 뉴욕에서는 정신보건을 위한 원조의 방법으로 자생적인 비실천가를 활용했는데, 이를 통해 심리적 응급구호를 제공하는 기능과 지역사회 보건이슈에 개입할 수 있었다. 이러한 원조자들은 서비스 전달을 향상시키고, 그동안 전통적으로 직원들이 다루어온 정신보건문제에 대한 이해를 증진시키는 데 도움을 주었다. 원조자들을 통해 직접적인 서비스, 지역사회 활동, 그리고 지역사회 교육을 제공할 수 있을 뿐 아니라, 사회계획가로서의 역할도 담당할 수 있다는 의견이 제시되기도 하였다(Hallowitz and Riessman, 1967). 1995년 영국에서는 이혼법 개정을 위한 정부 계획에 〈관계〉(Relate)와 같은 민간기관들의 역할을 강화시키는 내용을 포함했다. 이 기관들은 중재 서비스로 법무관 및 법정 복지서비스에 관련된 일을 수행하였다. 그러나 전반적으로 여러 전문가들이 활동하고 있는 무대에서 비실천가의 원조는 제한적으로밖에 작용하지 못하였다.

비실천가를 이용하는 것을 소홀히 여겨서는 안 된다. 여기에서 '이용'(*use*)이라는 단어는 그 자체로서 의미를 지닌다. 위에서 인용한 뉴욕의 예에서, 어떤 보조자들은 이용당할 것을 두려워하면서도, 일상적인 기록과 같은 기본기술을 잘 모른다는 느낌을 갖기도 한다. 이런 이유로 보조자들은 전문가를 추종할 수밖에 없고, 주요 우선순위에서 두 번째로 밀려나면서도, 계속 그들에게 의지할 수밖에 없는 것이다.

나이트와 헤이스(Knight and Hayes)는 자신들의 제한적이지만 고무적인 조사에 입각하여 비실천가나 토착민들을 활용할 것을 주장하였다. 이 조사에서 가리키는 내용은 다음과 같다.

> 비전문가나 토착민들은 전문가에 비해 수많은 이점을 갖고 있다. 같은 지역 내에 살고 있으므로 출퇴근을 할 필요가 없고, 거기서 생활하기 때문에 얻을 수 있는 그 지역에 대한 지식들을 갖추고 있다. 그들은 도움을 주려는 대상들과 같은 사회적 계층에 속하며 전문가의 역할을 협소하게 규정하지도 않는다. 그리고 서비스라기보다는 친구로서 우정을 제공할 수 있다. 따라서 통제하려는 힘을 행사하지 않으며, 사회복지기관의 사회복지사들이 갖는 있는 국가와의 관련성이 없기 때문에, 위협을 덜 줄 수 있다(Knight and Hayes, 1981, p. 96).

토착민이 수행해야 할 일이 너무 많을 수도 있고 이 때문에 소진될 위험도 존재하지만, 전문가의 적절한 지원이 있다면 이는 경감시킬 수 있다고 본다.

(2) 서비스이용자의 전문화

자조 및 이용자주도 활동들은 참가자들을 교묘하게 전문화시키는 과정으로 이어질 수 있다. 이를 이해하기 위해 실천가를 통해 얻을 수 있는 지혜의 종류와 자조자 및 서비스이용자들을 통해 얻을 수 있는 경험적 지혜를 구분하는 것이 필요하다. 구성원들이 자기문제에 대한 통제력을 갖는다면, 이는 전문가의 서비스와는 별도로 여러 가지 삶의 측면들을 관리할 수 있게 된다는 것을 의미한다. 그러나 관찰한 바에 따르면, 많은 보건단체들이 이런 기회를 포착하지 못한다. 즉, 이 단체들은 그들이 갖고 있는 잠재력을 제대로 활성화시키지 못하는 것이다. 따라서 구성원들은 실천가들이 제공했던 것과 크게 다르지 않은 원조를 스스로에게 제공하고 있다. 다른 점이 있다면 이제는 그들 스스로 이것을 관리하게 되었다는 것뿐이다(Robinson and Henry, 1977, p. 129).

(3) 실천가에 의한 흡수

자조 및 이용자주도 활동에 가장 큰 위협이 되는 것은 전문적 실천으로 흡수되어 버리는 것이다. 이렇게 흡수되는 경우가 따로 있는 것은 아니다. 즉, 성공적인 경쟁자의 존재가 다른 집단에 영향을 미치는 시장에서는, 언제든지 일어날 수 있는 일이다. 자조 및 이용자주도 활동이 효과적이 되면 될수록 전문가들에 의해 흡수될 위험성은 더 높아진다. 여러 다양한 현장에서 자칭 전문가, 기자, 연구자, 작가, 실천가들이 서비스이용자의 등에 올라타곤 한다. 실천가들이 자조 및 이용자주도의 노력에 기여를 하는 데는 한계가 있다. 흡수작업이 시작되기 전까지, 또는 한계를 무너뜨릴 수 있고 스스로 권한부여의 능력이 있다고 믿는 사람들의 신념이 감소되기 전까지는 실천가들이 할 수 있는 일은 별로 없다는 것이다.

그러나 이런 위험성에도 불구하고 낙관의 여지는 있다. 특히 좀더 탄력적인 자조 및 이용자주도 활동의 경우에는 더욱 그렇다. 매리스킨드(Marieskind)가 여성들의 집단을 관찰한 바에 따르면 좀더 폭넓은 가능성을 발견할 수 있다.

> 흡수에 대한 취약성에도 불구하고 자조집단은 매우 귀중한 개념이다. 자조집단은 단지 여성 개개인의 욕구해결만을 위한 것은 아니다—물론 이것만으로도 그 존재의 이유가 충분하지만 말이다. 그보다는 집합적인 사고, 행동, 진보적인 사회변화를 이끌어내는 도구로서 가치가 있다(Marieskind, 1984, pp. 31~32).

실천가와 서비스이용자 간 협력으로부터 얻을 수 있는 이득은 잠재적인 위험으로 인해 상쇄될 수도 있다. 서비스이용자는 전문적 도움을 통해 신용, 지지, 자원을 얻을 수 있지만, 독립성을 희생해야 할지도 모른다. 클라이만 등(Kleiman et al., 1976)은 이용자와 실천가 간의 파트너십이 갖는 위험성을 설명하였다. 클라이만 등(Kleiman et al.)은 미국암협회(American Cancer Society)를 조사한 결과 다음과 같은 경향을 발견하였다. 즉, 전문가들은 원조자들에게 상담기술이 부족한 점, 그리고 자원봉사자들이 스스로 프로젝트 운영의 책임을 지는 데 있어서 동기와 적극성을 보이지 않는 점에 대해 비판적이었다. 따라서 이들은 다소 비관적인 결론을 내리고 있다.

> 자조집단이 기관 내에서 행복을 발견할 수 있을까? 우리는 그럴 수 없다고 답변할 수밖에 없다. 이런 접근에 대한 인기가 높아지면서 자조집단의 몇 가지 특성을 기관상황의 이질적 환경에 서둘러 이식하려는 시도들이 이뤄지기도 한다. 그러나 자원이 풍부하며 우호적인 환경의 집단에서 자조의 원칙을 대충대충 뽑아냈으니, 실패를 불

> 러올 것은 뻔한 일이다. 즉, 주(主) 기관의 자기면역 시스템이 접목을 거부한다는 것이다. 기관의 특성으로부터 나오는 관료주의적 방향과 구조적 제한성들은 아래로부터의 리더십으로 대표되는 전반적인 목적과 자조의 의미에 모순되기 때문이다(Kleiman et al., 1976, p. 409).

서비스이용자가 실천가의 지식과 힘에 대해 도전한 결과를 예측하는 일은 어렵지 않다. 이용자들이 도전을 한다고 해서 사회복지사들이 갖고 있었던 자율성이 전부 해체되지는 않을 것이다. 단지 실천적 권위가 가장 제한적이고 비밀스러운 지식기반의 요소로 제한되는 결과를 가져올 수는 있을 것이다(Haug and Sussman, 1969, p. 159). 결국 서비스이용자들의 활동은 실천가와 클라이언트 사이의 불확실한 영역을 재규정함으로써 성장해 갈 수 있을 것이다.

4) 파워의 문제

우리는 사회복지사와 서비스이용자 관계에서 파워의 요소가 매우 중요하다는 것을 알고 있다. 그러나 여기에는 위험요인이 있는데 이것은 네 가지로 정리될 수 있다. 즉, 파워게임을 하는 것, 자조 및 이용자주도 경험의 강도를 약화시키는 것, 비전문적 실천의 관심을 분산시키는 것, 그리고 사회복지사에 대한 전문적 서비스이용자의 위협이 그것이다.

(1) 서비스이용자의 임파워먼트를 피하기 위한 파워게임

서비스 계획 및 제공을 민주화하라는 이용자들의 요구가 보건 및 사회보호 영역에서 실천가와 서비스이용자들 사이에 존재하는 힘의 불균형에도 미치고 있는가? 명목상 이루어지는 실천가의 차별철폐 활동은 이용자 참여와 같은 원칙을 형식적으로만 승인하는 결과를 가져올 위험이 있다. 서비스 제공자와 서비스이용자 관계에 대한 여러 논쟁들 뒤에 '파워'의 이슈가 놓여있다는 사실은 의미심장하다. 자조분야는 실천가와 일반 원조자들 간에 힘을 공유하자는 원칙을 지지하는 경향이 있으며, 사회복지사들도 클라이언트와 의사소통에 있어서 개방성 및 그들에 대한 접근가능성의 원칙을 정상적인 것으로 받아들이는 경우가 많다. 더 나아가 실천가들이 독점하는 것으로 간주한 영역에서도 클라이언트와 서비스이용자들에게 기술을 이전하려는 것을 볼 수 있다. 이와 같은 측면에서 허비츠(Hurvitz)의 다음과 같은 언급을 살펴볼 수 있다. 그는 "타인에 대한 무조건적인 관심이란 전문적인 훈련을 받은 사람들만의 기술이나 영역이 아니다. 이것은 어리석은 연인들에게서도 나타날 수 있고… 집단성원들이 서로를 위해 표현할 수도 있는 것"이라고 하였다(Hurvitz, 1974, p. 106). 결국 서비스이용자들이 원조기술도 다른 여타 기술들같이 획득할 수 있다는 것을 알게 될 때 신비주의로부터 벗어날 수 있을 것이다.

(2) 자조 및 이용자주도 경험의 강도를 약화시키기

옹호는 과장되게 강조되는 반면, 자기옹호는 미미하게 비춰지기도 한다. 또한 이용자 임파워먼트는 명목상으로만 적용되기도 한다. 서비스이용자의 분노나 기존 서비스에 대한 불만은 협상이 연장되고 또 다른 관료주의적 절차를 따르다 보면, 점차 누그러뜨려진다. 서비스이용자들이 유지하는 서비스에 대한 비판적 관점이 이 과정에서 무디어질 수 있다는 것이다.

서비스이용자의 분노는 격식을 갖춘 언어로 바뀌고, 그들의 스타일은 절차에 따라 변화되며, 그 언어는 정화된다. 이용자들이 힘을 얻을 수 있는 자원과 기술에 접근하도록 적절한 절차에 맞춰 사회화시키다 보면, 실천가들이 원래부터 의도하지 않았다 하더라도 교묘하게 이런 역할을 수행하게 되기도 한다.

이런 여러 가지 경로를 통해 자조의 열기가 수그러들게 되면, 자조 활동도 마치 기관 서비스와 같은 기능을 수행할 위험이 지속적으로 존재한다. 그 결과, 서비스이용자는 운영에 참여하여 이를 공유할 기회를 잃게 된다. 이것은 단지 실천가의 잘못이라고만 볼 수 없는 것이 사실이다. 서비스이용자의 진영 안에서도 파벌이 생긴다. 어떤 사람들은 실천가 스타일을 모방하려고 하기도 한다. 이들은 더 어렵지만 자신들을 위해 소비지자주의의 비옥한 영역을 개간하는 사람들도 있다는 사실을 인정하지 않으려 한다. 서비스이용자들간에도 자기옹호의 시각을 배제한 채, 다른 사람들을 옹호하려는 적극적인 사람도 있다. 실천가들 사이에서보다 서비스이용자들 사이에서 더 동질적인 의견을 기대할 수 있는 근거는 없다.

(3) 비전문적 실천 관심사의 분산

사회복지사가 속한 환경과 서비스이용자가 처한 환경을 비교해보면, 보건 및 사회보호 영역에서 실천가들이 비교적 힘있는 지위를 기반으로 상당한 지속성을 갖고 관심사에 집중할 수 있다는 것을 쉽게 알 수 있다. 이에 반해, 대부분의 서비스이용자들은 분산된 상황에 속해 있다. 다시 말하면, 서비스이용자들은 실천가들과 협상하기 위한 접근방법을 개발하는 모임을 가질 기회가 상대적으로 적다는 것이다. 과연 사람들이 외래클리닉, 일반상담실, 또는 사회서비스 사무실을 방문한 느낌을 비교하기 위해 얼마나 자주 모임을 가질 수 있겠는가? 어떻게 이런 것을 조직화하는 논리적 과업에 착수할 수 있는지 생각하는 것이 쉬운 일은 아니다. 더욱이 실천가와 서비스이용자들이 바라는 바가 유사해지도록 설득할 수 있는 방법을 생각해내는 것이 어렵다는 것은 말할 필요도 없다.

이런 방식으로 원조 서비스를 조직하고 전달하면, 결국 각 자조 및 이용자주도 활동들은 각기 서로 고립될 가능성이 커진다. 특히 이들이 공통된 조직기반을 갖고 산하기관에 가입되어 있는 형태가 아니라면 말이다. 따라서 보건영역에서 사람들이 그들의 활동을 전개하는 방식은 다음과 같이 나타나고 있다. 즉, 다양한 자조 및 이용자주도 집단들이 공동의 문제를 다루기 위해 힘을 모으는 것이 아니라, 이와는 정반대로 지역에 따른 신념과 실천, 경쟁, 소규모 모임들로 인해 분산되는 일이 종종 일어난다는 것이다(Robinson and Henry, 1977, p.130).

(4) 사회복지사에 대한 전문적 서비스이용자의 위협

업무부담이 많으면서도 전문적 신뢰성이 불안정한 사회복지사들의 견해에 따르면, 다음과 같은 갈등이 존재한다고 한다. 즉, 서비스이용자들과 함께 일하면서 이들에 비해 우월한 지위와 더 많이 알고 있다는 느낌을 즐기곤 하지만, 이것을 지켜낼 수 없으리라는 불안감 때문에 갈등이 있을 수 있다는 것이다. 또한 서비스이용자들의 기술이 발전하고, 책임을 떠넘기려 하지 않으며, 자율성이 커지는 기세와 비전문가들이 부주의하여 손해를 입힐지 모른다는 불안감 사이에 잠재적 갈등이 존재하기도 한다.

그리고 실천가와 서비스이용자 관계에서 다음과 같은 위협이 부각될 가능성도 있다. 즉, 정교하게 사정하고 계획하는 전문적 실천가의 개입과정과 달리, 일반인 실천가, 즉 비(非)실천가는 좀더 적극적이고 즉각적으로 클라이언트의 욕구에 반응하기 때문에 생길 수 있는 위협말이다. 뿐만 아니라 과도한 업무부담에 시달리는 사회복지사보다는 좀더 시간적 여유를 갖고 있는 비(非)실천가가 자조 및 이용자주도 집단의 동료구성원에 대해 지지과업을 충분히 수행할 수 있을 것이다. 또한 자조나 이용자주도 집단의 비형식적 실천이 자발성과 비형식성을 강화하게 되므로, 그동안 전통적인 의사소통 방식과 권위에 익숙한 실천가들에게 위협이 되는 것은 의심할 여지가 없다. 이것이 나타내는 의미는 실천가의 전통적인 방법 및 스타일과 서비스이용자의 방법 및 스타일 사이의 괴리를 극복하는 것에는 어려움이 잠재해 있다는 것이다. 그러나 그만큼 서비스이용자와 사회복지사 간의 연합이 활성화될 때, 많은 이점도 있을 수 있다. 예를 들어서 서비스이용자들은 자신들의 활동을 활성화시키고자 하는 열정과 확신을 가질 수 있고, 실천가들은 새로운 방법을 실험할 용기를 얻을 수 있다.

3. 서비스이용자와 사회복지사 간 권한을 부여하는 관계

이 장의 후반부에서는 12가지 일반적인 사항이 제시된다. 이것은 사회복지사와 지역에서 이뤄지는 자조 및 이용자 활동 사이에 건전하고 힘을 부여하는 관계를 개발하기 위한 것이다.

1) 상호 임파워먼트 발전시키기

임파워먼트는 상호적인 것이어야 한다. 사회복지사와 서비스이용자 간의 이상적인 관계에서 필수적인 요소는 서로의 임파워먼트를 확인하고 이를 위해 적극적으로 헌신할 수 있어야 한다는 것이다. 이것은 쓰기는 쉽지만 실천에서 달성하기는 어렵다.

2) 낙관주의 키워가기

레비(Levy, 1976, p.311)가 조사한 자조집단에 대한 정신보건 실천가들의 견해에 따르면, 전체 정신보건 서비스에서 자조집단이 중요한 역할을 수행한다고 생각하는 사람이 조사자의 46% 이상이었다. 그러나 그들이 속한 기관에서 제공하는 서비스와 자조활동의 통합에 관심을 가질 것이라고 응답한 사람은 3분의 1이 안 되었다. 이러한 레비의 발견은 리버만과 보어맨(Lieberman and Borman, 1976)의 견해를 확인해준다. 즉, 일반적으로 서비스이용자들은 자조활동을 실천가들과 상충된 것으로 받아들이기보다 보충적인 것으로 본다는 것이다.

전문가와 서비스이용자 간의 바람직한 관계는 기본적으로 서비스이용자들이 자신의 활동을 전문가와 관련하여 통합적인 것으로 보는지, 촉진적인 것으로 보는지, 또는 독자적인 것으로 보는지에 의해 규정된다. 만약 독자적인 것으로 보는 경우라면, 그들은 전문가들이 자신들의 활동에 관여하지 않기를 원하며, 따라서 실천가들은 그러한 태도를 존중해야 할 것이다. 그러나 통합적인 것이나 촉진적인 것으로 보는 경우에는 서비스이용자와 실천가가 서로의 접촉을 통해 얻는 것이 있을 수 있다. 주디 윌슨(Judy Wilson, 1986, pp. 84~95)은 여기서 얻을 수 있는 이득에 대해 나열하였다. 서비스이용자들은 기관을 이용함으로써 회합장소, 행정적 도움, 교통, 광고, 자원봉사자나 학생들을 활용한 별도의 도움, 신뢰성 등과 같은 자원을 얻을 수 있다. 실천가들에게는 서비스이용자들의 욕구를 더 잘 이해하게 됨으로써 서비스를 개선할 수 있는 기회를 포착할 수 있다는 점에서 유익할 수 있다.

3) 의심을 일으키지 않는 전문적 지지 제공하기

자조활동과 이용자주도 활동이 그 환경에 대해 어느 정도 적절한 자율성을 확보할 필요가 있다는 것은 의심할 여지가 없다. 이용자들이 기존기관이 제공하는 서비스와 효과적으로 연계하는 방법을 배움으로써 이익을 얻고자 할 때, 그런 서비스들에 인계되거나 이들과 합병되는 것에는 관심이 없을 것이다. 그러나 그 결과는 그들의 독립적 정체성이나 창조적인 열정을 잃는 것이 될 수도 있다(Tyler, 1976, p. 447). 서비스이용자와 실천가들 간의 관계는 융통성이 있고 상황에 적절하게 형성되어야 한다. 장애아 부모 자조집단에 대한 에반스 등(Evans et al.)의 연구에서는 다음과 같은 사실을 발견할 수 있다. 부모가 열성을 갖기 시작하고 보호에 대해 주장이 강해지기 시작하면, 전문가들은 방어적으로 반응할 수 있다는 것이다. 사실 미심쩍은 마음이 드는 것은 상호적인 경향이 있다. 보호자들이 실천가에게 보내는 뉴스레터는 어떤 일들이 일어나고 있는지를 알려주는 데 도움이 된다. 그러나 이것만으로는 충분하지 않다. 이들 두 집단간에 문제가 일어나지 않는 상황에는 다음과 같은 세 가지 요소들이 작용했을 수 있다. 첫째는 이와 같은 집단들이 그 분야에서 계속 존재했고 실천가들이 좀더 수용적인 태도를 견지하는 것이다. 둘째는 경험 있는 집단이 통합된 리더십을 갖고 있는 것이다. 그리고 셋째는 부모와 전문가의 연합모임을 준비하는 데 상당한 주의를 기울이는 것이다(Evans et al., 1986, p. 43).

4) 사회복지사와 서비스이용자 간 작업의 기반을 명료화하기

우리는 필리다 파슬로(Phyllida Parsloe)의 매우 유용한 보고서를 근거로 삼을 수 있는데(1986, p. 13), 그 보고서는 사회복지기술 세 가지를 제시한다. 즉, 클라이언트가 자신의 문제에 대한 개인적 속성뿐 아니라 정치적 속성을 이해하도록 하는 것, 이것을 관리자, 국회의원이나 시의원, 그리고 대중들과 적절히 의사소통하는 것, 그리고 사회서비스의 수준을 지키기 위해 옹호하는 것이다. 이것은 파슬로가 '전문적인 반(反)전문가적' 접근이라고 지칭한 것과 같은 맥락이다(p. 14). 여기에서는 클라이언트를 바라볼 때, 개방적이고 공유할 수 있는 관계를 창조하며, 개별서비스를 위해 또는 이를 대신하여 옹호할 수 있는 중요한 자원으로 본다. 이를 추구하는 과정에는 사회정책에 대한 상호욕구가 존재하는데, 이는 입법화를 통해 자조의 노력을 지원하려는 것이다. 따라서 활동과 연결하고 이를 촉진하려는 의지뿐 아니라, 상담자문 인력과 기술을 활용해야 한다. 이때 이 활동이 전문가에게 넘어갈 것이라는 위협을 느끼지 않을 수 있어야 한다.

솔 택스(Sol Tax, 1976, p. 450)는 만약 가족, 교회, 이웃과 같은 전통적인 1차집단에게 좀더 지원을 한다면, 새로운 자조집단에 대한 지원이 줄어도 큰 공백은 남지 않을 것이라고 주장하였다. 택스는 자조집단 사무국과 같은 자조집단의 조직화에 대해 별로 가치를 부여하지 않았다. 왜냐하면 자조란 지역사회의 인식 수준으로부터 시작되어야 하며, 지역사회는 사람들이 원하는 방식대로 집단을 발전시키도록 해야 하기 때문이다. 현대사회에서 1차집단의 취약성에 대해 택스가 내린 가치판단을 우리가 어떻게 생각하든간에, 다음 사실을 부인할 수는 없을 것이다. 즉, 어떤 식으로든지 실천가의 활동과 관련된 자조집단에 관여하는 사람들은 자조의 필수적 요소를 손상시키지 않고, 적절한 지원, 자원, 자문에 접근할 수 있어야 한다는 것이다.

요컨대 실천가들과 서비스이용자들 간의 이런 관계를 명료하게 함으로써 사회복지사는 다양한 실천현장에 적용해야 할 명확한 역할들을 열심히 그리고 효과적으로 설정할 수 있다는 것이다. 이 역할 중 하나는 실천가가 적절한 거리를 유지하면서 서비스이용자들의 지위에 힘을 부여하고 이를 보전할 수 있도록 하는 것이다.

5) 유명무실한 시책 없애기

간단히 말하면, 사회복지사들은 실질적 권한을 넘기는 쪽보다는 위임하는 쪽으로 생각해야 한다. 여기서 관심이 있는 것은 서비스이용자들에게 실질적인 자원을 줘서 그들 스스로 일할 수 있도록 하려는 의도이다. 이 영역에서 유명무실한 정책은 용납되지 않는다.

6) 향토색 이용하기

자조활동의 효과를 높이기 위해서는 실천가와의 협력이 필요하다. 이때 실천가들은 서비스이용자가 기여할 수 있는 것을 명확히 이해할 수 있는 사람이어야 할 것이다.

토니 깁슨(Tony Gibson)의 이론에 따르면, 소규모의 지역적 기반을 갖고 있는 집단의 활동은 중앙집권적 사회를 좀먹는 관료주의의 해악을 해독하는 기능을 한다(Gibson, 1979, p. 15). 그는 대중적인 신념과는 대조적으로, 기술이나 특별한 훈련, 또 심지어 자신감이 없는 보통 사람들이 이런 집단을 주도하고 운영할 수 있다고 주장한다(Gibson, 1979, p. 17). 또한 그 과정에서 실천가와 일반인 간의 관계는 일반인 쪽에 유리하게 규정될 필요가 있다고 지적한다(Gibson, 1979, p. 28).

아마도 사회복지기관은 가능한 한 이런 활동을 지원하는 훈련, 지지, 그리고 자원의 정도를 협상해야 할 것이다.

7) 지역사회에 기반을 둔 방법 개발하기

지역사회 및 구역에 기반을 둔 사회복지의 개념을 실천의 만병통치로 규정해서는 안 된다는 것은 상식이다. 지역적 상황에 맞추어 세심하게 개발해야 한다는 기본개념은 매우 유용한 원칙들이다. BASW의 보고서(1984, p. 14)나 골린스키와 그래슬(Gawlinski and Graessle, 1988)의 연구에서 보듯이, 사회복지사들은 모든 과업에서 이용자의 관점을 존중하고, 그들이 지역 네트워크와 관계에 대해 갖고 있는 이해에 기반을 둘 필요가 있다. 이에 더하여, 팀워크의 폭넓은 개념을 이뤄가기 위해 노력하는 것도 중요하다. 이때 팀에는 원조자, 자원봉사자 그리고 서비스이용자들과 같은 사람들이 많이 섞일 수 있다. 이용자주도 활동에 관여하는 사회복지사들은 서비스이용자들을 모두 전문적 활동의 틀에 맞추려는 유혹을 물리쳐야 한다.

지역에 기반을 둔 접근이 적절한 것으로 받아들여지든 아니든 간에, 전국보건서비스 및 지역사회보호법이 실행되면서 사회복지사들이 다양한 서비스와 민간기관 및 비공식 영역의 강점을 지원하고 유지할 필요성은 강조되고 있다. 또한 그들에게 적절히 자원을 제공해야 할 책임을 회피하면서 과업을 떠넘기거나 그들의 기반을 훼손해서는 안 된다. 뱀포드(Bamford)는 하들리와 맥그래스(Hardley and McGrath, 1980)가 제시한 지역사회복지 접근에서 7가지 유용한 원칙을 도출하였다.

1. 작은 지역이나 구역에 초점을 둔 지역기반의 팀
2. 구역에 대한 상세한 정보를 얻을 수 있는 역량
3. 구역주민들에게 다가가고 접근할 수 있는 가능성
4. 다른 지역기관들 및 집단들과의 밀접한 관계

5. 지역팀 내의 모든 현장 및 가정방문 서비스 통합
6. 참여적 관리
7. 구역 팀에 의해 실현되는 실질적 자율성(Bamford, 1982, p. 96).

8) 법적, 비공식적 민간영역에 세워나가기

전국보건서비스 및 지역사회보호법은 다음과 같은 주장에 힘을 실어주었다. 즉, 사회보호의 비공식영역 중 하나인 이용자주도 활동과 민간영역 간 관계는 밀접해야 한다는 것이다(Wolfenden, 1978, p. 28). 민간영역은 법률적 기관에 비해 덜 관료적이고 더 융통성 있는 지원 및 격려수단을 제공한다. 이용자주도 활동 중에는 공식적인 조직과 유대가 부족하거나 연결지점이 없는 경우도 있기 때문에, 민간조직이 제공하는 지원을 환영한다. 특히 민간조직과 연결되는 것을 법적 기관에 연결되는 것보다 더 선호하기도 한다.

이것은 민간영역뿐 아니라 비공식적 영역에도 해당되는 일이다. 예를 들어서 노인에 대한 서비스에서 자조 및 상호부조에는 노인 자신뿐 아니라 그 친지들과 보호자들이 관련된다. 따라서 보호자들이 친척이나 가까운 지인들의 욕구를 충족시킬 수 있는 구조를 만들려고 시도하는 일도 종종 있다. 이런 경우 노인을 원조하는 과정은 개인, 집단 및 조직들의 네트워크를 통해 활성화되는데, 이 네트워크는 지역사회보호의 공식적, 비공식적 유형간 상호유대를 구현하는 것이기도 하다. 이때 자조집단은 혼란을 경험하는 노인을 돌보는 사람들을 지원하려는 의도를 갖고 발전한다. 이것은 한편으로는 비공식영역의 지원을 풍부하게 한다는 점에서 긍정적으로 볼 수 있다. 그러나 이것은 공공정책이 노인보호자들, 특히 가정에서 아무런 지원도 받지 못하고 그들을 돌봤던 여성들을 방치한 결과에서 비롯된 것으로 볼 수도 있다.

비록 보건 및 사회보호기관들에게 지역사회보호 제공에 대한 책임이 있다고 해도, 그 서비스의 질, 즉 서비스의 적절성에 대한 책임은 보호자와 서비스이용자들 스스로에게도 달려 있는 것이다. 다시 말해서 비공식적 영역의 출현을 일종의 대처라고 본다면, 지역사회보호 실천가들은 이것을 자원이 부족한 곳에서 제공할 수 있는 하나의 방법으로 채택할 수 있다는 것이다. 이런 의미에서 볼 때, 서비스에 대한 책임은 조직경영에 달려 있지만, 좋은 사회복지 서비스를 입증하는 과업은 서비스이용자 및 보호자에게도 남게 된다. 하지만 사회복지사들은 이런 상황을 만족스럽게 받아들여서는 안 된다. 뱀포드(Bamford)는 사회복지사들의 책임을 제시하면서 사회서비스의 역할은 다음과 같아야 한다고 주장하였다.

> 민간보호를 지원하고, 서비스가 필요한 사람들에게 직접적인 보호를 제공하며, 지역사회와 전문가 사이의 장벽을 허무는 일의 중요성을 인식해야 한다. 이런 개념들을 실천에 적용하기 위해서는 전문가의 태도에 획기적인 변화가 요구된다(Bamford, 1982, p. 96).

9) 도발적인 실천 개발하기

서비스가 신성한 실천의 원칙을 구현하는 것이라면, 서비스이용자 및 보호자들의 활동은 다소 도발적인 것으로 표현될 필요가 있다. 이런 방식을 주장하는 것은 의미 있는 일이다. 왜냐하면 자조는 기존 서비스에 대한 급진적인 대안으로서보다는 이와 상호적인 존재로서의 역할을 수행할 수 있어야 하기 때문이다.

이 영역에서 진보의 가능성은 클라이언트가 빈곤과 결핍의 나락으로 떨어지지 않게 하는 사회복지사의 역량에 달려있다. 밸로크 등(Balloch et al., 1985, pp. 105~106)은 사람들이 원하는 것은 자조하라는 충고보다는 일자리, 그리고 빈곤과 고립으로부터의 구원이라고 주장하였다. 우리는 여기에 동의할 수 있다. 하지만 실천가들에게 서비스이용자들의 사회적 환경을 개선시키는 활동에 참여하라고 하는 막연한 권고 이상을 향하는 것이 필요하다. 필리다 파슬로(Phyllida Parsloe, 1986)는 개인주의화, 사유화, 또는 관료주의화로의 후퇴에도 불구하고, 사회복지사가 지역사회에서의 실천을 둘러싼 사회적, 정치적 이슈를 회피해서는 안 된다고 말한다. 아마도 같은 논리를 이용자 임파워먼트의 영역에도 적용할 수 있을 것이다. 특히 여기서는 다음과 같은 두 가지 위험에 빠지지 않도록 해야 한다. 하나는 자기 의사표현이 분명한 소수의 중산층이 이 영역을 차지하게 되는 것이고, 또 하나는 전문적 서비스를 자조 및 상호부조로 대신하는 것이다.

10) 촉진활동의 목적을 뚜렷이 하기

많은 자조활동들이 그 구성원들을 위해 유용한 기능을 수행한다는 사실은 의심할 여지가 없다. 그러나 자조활동을 통해 서비스이용자와 사회복지사에게 실질적으로 제공될 수 있는 것이 무엇인지에 대해 적절한 정보가 부족한 상황에서는 주의할 것들이 있다. 다음 예를 보자.

미국에 있는 〈회복〉(Recovery)이라는 자조조직은 많은 지부들을 거느리고 있는 거대조직이다. 여기서 활동하고 있는 구성원들을 조사한 결과, 이 조직의 전형적인 구성원들은 중산층, 중년, 적당한 교육수준, 사무직에 종사하는 남편을 둔 기혼 여성이라는 공통점을 갖고 있었다(Wechsler, 1960, p. 302). 이들 중 반 이상, 아니 대부분이 병원에 오랜기간 입원한 경험이 없었고, 5분의 1은 이 자조집단에 참여하기 전에 어떤 전문적 치료를 받은 적도 없었다. 이것은 정신적 문제가 아주 심하지 않은 대상들을 모집하려고 했던 이 조직의 목적과 일치하는 것이었다. 구성원들의 3분의 1은 1년에서 2년간, 또 3분의 1은 3년 이상 참여해 왔고, 그리고 나머지 3분의 1은 더는 참석이 필요 없다고 여겨지는 사람들이었다. 이를 통해 우리는 많은 자조집단들이 구성원을 위해 수행하고 있는 사교적 기능을 알 수 있다. 여기서 우리는 어떤 조직에서 제공되는 지원을 다른 곳에서는 이용하기 어렵다는 것을 명심해야 한다. 사실 <회복>은 제대로 설립된 자조집단 및 조직상황의 예를 보여주었고, 따라서 잠재적인 성원들과 실천가들에게 이 조직은 기존 기관들에 비해 비교적 심각한 문제를 잘 다룰 수 있는 능력이 있는 것으로 비춰졌을 수 있다. 그러나 이와 같은 조직들은 실제로는 그런 기능을 수행하지 못할 수도 있다. 왜냐하면 조직가입시에 구성원들이 검사를 받는 것도 아니고, 리더가 충분히 훈련을 받지도 못하였으며, 이를 보장할 만한 전문적인 지원을 받는 것도 아니기 때문이다.

11) 실천가에게 장악당할 위험 최소화하기

스스로를 돌보거나, 다른 사람을 수발해야 하는 부담을 가진 사람들이 홀로 남겨진 극단적 경우에 실천가들이 서비스이용자들의 활동을 인계해서 흡수할 위험이 존재한다. 이 과정에서 실천가들은 자조 및 이용자주도 활동을 촉진하는 것처럼 보이지만 실제로는 자신들이 중앙에 자리를 잡은 채, 이들을 이용할 수도 있다. 자조 및 이용자주도 활동이 발전할 수 있도록 하면서도 서비스이용자들을 궁지에 몰아넣지 않을 정도로 사회복지사의 리더십을 적절히 발휘하기란 쉽지 않다.

12) 실천가와 자조가 및 이용자 역할 구분하지 않기

활성화된 여러 분야에서 실천가와 서비스이용자 간 힘의 균형을 유지하는 데 모호성이 존재한다는 것은 분명한 사실이다. 그러나 이것이 참여자들 자신의 모호한 상황보다 더 심각한 문제는 아니다. 예를 들어서 정신병원에서 자조적인 치료 보존집단을 처음으로 시작한 모우러 박사(Dr. Mowrer)는 집단을 시작할 때 그 자신도 역시 정신병원의 환자였던 적이 있었다는 말을 한다. 그는 이것이 어려운 일이었음을 부인하지는 않는다. 그러나 이것이 집단을 시작하는 시점에서 그가 실천가라는 지위를 갖고 있는 현실을 부정하는 것은 아니다(Mowrer, 1984,

p. 108). 또한 모우러 박사는 이 영역에서 이뤄지는 활동들에 대해 양가감정을 갖게 되는 경우가 많다고 한다. 그는 정신보건 영역에서 자조집단을 자극하는 요인은 실천가로부터 나온다기보다는 참여자들로부터 나온다는 의견을 제시하였다. 그러나 또 한편으로 그는 리버만과 보어맨(Lieberman and Borman, 1976)이 말한 대로, 집단의 시작과 그 이후의 발달과정에서 전문가가 중요한 개입을 한다는 사실도 인정하고 있다(Mowrer, 1984, p. 143).

비록 사회복지사가 창시자로서의 역할을 수행하는 경우가 있다 해도, 자조집단이 진행되면 그 활동의 대부분은 서비스를 이용하는 사람들이 관리하고 수행한다. 따라서 이용자 활동이 서비스제공의 필수요소가 되는 상황에서는 사회복지사의 지원 간격이 뜸해지고 자원제공의 수준도 감소하게 된다. 그러나 임파워먼트의 핵심 특성은 사회복지사가 제공하는 촉진적 리더십의 유형에 있다. 집단 초기에 집단의 활성화에 집중되었던 사회복지사의 임파워먼트 활동은 참석자들이 필요한 자원, 기술, 자신감을 획득함에 따라서 점차 자율성을 존중하는 쪽으로 변해야 한다. 실천가들은 임파워먼트라고 하는 포괄적 목적달성을 위한 노력을 소홀히 하지 않으면서도, 사람들에게 적절히 서비스를 제공하는 과정에서 생기는 긴장을 잘 관리할 수 있는 기술을 개발해야 할 것이다.

■ 더 읽을 거리

Beresford, P. and Croft, S. (2001) 'Service Users' Knowledges and the Social Construction of Social Work', *Journal of Social Work*, **1**(3): 295–316.

Burke, B. and Dalrymple, J. (2002) 'Intervention and Empowerment', in R. Adams, L. Dominelli and M. Payne (eds) *Critical Practice in Social Work*, Basingstoke, Palgrave Macmillan, pp. 55–62.

제10장 임파워먼트 사회복지실천

1. 개요

이 책은 임파워먼트실천의 패러다임 개발에 요구되는 지식과 기술을 이해하는 틀을 제공하기 위한 것이다. 임파워먼트는 우선 일차적으로 자기 자신에게 적용되며, 그 다음으로 사회를 구성하고 있는 다른 사람들, 집단, 조직 등에 적용될 수 있는 개념이다. 또는 사회복지사, 서비스이용자, 보호자 그리고 많은 사람들이 자신의 발전과 타인의 발전을 위해 적용할 수 있는 개념이기도 하다. 그러나 오늘날 이 책에서 강조하고자 하는 바는 임파워먼트를 지향하는 사회복지사와 서비스이용자의 개인적이고도 사회적인 열망이 쉽게 현실화되기는 어렵다는 것이다. 즉, 성급히 이루려는 과도한 희망을 갖기보다는 조심스러운 현실주의에 입각해서 일하는 편이 낫다는 것이다.

책을 마무리하는 이 장에서는 앞에서 제시된 사회복지에서의 임파워먼트 원칙들을 요약하고 그 주요 논점들을 간단히 논해 봄으로써 사회복지 실천을 통해 어떻게 실질적인 임파워먼트를 달성할 수 있는지를 살펴보고자 한다.

2. 원칙

이 책에서 채택했던 틀(〈그림 2-1〉)은 상세한 처방을 제공하기보다는 접근의 경계를 제시하는 것이었다. 〈표 10-1〉에 제시하는 7가지 원칙에는 다양한 사회복지실천 현장 및 방법의 일반적 특성들이 나타나 있다. 그럼에도 불구하고 이 리스트들은 임파워먼트실천의 다양성이 '무엇이든 괜찮다'는 식으로 해석되어서는 안 된다는 것을 보여준다. 즉, 이 원칙들은 명확한 가치와 목적을 나타내는 것이다.

〈표 10-1〉 임파워먼트실천의 원칙

1. 실천가는 여러 가지 형태의 억압에 도전하는 사람들과 임파워먼트 접근으로 함께 일하는 방법을 개발하는 데 지속적인 노력을 기울여야 한다.
2. 실천가와 서비스이용자는 임파워먼트 과정을 공유해야 하며, 적어도 여기에는 계획하기, 협력하여 일하기, 자율적으로 일하기, 수행 평가하기 등이 포함되어야 한다.
3. 서비스이용자는 가능한 한 스스로를 옹호하고 스스로에게 힘을 부여하여야 한다.
4. 실천가는 서비스이용자들이 가능한 한 자신의 경험, 인식, 소망을 표현하도록 촉진해야 하며, 자신의 선택을 실현할 수 있도록 격려해야 한다.
5. 실천가와 서비스이용자는 임파워먼트를 달성하기 위하여 함께 노력해야 한다.
6. 실천가와 서비스이용자는 다양한 임파워먼트의 영역, 즉 개인, 집단, 조직의 영역들간의 연결을 최대화할 수 있도록 해야 한다.
7. 실천가는 서비스이용자들이 상황에 적응하기보다는 도전할 수 있도록 지속적으로 힘을 부여하여야 한다.

3. 핵심논쟁

1) 개인 임파워먼트인가, 또는 제도적 임파워먼트인가

개인 서비스이용자들의 임파워먼트를 위해서는 이에 관한 정책과 실천이 관련조직 및 전문가 문화에 녹아있어야 한다. 개인적 환경이나 사회적 환경에 대한 인식증진을 통해 어떤 사람이 더 좋은 느낌을 갖도록 하는 것은 그 자체로 의미가 있는 것이지, 다른 영역에서의 임파워먼트 작업까지 대체할 수 있는 것은 아니다. 지역사회 임파워먼트에 대해 저술했던 로버트 챔버스(Robert Chambers)는 "임파워먼트가 제도로 형성되지 않는다면, 약화되어 결국 수명이 단축될 수 있다"고 하였다(1997, p. 218). 아무리 많은 작업을 한다고 해도 상황적 고통으로부터 사람들을 놓아줄 수는 없다. 그렇다고 해서 사람들이 그들의 지적이고 정서적인 반응을 활용하여 임파워먼트에 기여할 수 있는 방법을 평가절하하는 것은 아니다.

임파워먼트실천은 다양한 영역에서 동시에 일어날 수 있다. 여기에는 사람들이 집단적으로 사조활동에 참여하는 것과 같은 방식뿐 아니라, 인간적 성장과 개인의 발전도 포함된다. 임파워먼트를 단편적인 과정이나 다른 사람들과 별개로 개인적으로만 관련된 어떤 것으로 보는 것은 오해이며, 완전히 무의미하게 만드는 일이다. 더 나아가 임파워먼트는 재귀적 속성을 갖는다. 이것은 그 과정의 경험에 따라 시간이 흐르면서 임파워먼트의 정의가 새롭게 규정된다는 것을 의미한다. 또한 그 활동이 변화하면서 반복적인 역설을 생성하기도 하고 소멸하기도 한다.

권한을 부여받았다, 또는 힘을 얻었다는 느낌과 물리적 환경을 개선하기 위한 행동 사이에는 의미 있는 관계가 존재해야 한다. 이와 관련하여 스톡스(Stokes)가 주목한 다음 사항은 전 영역에 걸쳐 적용될 수 있는 사실이다.

> 자조나 예방적인 보건 접근도 사람들의 질병과 죽음의 짐을 덜어줄 수는 없다. 자기보호(*Self-Care*)는 단지 이 과정을 어느 정도 조절할 수 있는 방법이며, 질병을 극복한다기보다는 관리할 수 있는 방법인 것이다.

그렇지만 사람들이 좀더 좋은 느낌을 갖는 것의 가치를 무시할 수는 없다. 이것은 잘 확립된 보충적인 치료들이 보여주는 성공사례들에서 알 수 있다. 개인 임파워먼트를 통해 사회적, 인간적 상처로 인해 고통받아온 사람들이 자신감과 희망을 다시 회복하는 데 도움을 줄 수 있다. 여기서 도심에 대해 언급한 나이트와 헤이스(Knight and Hayes)의 말을 좀더 폭넓게 적용해 볼 수 있다.

> 많은 사람들이 사회활동으로부터 가정, 가족, 텔레비전과 같은 사유공간으로 물러나면서 무기력함을 느끼고, 희망이 없는 사람들처럼 소극적으로 행동하게 되었다. 이러한 억압, 불안, 의존의 감정을 긍정적인 행동으로 전환할 필요가 있다.… 국가기관들이 도심 거주민들을 위해 할 수 있는 것에는 한계가 있다. 따라서 국가기관이 하는 것, 특히 잘못하는 것은, 그 활동을 축소하고, 대신 이를 좀더 저렴한 비용에 더 잘 할 수 사람들에게 인계해야 할 필요가 생기게 되었다(Knight and Hayes, 1981, p. 95).

2) 형식적 차별해소인가, 또는 진정한 참여인가

사람들이 임파워먼트에 대해 부여하는 미사여구가 형식적인 것인지, 아니면 정말 행동으로 뒷받침되는 것인지를 확인하기 위해서는 실제로 시험을 해봐야 한다. 새로운 서비스를 소개하는 것과 관련된 어떤 시도를 한다고 가정해 보자. 다음 체크리스트는 그 시도에 담긴 임파워먼트의 정도를 모니터링하는 원칙을 제시할 수 있을 것이다.

- 서비스이용자들이 그 일의 시작단계부터 참여할 수 있는가? 예를 들어서, 주어진 질문 또는 다루게 될 이슈에 대한 질문을 끌어내는 작업에 참여하는가?
- 서비스이용자들이 그 상황을 평가하는 과정에서 핵심적 역할을 수행하는가?
- 서비스이용자들이 서비스를 계획하고, 관리하며, 전달하는 방법에 대해 발언권을 갖고 있는가?
- 서비스이용자들이 자원할당에 대해 통제권을 갖고 있는가? 또는 핵심영역이 결정되고 주요 결정이 이뤄지고 난 후, 그들에게 자문을 받도록 되어 있는가?
- 서비스이용자들이 서비스 전달에 대한 평가에 중심적인 역할을 수행하는가?

3) 효과적인 작업을 위한 조건의 명료화

사회복지사는 시작단계부터 임파워먼트 과업에 영향을 미칠 수 있는 조건들을 인식해야 한다. 따라서 초기과업은 그 상황을 사정하는 것이다. 통합적 접근을 결정짓는 핵심요소들은 사회복지 서비스를 전달하는 관련기관들의 속성과 그것을 다루는 소비자들의 능력으로부터 나온다.

법적인 용어로 활동의 정체성을 규정해야 하며, 그 구체화 작업은 신중하게 이뤄져야 한다. 그리고 법적 장애물과 정책적 난관을 최소화해야 한다. 효과적인 개발은 효과적인 수단으로 예측될 수 있다. 이를 통해 이슈제기를 재빨리 그리고 효과적으로 차단할 수 있기 때문이다. 국가, 사조직 및 민간 조직들 간 파트너십이 점차 일반화되고 있으므로, 이들의 적절한 협력 메커니즘의 존재는 그 중요성이 더욱 크다고 하겠다. 적절한 조직적 기반도 규명되어야 한다. 이때 물리적 위치와 관련된 중립성 정도 및 자조활동의 순수성을 보장하는 기관의 지원에 주의를 기울여야 한다. 또한 다른 곳에서 자금을 지원받은 시범적인 모험이 성공을 거두면 그 모험을 지원할 수 있는 잠재적 자원도 끌어낼 수 있을 것이다.

활동의 초점은 조심스럽게 구체화되어야 한다. 이것은 그들이 해야 할 일에 대한 노력을 희석하거나 그 명료성을 떨어뜨림으로써 실패하게 될 위험을 최소화하기 위한 것이다. 따라서 사회복지사는 처음부터 끝까지 전 과정을 통해 임파워먼트의 자기모순을 평가해야 한다. 만약 이것을 적절히 해내지 못할 경우, 진정한 임파워먼트의 방식으로 진행하기보다는, 전문가들이 관여하기 전에 그들이 소유했던 힘을 개인적 차원으로 되돌리는 과정을 보호하는 결과를 가져올 수도 있다.

4) 전 과정을 통해 서비스이용자와 보호자의 참여 극대화하기

중심이 되는 사람들, 즉 서비스이용자들의 의견을 들어봐야겠다는 생각을 하기 전에, 전문가에 의해 주제나 프로젝트가 도출되는 경우가 너무나 많다. 돈을 모으고, 업무시간을 정하고, 제안서가 세부적으로 실행되는 것도 전문가에 의해 이뤄지는 경우가 많다. 이를 방지하기 위해서는 임파워먼트의 발전에 대한 미사여구가 실제 임파워먼트 과정 전반을 통해 반영되어야 한다.

따라서 전문가들은 활동의 주요사항들을 대상자들에게 지시하는 역할을 하지 않도록 해야 한다. 이것은 우리가 서비스이용자에 의한 소비자 리더십이 결여되기 쉬운 위험성을 안고 살아가고 있음을 의미하는 것이다. 사회복지사들은 원래 그들의 법률적 의무와 조직적 기반과 관련하여 전략적 지위를 확보하고 있다. 따라서 임파워먼트실천에서는 임파워먼트의 개발과정을 조심스럽게 다루는 것이 필수적이다. 전문가들이 의심 없이 구조적 권한을 오용하고 서비스이용자들의 의욕을 꺾어 돌이킬 수 없게 만드는 일들이 너무나 쉽게 일어나기 때문이다.

5) 임파워먼트 작업은 반드시 서비스이용자 및 보호자와 보조를 맞춰야 한다

임파워먼트 과정의 핵심원칙은 실천가로서 사회복지사가 그 과정을 한 개인에게만 부과하지 않아야 한다는 것이라고 할 수 있다. 개인에게는 참여에 대한 선택권이 제공되어야 한다. 그러나 한 번 참여하게 되면, 그 과정에 대해 통제력을 가질 수 있어야 한다. 즉, 활동과정은 사회복지사에 의해서가 아니라, 서비스이용자나 보호자에 의해 결정되어야 한다.

6) 충분한 시간을 설정하기

임파워먼트의 과정에는 시간이 걸린다는 것을 인식하는 것이 중요하다. 미국에서 임파워먼트를 지향하는 자조 프로그램들은 수 년간에 걸쳐 진행되어 왔다. 〈세이브 더 칠드런〉(Save the Children) 기금감독자가 저자에게 설명한 바에 따르면, 자조집단이 전문가에 의해 촉진되는 초기난세에서부터 자발적인 활동으로 전환하는 과정에는 10년에서 12년 정도의 시간이 소요되는 것이 전형적이라고 한다.

임파워먼트 과정이 천천히 진행되는 것이라면, 그 과정에서 어떤 영역에 접근할 수 있는 네트워크를 개발하는 것, 공식적으로 맡길 수 있는 신용관계를 형성하는 것, 신뢰를 쌓는 것, 차별하거나 생색내며 은혜를 베푸는 듯하지 않는 것 등이 필요하다. 조언이나 정보를 구하는 보호자들과 같은 개인 또는 집단들은 전문가로부터 지원받는 것을 선호할 수도 있다. 그들이 밝히기를 꺼리는 사생활을 친구나 이웃들이 알게 되는 것을 원치 않을 수도 있기 때문이다.

7) 실천가는 자신이 속한 기관이 경험으로부터 배울 수 있도록 도와야 한다

이용자주도 및 자조 프로젝트의 발전을 통해 어떤 과업이나 서비스에 접근하는 귀중하고 교훈적인 방식을 이끌어낼 수 있다면, 이런 경험들을 건설적으로 사회복지기관에 전달할 수 있는 방법도 찾아야 한다. 예를 들어, 험버사이드 프로젝트(Humberside Project)의 경우를 살펴보자. 여기에서는 민간기관과 사회서비스를 운영하기 위해서 '평범한 팀', 즉 특별히 두드러진 지도자가 없는 팀에서 일하는 스텝들에게 프로젝트를 통해 배운 것들을 조사하여 유용하게 활용할 수 있었다. 어떻게 그런 경험들을 다른 주간보호센터나 요양기관의 운영에 맞게 응용할 수 있을까?

4. 가치

어떤 동료에게 자조 및 보호자를 위한 집단 기금을 비롯한 서비스 삭감에 저항하는 모임에 가입하지 않은 이유를 물었더니, 다음과 같은 답변이 돌아왔다. "그런 게 아무 소용이 없을 것 같아서요. 이미 결정은 내려졌잖아요. 한 번 결정되면 거기에서 최선을 찾는 게 현명하지 않나요?" 이런 식의 생각은 권한을 상실한 입장(*disempowered stand point*)에서부터 나오는 견해이다. 즉, 역경을 극복하려는 시도조차 하지 않는 많은 클라이언트의 견해를 대변하는 것이다. 주디스 리(Judith Lee)는 다음과 같이 썼다. "억압을 받아온 사람들은 억압자의 언어로 생각하고 말하는 방법을 배우게 된다."(Lee, 2001, p. 60) 바람직한 임파워먼트실천은 모든 종류의 억압에 도전하는 가치를 긍정적으로 확신하는 가치관에 기반을 두어야 한다.

1) 반억압주의

임파워먼트실천은 반(反)억압적 가치에 뿌리를 두고 있어야 한다. 이와 같은 반억압적 실천은 모든 영역의 실천에 스며들 필요가 있다. 서비스이용자 및 보호자들과 일하는 과정에서 이들과 대화하는 특성은 상호적 과정을 통해 지속적으로 가치를 수정하고, 재협의할 것을 제안하고 있다. 이는 실천가들이 그냥 가치를 부과하면서 그들에게 떠넘기거나 내버려두는 태도를 견지하는 것과는 다르다. 반억압적 실천은 본래 사람들을 현 상황에 적응하도록 하는 것보다는 임파워먼트와 관련이 있다.

2) 정치적 활동

임파워먼트는 사회정책의 핵심 특성이 되어왔다. 영국의 사회정책은 그동안 사회적으로 배제되어온 사람들에게 점차 초점을 맞추어가고 있다. 만약 루스 리스터(Ruth Lister)가 옳고, 사회적 배제가 "참여, 통합, 그리고 힘의 사회적 관계들"에 대한 것이라면(Lister, 2000, p. 38), 배제의 반대로서 포함은 임파워먼트에 대한 것이어야만 한다. 임파워먼트를 향한 진전에는 필연적으로 현상에 대해 비판적인 정치적 자세를 견지하는 것이 포함된다. 사회복지실천은 원래 정치적 활동이다. 21세기를 시작하면서 '자조'라는 용어는 정부의 삭감과 자기보호(*self-care*)를 기대하는 것으로 나타났다. 즉, 최소한의 자원과 사회복지사, 그리고 국가의 지원을 가지고 문제에 대처하라는 것이다. 사회복지 서비스의 지도는 전국보건서비스 및 지역사회보호법 이래로 다시 그려져 왔다. 이는 시장경쟁, 사적인 공급 및 민간 활동영역 등이 훨씬 강조되고 있음을 반영한다. 자조는 정치적으로는 중립적 개념으로 제시되고 있지만, 현재 사회적, 정치적 맥락에서는 상반된 개념이 될 수 있다. 즉, 앞에서 서술한 경향을 강화하기 위해 사용되는 것과 이에 도전하는 방법을 제시하는 데 사용되는 것이다.

자원할당이 국가 차원으로부터 민간 활동조직으로 대거 이동한 것이 바람직하다고 본 글래스톤(Glastone, 1979)의 의견에 동의한다고 해도, 이것이 실천가들이 전달하는 서비스의 관료적 접근방식에 대한 비판이 더 이상 필요 없다는 것을 의미하는 것은 아니다. 오히려 문제는 경제적인 것보다는 사회적이고 정치적인 것이다. 그 안에서 우리의 가치는 변화될 필요가 있으며, 이를 통해 서비스이용자를 권한을 가진 존재이자, 더 적극적이고 힘차게 서비스 전달에 참여할 수 있는 존재로 보아야 한다. 원조자와 피원조자, 실천가와 서비스이용자 간 힘의 균형은 도움을 받는 자, 그리고 서비스이용자에게 유리하게 이동되어야 한다. 그러나 현재 국가적으로 지역사회보호가 불평등하게 전개되며, 여성 및 사회적 하층계급의 불이익과 더불어 비공식 보호의 계층화를 수반하는 불공정성이 커지는 경향을 보인다(Ungerson, 1987, p. 153). 이런 경향은 자조 및 상호보호가 고립되고 침체된, 그리고 지지받지 못하는 보호자의 황폐한 모습처럼 될 위험성을 부각시키고 있다.

3) 소비자주의와 참여

전국보건서비스 및 지역사회보호법과 같은 법률에 의해 생성된 서비스 공급의 유형은 여러 가지로 해석 가능한 개념, 원칙, 그리고 실천을 합법화 하는 효과를 갖고 왔다. 따라서 파트너십과 임파워먼트의 원리도 소비자주의 관점에서 적용해 볼 수 있다. 이 경우에는 사회서비스의 소비자인 서비스이용자에게 더 많은 선택권을 부여해 줄 수 있다. 또한 이것을 참여적 관점에서 바라볼 수도 있는데, 이 경우에는 서비스의 민주화와 서비스이용자의 임파워먼트를 요구하게 된다.

4) 개인주의와 상호부조

자원이 제한적인 상황에서 사회복지와 자조, 자기보호 및 이용자주도 실천 간 관계를 형성하는 작업을 할 때, 우리는 스스로 자조의 활성화에 대한 논리적 근거를 명심해야 한다. 자기 힘으로 일을 처리할 수 있는 개인에게 강조점을 두어서는 안 되며, 그보다는 사회적, 전문적 지위에 상관없이 모두 참여해야 하는 상황의 상호부조에 초점을 두어야 한다. 예를 들어 이것은 지역사회보호 제공에 대한 소비자주의 접근을 초월하는 제공하는 수단을 제시한다. 이렇듯 자조의 가장 중요한 목적은 작은 사회복지조직이 좀더 비용을 효과적으로 운영하도록 돕는 것이 아니라, 사람들이 좀더 나은 사회에서 더 높은 삶의 질을 누릴 수 있도록 하는 데 있다고 할 수 있다. 앞에서 설명한 바와 같이, 자조는 서비스의 속성과 전달에 대해 말할 수 있는 권리를 강화하는 수단으로 주목받는다. 그 서비스를 독자적으로 받을 수 있었든지, 또는 사회복지사와의 파트너십에 의해서 받을 수 있었든지 간에 말이다. 이에 비해 상호부조는 개인주의와 소비자주의가 만연하고 있는 현재의 사회적, 경제적 상황에서 그 해독기능이 강조되어야 한다.

5) 전문적인 비전문가주의와 반전문적 전문가주의

앞장에서 파슬로(Parsloe, 1986, p. 14)의 아이디어, 즉 전문적인 비(非)전문가주의를 언급했었다. 여기서 더 나아가, 임파워먼트 활동의 다양한 범주들과 수준들을 구분하는 것은 한 가지 측면에 잠재된 또 다른 측면과의 갈등을 불러일으키게 된다. 즉, 한 사람이 힘을 얻는 임파워먼트는 다른 사람의 비(非)임파워먼트, 즉 힘을 잃는 것이 될 수 있다. 전문가들은 매니저나 서비스이용자들의 희생을 대가로 힘을 얻기도 한다. 자조치료와 지역사회 운동 간에 갈등이 생기기도 한다. 또한 치료와 자기옹호 간 화해를 위해서는 신중한 작업이 요구된다. 역설은 전 영역에서 나타날 수 있으며, 사실 비전문적인 서비스이용자가 자조에 대한 전문적 지식을 갖추게 됨으로써 전문가로 인정받는 과정에도 자기모순이 내재될 수 있다. 반면 어떤 영역에서는 전문가들이 파슬로(Parsloe)가 언급했던 비전문가주의가 아닌, 반(反)전문가주의를 신장시키기도 한다.

6) '서구' 중산층을 넘어선 실천개발

4장에 나왔던 〈나이제리 코리〉(Nijeri Kori)에 포함된 내용과 8장의 탄자니아(Tanzania) 사례는 비록 그 정도는 크지 않지만 사회복지 문헌에서 보이는 자기민족 중심주의와 서구 엘리트주의를 뒤돌아보게 해주며, 주요 사안들을 미국 백인 중산층으로 구성된 학계의 경험에 의존하고 있는 우리 자신을 비판적으로 바라볼 필요성을 제시한다. 이런 경향은 자조집단에 대한 문헌에서조차 마찬가지다. 또한 이른바 제3세계라고 불리는 실천현장들, 즉, 정치적 어려움, 사회적 불확실성, 물질적 결핍이 흔한 상황에서 우리가 배울 수 있는 교훈을 강조해 주었다. 과연 영국과 방글라데시의 빈민가 중 임파워먼트가 더 많이 일어나는 곳은 어디일까?

임파워먼트는 풀뿌리 정치 및 지역사회운동에 대해 동기와 참여가 높고 낙관적인 사회적 상황에서 좀더 창의적이고 건설적으로 적용될 것이라는 주장이 있다. 새로운 과업에 착수하기 전에 사회복지사는 지역적 여건을 임파워먼트실천이 발전할 수 있는 잠재적 가능성과 관련지어 사정하고, 2장에서 제시한 틀에 나오는 다양한 영역들에 이를 어떻게 적용할 것인지를 결정하는 것이 필요할 것이다.

7) 실천가의 힘과 불평등성에 대한 도전으로서 임파워먼트

반(反)억압적 실천과 자기옹호와 같은 주제가 발전하면서 부적절한 서비스를 제한적으로 받아온 사람들이 자기보호(*self-care*)와 서비스를 개선하기 위해 진지한 노력을 기울일 필요성이 강조되어 왔다. 데이비드(David)와 알디어 브랜든(Althea Brandon)은 정상화(*normalization*)와 관련하여 이런 원칙들을 지향하는 방법에 대해 좋은 예를 제시하고 있다. 이들은 모든 사람들이 그들이 처한 상황에 상관없이 정상적인 생활방식을 기대할 수 있도록 하는 것이 공동의 목적이 되어야 한다고 강조하였다. 실천가의 구조적 힘에 대한 급진적인 도전은 〈극복한 자들의 외침〉(Survivors Speak Out)과 같은 집단으로부터 나왔다. 이들은 환자 참여와 클라이언트에게 자문을 구하는 전문가들의 겉치레에 도전한다.

이것은 사회복지사와 서비스이용자가 동등하게 서로를 치료한다는 개념과 밀접하게 맞닿아 있다. 서비스이용자와 실천가들 간에는 좀더 실질적이고 효과적인 공유와 협력을 증진할 필요가 있다. 영국에서 DHSS 기금을 받고 있는 자조 프로젝트가 보여주듯이(Fielding, 1989, p. 7), 이 과정에서 사회복지사들은 민감하면서도 사전적(事前的; *pro-active*)일 수 있는 방법을 배워야 한다. 특히 사전적 역할은 서비스이용자와 보호자들이 상호부조와 자기보호 파트너십 및 네트워크를 형성하는 데 필수적이다.

5. 정 책

실천의 맥락은 법과 정책에 의해 형성된다. 비록 1980년대 정부들은 지속적으로 임파워먼트를 채택한 사회정책을 개발하였지만, 그것은 서비스이용자의 상황에 대해 참여적 가치에 의거했다기보다는 소비자주의에 기초한 경향이 짙었다. 그럼에도 불구하고 입법화를 통해 다음과 같은 여러 가지 진전이 생길 수 있었다.

- 전국보건서비스 및 지역사회보호법은 지역사회보호 계획을 도출할 때, 그리고 개별사정을 하는 동안 서비스이용자의 자문을 받을 것을 요구하였다.
- 서비스 공급에 있어서 장애인의 시각을 고려하도록 한 장애인 법(The Disabled Persons Act, 1986)은 대표를 선임하도록 하였다.
- 지역사회보호(직접지불)법〔Community Care (Direct Payments) Act, 1996〕은 지역당국이 지역사회보호를 받는 특정 범주의 사람들에게 직접 현금을 지불할 수 있도록 허용하였다. 이를 통해 장애인들은 자신들의 캐어 패키지(*care package*) 공급에 대한 통제권을 부여받을 수 있게 되었다.
- 보호자(인식 및 서비스)법〔Carers (Recognition and Services) Act, 1996〕은 보호자들에게 그들의 욕구를 스스로 사정할 수 있는 권리를 부여하였다.
- 보호기준법(Care Standards Act, 2000)에 의해 서비스이용자들의 참여를 의무화한 전국보호기준위원회를 설립하였다.

이러한 사항들을 통해, 낙관적으로 보는 사람들은 정부가 국민들에게 그들의 삶을 통제할 수 있는 권한을 부여하기 위해 노력한다고 볼 수도 있을 것이다. 위에서 언급한 법적 장치들이 이런 방향으로 이동한 의미 있는 일이라는 데는 의심의 여지가 없다. 그러나 실질적인 임파워먼트의 개념에서 보면 비판의 여지가 있다. 즉, 이러한 법들은 거대한 미사여구의 제스처이며, 실천가의 권력이 지닌 무장을 해제할만한 위협이 되지는 못한다는 것이다. 관리자들과 실천가들은 아직도 권한의 대부분을 쥐고 있다. 우리는 민주화된 보건 및 사회보호 영역에서 서비스이용자의 임파워먼트를 통해 참여를 극대화하는 머나먼 여정 위에 서 있는 것이다.

1) 사회복지 역할의 다양성과 범주 확대

자조가 형식적인 영향력이 별로 없다는 사실을 발견하였음에도 불구하고, 나이트와 헤이스(Knight and Hayes, 1981, p. 5)는 자조가 도심을 활성화하는 정책의 핵심요소가 되어야 한다고 주장하였다. 자조는 만약 적절한 정책과 자원이 주어진다면 매우 효과적일 수 있기 때문이다. 훌륭한 정책이라면 그 우선순위에 실천가들과 서비스이용자 간 파트너십이 효과적으로 운영될 수 있도록 하기 위한 정치인들과 관리자들의 적극적인 실행이 포함되어야 한다. 사회복지사들은 서비스이용자들과 이 다양한 수준들간의 접점에 집중해야 한다. 그러나 이 책임을 수행하라는 것은 벅찬 주문이다. 왜냐하면 국가, 민간, 사립, 비공식 영역을 포괄하는 서비스공급의 다양한 계약들로 인해 책임성이 복잡해지기 때문이다. 따라서 여기에서는 사람들의 욕구를 그들과 '함께' 다루되, 임파워먼트가 실천가에 의해 이뤄져야 한다는 전제를 갖기보다는 그들의 독립성과 인식을 확인하고 계발하며, 그들이 이미 갖고 있는 힘을 발휘하도록 해야 한다.

2) 사회복지실천 수준의 향상

사회복지사들이 좀더 넓은 시야를 가져야 하는 또 다른 이유는 다음과 같다. 적절한 상황에서라면 활동의 지속성이 장려되어 개인의 노력이 집단으로부터 고립되지 않으며, 지역사회가 개인 및 집단에 영향을 미칠 수 있는 기회를 갖고 있어야 하기 때문이다. 이에 따라 사회복지는 예를 들어 훈련, 지원, 자원확보와 같은 역할을 수행한다. 여기서 자원확보는 다양한 실천가, 자원봉사자, 보호자, 그리고 사회복지 및 사회보호 영역에서 실천가들과 함께 인근에서 일하고 있는 서비스이용자들의 자원을 확보하는 것이다. 지방정부의 지역사회보호 계획이 지역사회에 대한 사람들의 좀더 폭넓은 인식을 위해 어떤 토대를 제공해 줄 수도 있을 것이다. 여기서 인식의 주체인 사람들은 여러 가지 인간의 욕구와 이에 대한 반응을 다루는 국가, 민간, 사립 및 비공식 영역에 존재하는 이들이다. 우리는 다음 주제들을 명심해야 한다.

- 실천가들이 나서서 개척하기보다 서비스이용자에게 힘을 실어주는 발전의 필요성
- 실천가들이 활동을 점거하지 않도록 할 필요성
- 서비스이용자들이 필요한 자원전달을 관리하도록 해야 할 필요성
- 서비스이용자들과 보호자들이 그들이 요구하는 서비스에 대해 사정할 수 있도록 해야 할 필요성
- 서비스이용자들이 서비스를 반드시 평가할 수 있도록 해야 할 필요성

3) 평가 절하된 주변적 이슈에 초점두기

전문가들이 버려두거나, 주변화시키거나, 하찮게 여기거나, 무시하거나, 평가절하한 영역과 문제에서 자조가 번성하게 된다는 것은 의심할 여지가 없다. 이것은 우연이 아니다. 사회복지사들은 자조 영역의 이러한 강점을 인식하여야 하고, 그에 따라 이를 촉진해야 한다. 사회복지사들이 하는 일들 중 많은 부분이 위에 열거한 범주들에 빠지기 쉽기 때문이다.

6. 자 원

이 책의 결론에서 다시 한 번 자원의 이슈를 강조할 필요가 있다고 본다. 이것은 실천가들이 자조 및 이용자주도 활동에 헌신한 정도에 대한 산도(酸度) 테스트이다. 도미넬리(Dominelli, 1997, p. 32)는 부족한 자원의 이슈에 대해 다음과 같이 말했다. "사회복지사들이 어떻게 클라이언트의 자기결정을 위해 노력하고, 욕구에 따른 사정을 인정하며, 포위된 상황에 처한 클라이언트가 삶에 대한 통제력을 더 많이 획득할 수 있도록 힘을 부여할 것인가?" 나이트와 헤이스(Knight and Hayes, 1981, p. 95)는 부족한 자금과 적절한 부동산의 부족이 자조집단의 효과를 제한하는 한계의 핵심이라고 지적하였다. 실천가들은 임파워먼트 과업이 이런 요소들에 의해 고사되거나 방해를 받지 않도록 하는 역할을 수행해야 한다. 그 다음 단계는 실천가들이 스스로 중요하지 않은 것을 제거할 책임이 있음을 인식하는 것이다. 즉, 통합적 프로그램은 촉진을 지향해야 하지만, 촉진이 이뤄지면 그 다음엔 자율성을 향해가야 한다는 것이다. 자원의 증가만으로 사람들의 여건을 개선시킬 수 있는지는 의문의 여지가 있다. 왜냐하면 특별한 프로그램과 프로젝트로부터 가장 많은 이익을 보는 것이 실천가인 경우가 종종 있기 때문이다(Knight and Hayes, 1981, p. 96). 효과성을 극대화하기 위해서는 자원을 필요로 하는 사람들에게 자원이 주어져야 하고, 촉진자의 역할은 최소화되어야 한다. "이것은 자원을 적절히 사용하는 것에 대해 책임을 질 수 있는 도시빈민들에게는 현금을 지불할 것을 제안하는 것이다. 여기에는 지역주민을 토착 노동자로 고용하는 것이 포함될 수 있다"(Knight and Hayes, 1981, p. 96, emphasis in original).

1) 선택할 수 있는 권한

이것은 서비스이용자가 선택할 수 있는 권한에 대해, 그리고 실천현장에서 실천가와 서비스이용자 간 힘의 재분배가 가능한 정도에 대해 단순하지만 기초적인 이슈를 일으킨다. 나이트와 헤이스(Knight and Hayes)는 30개의 자조 공동체에 대한 연구를 통해, 이용자들의 만족도가 높은 이유를 서비스이용자들이 동기를 갖고 솔선할 수 있으며, 조언을 주고받을 수 있다는 점에서 찾았다(Knight and Hayes, 1981, p. 94). 이것은 우리에게 효과적인 임파워먼트가 갖춰야 할 중요한 원칙의 실마리를 제공해준다. 즉, 서비스이용자들이 자신들이 받고 있는 서비스 정도에 대해 최대한의 통제권을 갖추도록 해야 한다는 것이다. 이것은 서비스이용자들이 자신들에게 중요한 서비스를 받을지를 결정할 수 있는 권리를 의미한다. 뿐만 아니라 적어도 임파워먼트를 자원배분과 동등하게 우선순위를 두어야 할 필요성을 의미하는 것이기도 하다(Darvill and Smale, 1990, p. 5). 이에 더하여, 앞에서 언급했던 지역사회보호(직접지불)법(1996)에는 다음과 같은 사례들이 어느 정도 반영되었다. 즉, 실천가의 사정, 보호계획 및 실행을 통해 그들의 상황을 진척시키기보다는 서비스이용자들에게 그들의 욕구를 충족할 수 있는 수단을 직접 제공했던 사례들이 반영되었다는 것이다. 이 법은 일단의 사람들에게 그들의 케어 패키지(*care package*)를 공급하기 위한 현금을 직접 지불하도록 하였다.

2) 힘과 자원의 재분배

사회복지사와 서비스이용자 간 힘의 재분배에 관한 한, 다음과 같은 일들은 절대 일어나지 않을 것이 분명하다. 즉, 양자 모두에게 이익을 주며, 유리하다고 여길 만한 일들은 거의 일어나지 않으며, 일어난다고 해도 극소수에 불과하다는 것이다. 이것을 자원의 개념으로 전환해 보면, 우리가 이야기하고 있는 것은 실제로 이뤄지고 있는 자원배분을 유지하는 것만은 아니며, 욕구의 발견에 상응하는 지원의 증가에 대한 것이기도 하다. 이것은 실천가 영역의 자원을 없애자는 의미가 아니라, 그 중 가능한 일부를 이용자주도의 활동으로 전환하자는 것이다.

이미 말한 바와 같이 우리는 좀더 넓은 맥락에서 자원에 대해 질문할 필요가 있다. 2장에서 제시된 임파워먼트 작업이 수행될 수 있는 틀에는 다음과 같은 의미가 들어있다.

- 실천가에 대한 서비스이용자의 의존을 최소화하는 것
- 사람들(특히 장애인 — Morris, 1993, p. 152)의 인간으로서의 그리고 시민으로서의 권리(Thompson, 1998)를 증진시킬 수 있는 정책개발, 즉 그들을 단순히 원조를 필요로 하고 이를 추구하는 사람들로 보지 않는 정책을 개발하는 것
- 사회복지사들이 어떻게 이용자주도 활동과 관계를 형성하는가를 비판적으로 바라보는 것
- 집단을 더 많이 활용하는 것, 그리고 자원봉사자, 친척, 보호자, 친구, 이웃, 많은 조직들, 그리고 지역매체뿐 아니라 사회복지 내외부의 기관들과 관련된 네트워크 접근을 더 많이 활용하는 것
- 새로운 동기부여에만 집중하는 것이 아니라 지역사회에 이미 존재했던 것으로 들어가는 것
- 자신과 타인에게 실천가의 원조활동과, 일상의 일부로 존재하는 원조 및 자기원조 메커니즘의 관계를 더 잘 이해시키는 것

이것이 급격한 계몽을 가져오거나 트럼펫의 팡파르 또는 만병통치가 될 것 같지는 않다. 그보다는 실제 사회복지에서 유용하지만, 더디고, 또 때로는 더 나은 실천을 위해 고통스럽기까지 한 경로가 될 것이다.

3) 셀프-임파워먼트와 실천의 임파워먼트

서비스이용자와 실천가 간 생산적이고 권한을 부여하는 관계를 개발하는 데 있어 가장 그럴싸한 주장은 이 책에서 제시한 사례들, 즉 사회복지사의 임파워먼트와 서비스이용자 스스로의 임파워먼트 사례, 더 나아가 지역사회 임파워먼트의 광범위한 목적에서 찾을 수 있다. 서비스이용자, 실천가, 관리자, 조직 및 지역사회를 위해 진정한 이익을 가져올 수 있는 임파워먼트 패러다임을 형성하기 위해서는, 권력을 사회적 욕구의 모든 수준과 영역에 재분배하는 의미에 대해 진지하게 생각해 볼 필요가 있다 — 정신보건의 예는 반스와 보울(Barnes and Bowl, 2001)의 글을 참조하고, 지역사회보호는 잭(Jack, 1995)의 글을 보면 된다. 다시 말해 소비자주의라는 지배적 이데올로기 안에 배정된 대로, 또는 제한된 상태로 두지 말자는 것이다. 기본적으로 임파워먼트 패러다임은 힘있는 자들, 즉 정치인, 관리자, 실천가들에게는 위험하고 도전적인 것이며, 또 그래야 한다. 임파워먼트실천의 도전은 반영적이고 비판적인 실천을 통해 진정한 반억압적 이론을 개발하는 것이다.

■ 더 읽을 거리

Barker, G., Knaul, F., Cassaniga, N. and Schrader, A. (2000) *Urban Girls: Empowerment in Especially Difficult Circumstances*, London, Intermediate Technology Publications.

Barnes, M. and Bowl, R. (2001) *Taking Over the Asylum: Empowerment and Mental Health*, Basingstoke, Palgrave Macmillan.

Jack, R. (ed.) (1995) *Empowerment in Community Care*, London, Chapman Hall.

참고문헌

Adams, R. (1976) 'Intermediate Treatment: Looking at Some Patterns of Intervention', *Youth Social Work Bulletin*, **3**(2): 9–12.
Adams, R. (1981) 'Pontefract Activity Centre', in R. Adams, S. Allard, J. Baldwin and J. Thomas (eds) *A Measure of Diversion: Case Studies in Intermediate Treatment*, Leicester, National Youth Bureau, pp. 211–47.
Adams, R. (1989) 'Parents, Children under Five and Empowerment in the Humberside Project', Humberside College of Higher Education.
Adams, R. (1990) *Self-help, Social Work and Empowerment*, London, BASW/Macmillan – now Palgrave Macmillan.
Adams, R. (1991) *Protests by Pupils: Empowerment, Schooling and the State*, Basingstoke, Falmer.
Adams, R. (1992) *Empowering Clients* (video in Social Work Theories series) Brighton, Pavilion.
Adams, R. (1994) *Prison Riots in Britain and the USA*, 2nd edn, Basingstoke, Macmillan – now Palgrave Macmillan.
Adams, R. (1996) *The Personal Social Services: Clients, Consumers or Citizens*?, Harlow, Addison Wesley Longman.
Adams, R. (1997) *Empowerment, Marketisation and Social Work*, in L. Bogdan (ed.) *Change in Social Work*, Aldershot, Arena.
Adams, R. (1998a) *Quality Social Work*, Basingstoke, Macmillan – now Palgrave Macmillan.
Adams, R. (1998b) *Empowerment and Protest*, in L. Bogdan (ed.) *Challenging Discrimination in Social Work*, Aldershot, Ashgate.
Adams, R. and Lindenfield, G. (1985) *Self-Help and Mental Health*, Ilkley, Self-Help Associates.
Afshar, H. (ed.) (1998) *Women and Empowerment: Illustrations from the Third World*, Basingstoke, Macmillan – now Palgrave Macmillan.
Altman, D. (1986) *AIDS and the New Puritanism*, London, Pluto Press.
Arnstein, S. (1969) 'A Ladder of Citizen Participation', *Journal of the American Institute of Planners*, **35**(4): 216–22.
Asian Resource Centre (1987) *Annual Report 1986–87*, Birmingham, Asian Resource Centre.
Aves, G. (1969) *The Voluntary Worker in the Social Services*, London, Allen & Unwin.
Back, K.W. (1972) *Beyond Words: The Story of Sensitivity Training and the Encounter Movement*, New York, Russell Sage.
Bagguley, P. (1991) *From Protest to Acquiescence: Political Movements of the Unemployed*, Basingstoke, Macmillan – now Palgrave Macmillan.

Baistow, K. (1994) 'Liberation and Regulation? Some Paradoxes of Empowerment', *Critical Social Policy*, issue 42, **14**(3): 34–46.
Bakker, B. and Karel, M. (1983) 'Self-help: Wolf or Lamb', in D.L. Pancoast, P. Parker and C. Forland (eds) *Rediscovering Self-help: Its Role in Social Care*, Beverly Hills, Sage, pp. 159–81.
Balloch, S. et al. (1985) *Caring for Unemployed People*, London, Bedford Square/NCVO.
Bamford, T. (1982) *Managing Social Work*, London, Tavistock.
Bankoff, E.A. (1979) 'Widow Groups as an Alternative to Informal Social Support', in M. Lieberman et al. (eds) *Self-help groups for Coping with Crisis Origins. Members, Processes and Impact*, San Francisco, Jossey-Bass, pp. 181–93.
Bannister, A. and Huntington, A. (eds) (2002) *Communicating with Children and Adolescents: Action for Change*, London, Jessica Kingsley.
Barber, J.G. (1991) *Beyond Casework*, London, BASW/Macmillan – now Palgrave Macmillan.
Barker, G., Knaul, F., Cassaniga, N. and Schrader, A. (2000) *Urban Girls: Empowerment in Especially Difficult Circumstances*, London, Intermediate Technology Publications.
Barnes, M. and Bowl, R. (2001) *Taking Over the Asylum: Empowerment and Mental Health*, Basingstoke, Palgrave Macmillan.
BASW (1984) 'Social Work in the Community', Birmingham, BASW (January).
Bell, L. (1989) 'Is Psychotherapy More Empowering to the Therapist than the Client?', *Clinical Psychology Forum*, **23**: 12–14.
Beresford, P. (1999) 'Making Participation Possible: Movements of Disabled People and Psychiatric System Survivors', in T. Jordan and A. Lent (eds) *Storming the Millenium: The New Politics of Change*, London, Lawrence & Wishart.
Beresford, P. and Croft, S. (1986) *Whose Welfare: Private Care or Public Services?*, Brighton, Lewis Cohen Urban Studies.
Beresford, P. and Croft, S. (1993) *Citizen Involvement: A Practical Guide for Change*, London, BASW/Macmillan – now Palgrave Macmillan.
Beresford, P. and Croft, S. (2001) 'Service Users' Knowledges and the Social Construction of Social Work', *Journal of Social Work*, **1**(3): 295–316.
Biestek, F. (1961) *The Casework Relationship*, London, Allen & Unwin.
Birchall, J. (1988) *Building Communities the Co-operative Way*, London, Routledge & Kegan Paul.
Blackburn, J. and Holland, J. (eds) (1998) *Who Changes? Institutionalizing Participation in Development*, London, Intermediate Technology Publications.
Bond, G. and Reibstein, J. (1979) 'Changing Goals in Women's Consciousness-Raising', in M. Lieberman et al. (eds) *Self-help groups for Coping with Crisis Origins. Members, Processes and Impact*, San Francisco, Jossey-Bass, pp. 95–115.
Bond, G. et al. (1979) 'Growth of a Medical Self-Help Group', in M. Lieberman et al. (eds) *Self-help groups for Coping with Crisis Origins. Members, Processes and Impact*, San Francisco, Jossey-Bass, pp. 43–66.
Bonhoeffer, D. (1966) *I Loved this People*, London, SPCK.

Borman, L.D. (1979) 'Characteristics of Development and Growth', in M. Lieberman et al. (eds) *Self-help groups for Coping with Crisis Origins, Processes and Impact*, San Francisco, Jossey-Bass, pp. 13–42.

Boushel, M. and Farmer, E. (1996) 'Work with Families where Children are at Risk: Control and/or Empowerment?', in P. Parsloe (ed.) *Pathways to Empowerment*, Birmingham, Venture, pp. 93–107.

Branckaerts, J. (1983) 'Birth of the Movement: Early Milestones', in D.L. Pancoast, P. Parker and C. Forland (eds) *Rediscovering Self-help: Its Role in Social Care*, Beverly Hills, Sage, pp. 143–58.

Brandon, D. (1995) *Advocacy: Power to People with Disabilities*, Birmingham, Venture.

Brandon, D. and Brandon, A. (1988) *Putting People First: A Handbook in the Practical Application of Ordinary Living Principles*, London, Good Impressions.

Braye, S. and Preston-Shoot, M. (1995) *Empowering Practice in Social Care*, Buckingham, Open University.

Brodsky, A.M. (1981) 'The Consciousness-Raising Group as a Model for Therapy with Women', in E. Howell and M. Bayes (eds) *Women and Mental Health*, New York, Basic Books, pp. 572–80.

Burke, B. and Dalrymple, J. (2002) 'Intervention and Empowerment', in R. Adams, L. Dominelli and M. Payne (eds) *Critical Practice in Social Work*, Basingstoke, Palgrave Macmillan, pp. 55–62.

Burke, P. and Cigno, K. (eds) (2000) *Learning Disabilities in Children*, Oxford, Blackwell.

Carr, M., Chen, M. and Jhabvala, R. (eds) (1996) *Speaking Out: Women's Economic Empowerment in South Asia*, London, Intermediate Technology Publications.

Chamberlain, M. (1981) *Old Wives' Tales*, London, Virago.

Chambers, R. (1997) *Whose Reality Counts? Putting the First Last*, London, ITDG Publishing.

Chesner, A. and Hahn, H. (eds) (2001) *Creative Advances in Groupwork*, London, Jessica Kingsley.

Clarke, M. and Stewart, J. (1992) *Citizens and Local Democracy: Empowerment: A Theme for the 1990s*, Luton, Local Government Management Board.

Coulshed, V. (1991) *Social Work Practice: An Introduction*, London, BASW/Macmillan – now Palgrave Macmillan.

Craig, G. (1989) 'Community Work and the State', *Community Development Journal*, **24**(1): 3–18.

Craig, G. (1992) *Cash or Care: A Question of Choice?*, Social Policy Research Unit, York, University of York.

Craig, G. and Mayo, M. (eds) (1995) *Community Empowerment*, London, Zed Books.

Croft, S. and Beresford, P. (1989) 'User-Involvement, Citizenship and Social Policy', *Critical Social Policy*, issue 26, **9**(2): 5–18.

Croft, S. and Beresford, P. (2000) 'Empowerment', in M. Davies, (ed.) *The Blackwell Encyclopaedia of Social Work*, Oxford, Blackwell, pp. 116–18.

Cunningham, I. (1994) 'Interactive Holistic Research: Researching Self-Managed Learning', in P. Reason (ed.) *Human Inquiry in Action: Developments in New Paradigm Research*, London, Sage, pp. 163–81.

Darvill, G. and Munday, B. (1984) *Volunteers in the Personal Social Services*, London, Tavistock.

Darvill, G. and Smale, G. (eds) (1990) *Partners in Empowerment: Networks of Innovation in Social Work*, London, NISW.

Dingwall, R. (1988) 'Empowerment or Enforcement: Some Questions About Power and Control in Divorce mediation?', in R. Dingwall and J.M. Eckelaar (eds) *Divorce Mediation and the Legal Process*, Oxford, Clarendon Press.

Dominelli, L. (1997a) *Sociology for Social Work*, Basingstoke, Macmillan – now Palgrave Macmillan.

Dominelli, L. (1997b) *Anti-Racist Social Work*, 2nd edn, Basingstoke, Macmillan – now Palgrave Macmillan.

Dominelli, L. (2002) *Feminist Social Work Theory and Practice*, Basingstoke, Palgrave Macmillan.

Donnan, L. and Lenton, S. (1985) *Helping Ourselves: A Handbook for Women Starting Groups*, Toronto, Women's Press.

Dryden, W. and Feltham, C. (1992) *Brief Counselling: A Practical Guide for Beginning Practitioners*, Buckingham, Open University Press.

Dumont, M.P. (1971) *The Absurd Healer: Perspectives of a Community Psychiatrist*, New York, Viking.

Dumont, M.P. (1972) 'Revenue Sharing and the Unbuilding of Pyramids', *American Journal of Orthopsychiatry*, **42**(2): 219–31.

Evans, L. et al. (1986) *Working with Parents of Handicapped Children*, London, Bedford Square/NCVO.

Ferrand-Bechmann, D. (1983) 'Voluntary Action in the Welfare State', in D. Pancoast, P. Parker and C. Forland (eds) *Rediscovering Self-help: Its Role in Social Care*, Beverly Hills, Sage, pp. 183–201.

Fielding, Nick (1989) 'No More Help for Self-Helpers', *Community Care*, **755**: 7.

Fosterling, F. (1985) 'Attributional Retraining: A Review', *Psychological Bulletin*, 98: 495–512.

Foucault, M. (1984) 'On Power', in M. Foucault, *Politics, Philosophy, Culture: Interviews and Other Writings 1977–1984*, London, Routledge, Chapman & Hall.

Franklin, H.B. (1978) *Prison Literature in America*, Westport, CT, Lawrence Hill.

Freire, P. (1972, reprinted 1986) *Pedagogy of the Oppressed*, Harmondsworth, Penguin.

Freire, P. (1973) *Education for Critical Consciousness*, New York, Continuum.

Freire, P. (1990) 'A Critical Understanding of Social Work', *Journal of Progressive Human Services*, **1**(1): 3–9.

Gartner, A. and Riessman, F. (1977) *Self-Help in the Human Services*, London, Jossey-Bass.

Gawlinski, G. and Graessle, L. (1988) *Planning Together: The Art of Effective Teamwork*, London, Bedford Square/NCVO.

Gibson, T. (1979) *People Power: Communities and Work Groups in Action*, Harmondsworth, Penguin.

Gladstone, F.J. (1979) *Voluntary Action in a Changing World*, London, Bedford Square Press.

Green, D. (1991) *Empowering the Parents: How to Break the Schools Monopoly*, London, Inner London Education Authority Health and Welfare Unit.

Griffiths, K. (1991) *Consulting with Chinese Communities*, London, King's Fund.

Guijt, I. and Shah, M.K. (eds) (1998) *The Myth of Community: Gender Issues in Participatory Development*, London, Intermediate Technology Publications.

Habermas, J. (1977) 'Hannah Arendt's Communications Concept of Power', *Social Research*, **44**(1): 3–24.

Hadley, R. and McGrath, M. (1980) *Going Local: Neighbourhood Social Services*, London, NCVO.

Hadley, R. et al. (1987) *A Community Worker's Handbook*, London, Tavistock.

Hallowitz, E. and Riessman, F. (1967) 'The Role of the Indigenous Non-Professional in a Community Mental Health Neighbourhood', *American Journal of Orthopsychiatry*, (37): 766–78.

Harris, R. (2002) 'Power', in M. Davies (ed.) *The Blackwell Companion to Social Work*, Oxford, Blackwell.

Haug, M. and Sussman, M.B. (1969) 'Practitioner Autonomy and the Revolt of the Client', *Social Problems*, (17): 153–61.

Heller, T., Reynolds, J., Gomm, R., Muston, R. and Pattison, S. (eds) (1996) *Mental Health Matters: A Reader*, Basingstoke, Macmillan – now Palgrave Macmillan.

Henderson, P. and Thomas, D. (1980) *Skills in Neighbourhood Work*, London, Allen & Unwin.

Heron, J. (1990) *Helping the Client: A Creative Practical Guide*, London, Sage.

Holdsworth, L. (1991) *Empowerment: Social Work with Physically Disabled People*, Social Work Monographs, No. 97, University of East Anglia, Norwich.

Holland, J. and Blackburn, J. (eds) (1998) *Whose Voice? Participatory Research and Policy Change*, London, Intermediate Technology Publications.

Holloway, C. and Otto, S. (1986) *Getting Organised: A Handbook for Non-Statutory Organisations*, London, Bedford Square/NCVO.

Holme, A. and Maizels, J. (1978) *Social Workers and Volunteers*, London, Allen & Unwin.

Howell, E. (1981) 'Psychotherapy with Women Clients: the Impact of Feminism', in E. Howell and M. Bayes (eds) *Women and Mental Health*, New York, Basic Books, pp. 509–13.

Hugman, R. (1991) *Power in Caring Professions*, Basingstoke, Macmillan – now Palgrave Macmillan.

Humphries, B. (ed.) (1996) *Critical Perspectives on Empowerment*, Birmingham, Venture.

Humphry, D. (1996) *Final Exit: The Practicalities of Self-Deliverance and Assisted Suicide for the Dying*, New York, Dell.

Hurvitz, N. (1974) 'Peer Self-Help Psychotherapy Groups: Psychotherapy without Psychotherapists', in P.M. Roman and H.M. Trice (eds) *The Sociology of Psychotherapy*, New York, Jason Aronson, pp. 84–137.

Illich, I. (1975) *Medical Nemesis: The Expropriation of Health*, London, Caldar & Boyars.

Jack, R. (ed.) (1995) *Empowerment in Community Care*, London, Chapman Hall.

Jacobs, S. and Popple, K. (eds) (1994) *Community Work in the 1990s*, Nottingham, Spokesman.

Jones, S. (1981) *Working Together: Partnerships in Local Social Services: A Working Party Report*, London, Bedford Square/KCVO.

Katz, A.H. (1970) 'Self-Help Organisations and Volunteer Participation in Social Welfare', *Social Work*, (15): 51–60.

Katz, A.H. and Bender, E.I. (1976) *The Strength in Us: Self-help Groups in the Modern World, New Viewpoints*, New York, Franklin Watts.

Key, M., Hudson, P. and Armstrong, J. (1976) *Evaluation Theory and Community Work*, London, Young Volunteer Force Foundation.

Killilea, M. (1976) 'Mutual Help Organisations: Interpretations in the Literature', in G. Caplan and K. Killilea (eds) *Support Systems and Mutual Help: Multidisciplinary Explorations*, New York, Grune & Stratton, pp. 37–87.

Kleiman, M.A. et al. (1976) 'Collaboration and Its Discontents: The Perils of Partnership', *Journal of Applied Behavioural Science*, (12) Part 3: 403–10.

Knight, B. and Hayes, R. (1981) *Self-Help in the Inner City*, London, London Voluntary Service Council.

Kropotkin, P. (1902) *Mutual Aid: A Factor in Evolution*, Boston, Porter Sargeant.

Krzowski, S. and Land, P. (1988) *In Our Experience: Workshops at the Women's Therapy Centre*, London, Women's Press.

Kuhn, T.S. (1970) *The Structure of Scientific Revolutions*, 2nd edn, Chicago, University of Chicago Press.

Lawson, M. (1991) 'A Recipient's View', in S. Ramon (ed.) *Beyond Community Care: Normalisation and Integration Work*, London, MIND/Macmillan, pp. 62–83.

Leadbetter, M. (2002) 'Empowerment and Advocacy', in R. Adams, L. Dominelli and M. Payne (eds) *Social Work: Themes, Issues and Critical Debates*, 2nd edn, Basingstoke, Palgrave Macmillan, pp. 200–8.

Lee, J.A.B. (2001) *The Empowerment Approach to Social Work Practice: Building the Beloved Community*, 2nd edn, New York, Columbia University Press.

Lerner, M.P. (1979) 'Surplus Powerlessness', *Social Policy*, Jan/Feb, pp. 19–27.

Levy, L. (1982) 'Mutual Support Groups in Great Britain', *Social Service in Medicine*, **16**(13): 1265–75.

Levy, L.H. (1976) 'Self-Help Groups: Types and Psychological Processes', *Journal of Applied Behavioural Science*, **12**, Part 3: 310–22.

Levy, L.H. (1979) 'Processes and Activities in Groups', in M. Lieberman et al. (eds) *Self-help Groups for Coping with Crisis Origins. Members, Processes and Impact*, San Francisco, Jossey-Bass, pp. 234–71.

Lieberman, M.A. and Bond, G.R. (1978) 'Self-Help: Problems of Measuring Outcomes', *Small Group Behaviour*, **9**(2): 221–41.

Lieberman, M. and Borman, L.D. (1976) 'Self-Help and Social Research', *Journal of Applied Behavioural Science*, **12**, Part 3: 455–63.
Lieberman, M. et al. (1979) 'Effectiveness of Women's Consciousness Raising', in M. Lieberman et al. (eds) *Self-help Groups for Coping with Crisis Origins. Members, Processes and Impact*, San Francisco, Jossey-Bass, pp. 341–61.
Lindenfield, G. (1986) *Assert Yourself*, Ilkley, Self-Help Associates.
Lindenfield, G. and Adams, R. (1984) *Problem Solving Through Self-Help Groups*, Ilkley, Self-Help Associates.
Lister, R. (2000) 'Strategies for Social Inclusion', in P. Askonas and A. Stewart (eds) *Social Inclusion: Possibilities and Tensions*, Basingstoke, Macmillan – now Palgrave Macmillan, pp. 37–54.
Living Options in Practice (1992) *Achieving User Participation, Project Paper No. 3*, London, King's Fund.
Lowry, M. (1983) 'A Voice from the Peace Camps: Greenham Common and Upper Heyford', in Thompson, D. (ed.) *Over Our Dead Bodies: Women Against the Bomb*, London, Virago, pp. 73–7.
Lukes, S. (1974) *Power: A Radical View*, Basingstoke, Macmillan – now Palgrave Macmillan.
Marieskind, H.I. (1984) 'Women's Self-Help Groups', in A. Gartner and F. Riessman (eds) *Self-help in the Human Services*, London, Jossey-Bass, pp. 27–32.
Marsden, D. and Oakley, P. (eds) (1990) *Evaluating Social Development Projects*, Oxford, Oxfam.
Mayer, J. and Timms, N. (1970) *The Client Speaks*, London, Routledge & Kegan Paul.
Mayo, M. (2000) *Cultures, Communities, Identities: Cultural Strategies for Participation and Empowerment*, Basingstoke, Macmillan – now Palgrave Macmillan.
Meetham, K. (1995) 'Empowerment and Community Care for Older People', in N. Nelso and S. Wright (eds) *Power and Participatory Development: Theory and Practice*, London, Intermediate Technology Publications, pp. 133–43.
Mezirow, J. (1983) 'A Critical Theory of Adult Learning and Education', in M. Tight (ed.) *Adult Learning and Education*, London, Croom Helm, pp. 124–38.
Moeller, M.L. (1983) *The New Group Therapy*, Princeton, Van Nostrand.
Morris, J. (1993) *Independent Lives? Community Care and Disabled People*, Basingstoke, Macmillan – now Palgrave Macmillan.
Mowrer, O.H. (1972) 'Integrity Groups: Principles and Procedures', *The Counselling Psychologist*, (3): 7–33.
Mowrer, O.H. (1984) 'The Mental Health Professions and Mutual Help Programs: Co-optation or Collaboration?', in A. Gartner and F. Riessman (eds) *The Self-help Revolution*, New York, Human Sciences Press, pp. 139–54.
Mullender, A. and Ward, D. (1991) *Self-directed Groupwork: Users Take Action for Empowerment*, London, Whiting & Birch.
Nairne, K. and Smith, G. (1984) *Dealing with Depression*, London, Women's Press.

Oka, T. (1994) 'Self-Help Groups in Japan: Trends and Traditions', *Prevention in Human Services*, **II**(1): 69–95.
Orme, J. (2001) *Gender and Community Care: Social Work and Social Care Perspectives*, Basingstoke, Palgrave Macmillan.
O'Sullivan, T. (1994) 'Why Don't Social Workers Work in Partnership With People?', unpublished paper, University of Humberside, Hull.
Page, R. (1992) 'Empowerment, Oppression and Beyond: A Coherent Strategy? A Reply to Ward and Mullender', *Critical Social Policy*, (35): 89–92.
Page, R. and Clark, G.A. (1977) *Who Cares? Young People in Care Speak Out*, London, National Children's Bureau.
Pancoast, D.L., Parker, P. and Forland, C. (eds) (1983) *Rediscovering Self-Help: Its Role in Social Care*, Beverly Hills, Sage.
Parsloe, P. (1986) 'What Skills do Social Workers Need?', in *Skills for Social Workers in the 1980s*, Birmingham, BASW, pp. 7–15.
Parsloe, P. (ed.) (1996) *Pathways to Empowerment*, Birmingham, Venture.
Patton, M.Q. (1982) *Practical Evaluation*, Beverly Hills, Sage.
Payne, M. (1991) *Modern Social Work Theory: A Critical Introduction*, Basingstoke, Macmillan – now Palgrave Macmillan.
Payne, M. (1997) *Modern Social Work Theory*, 2nd edn, Basingstoke, Macmillan – now Palgrave Macmillan.
Payne, M., Adams, R. and Dominelli, L. (2002) 'On Being Critical in Social Work', in R. Adams, L. Dominelli and M. Payne (eds) *Critical Practice in Social Work*, Basingstoke, Palgrave Macmillan, pp. 1–12.
Phillipson, J. (1992) *Practising Equality: Women, Men and Social Work*, Improving Social Work Education and Training, No. 10, CCETSW, London.
Plummer, D. (2001) *Helping Children to Build Self-esteem: A Photocopiable Activities Book*, London, Jessica Kingsley.
Preston-Shoot, M. (1987) *Effective Groupwork*, London, BASW/Macmillan.
Price, J. (1996) 'The Marginal Politics of Our Bodies? Women's Health, the Disability Movement, and Power', in B. Humphries (ed.) *Critical Perspectives on Empowerment*, Birmingham, Venture, pp. 35–51.
Rappaport, J. (1984) 'Studies in Empowerment: Introduction to the Issue', *Prevention in Human Services*, **3**(2/3): 1–7.
Reason, P. (ed.) (1994) *Human Inquiry in Action: Developments in New Paradigm Research*, London, Sage.
Reason, P. and Rowan, J. (eds) (1981) *Human Inquiry: A Sourcebook of New Paradigm Research*, Chichester, John Wiley.
Rees, S. (1991) *Achieving Power: Practice and Policy in Social Welfare*, London, Allen & Unwin.
Richardson, A. (1983) 'English Self-Help: Varied Patterns and Practices', in D. Pancoast, P. Parker and C. Forland (eds) *Rediscovering Self-help: Its Role in Social Care*, Beverly Hills, Sage, pp. 203–21.
Richardson, A. and Goodman, M. (1983) *Self-Help and Social Care: Mutual Aid Organisations in Practice*, London, Policy Studies Institute.
Robinson, D. and Henry, S. (1977) *Self-Help and Health: Mutual Aid for Modern Problems*, New York, Jason Aronson.

Rogers, A., Pilgrim, D. and Lacey, R. (eds) (1993) *Experiencing Psychiatry: Users' Views of Services*, Basingstoke, Macmillan/MIND.

Rojek, C. (1986) 'The "Subject" in Social Work', *British Journal of Social Work*, **16**(1): 65–79.

Rowbotham, S., Segal, L. and Wainwright, H. (1980) *Beyond the Fragments, Feminism, and the Making of Socialism*, London, Merlin.

Rutherford, J. (ed.) (1990) *Identity: Community, Culture, Difference*, London, Lawrence & Wishart.

Sainsbury, E. (1989) 'Participation and Paternalism', in S. Shardlow (ed.) *The Values of Change in Social* Work, London, Tavistock/Routledge, pp. 98–113.

Salaman, G., Adams, R. and O'Sullivan, T. (1994) *Learning How to Learn: Managing Personal and Team Effectiveness, Book 2*, Management Education Scheme by Open Learning, Milton Keynes, Open University.

Sarachild, K. (1971) 'Consciousness-Raising and Intuition', in J. Agel (ed.) *Radical Therapist: The Radical Therapist Collective*, New York, Ballantine Books.

Sarbin, T.R. and Adler, N. (1971) 'Self-reconstitution Processes: a Preliminary Report', *Psychoanalytic Review*, **57**, Part 4: 599–615.

Schön, D.A. (1991) *The Reflective Practitioner. How Professionals Think in Action*, Aldershot, Avebury.

Scraton, P., Sim, J. and Skidmore, P. (1991) *Prisons under Protest*, Milton Keynes, Open University Press.

Seligman, M.E.P. (1975) *Helplessness. On Depression, Development and Death*, San Francisco, Freeman.

Servian, R. (1996) *Theorising Empowerment: Individual Power and Community Care*, Bristol, Policy Press.

Shera, W. and Wells, L.M. (eds) (1999) *Empowerment Practice in Social Work* Toronto, Canadian Scholars Press.

Shor, I. (1992) *Empowering Education: Critical Teaching for Social Change*, London, University of Chicago Press.

Silverman, P.R. (1980) *Mutual Help Groups: Organisation and Development*, Beverly Hills, Sage.

Sinclair, E. (1988), 'The Formal Evidence', in National Institute for Social Work, *Residential Care: A Positive Choice*, London, HMSO.

Sleeter, C. (1991) *Empowerment Through Multi-Cultural Education*, Albany, State University of New York.

Slocum, R., Wichhart, L., Rocheleau, D. and Thomas-Slayter, B. (eds) (1995) *Power, Process and Participation – Tools for Change*, London, Intermediate Technology Publications.

Smale, G. and Tuson, G. with Biehal, N. and Marsh, P. (1993) *Empowerment, Assessment, Care Management and the Skilled Worker*, London, HMSO.

Smiles, S. (1875) *Thrift*, London, Harper & Bros.

Smiles, S. (1890) *Self-Help: With Illustrations of Conducts and Perseverance*, London, John Murray.

Solomon, B.B. (1976) *Black Empowerment: Social Work in Oppressed Communities*, New York, Columbia University Press.

Solomon, B.B. (1986) 'Social Work with Afro-Americans', in A. Morales and B. Sheafor (eds) *Social Work: A Profession of Many Faces*, Boston, Allyn & Bacon, pp. 501–21.
SSI (1991) *Women in Social Services: A Neglected Resource*, London, HMSO.
Stanton, A. (1990) 'Empowerment of Staff: A Prerequisite for the Empowerment of Users?', in P. Carter, T. Jeffs and M. Smith (eds) *Social Work and Social Welfare Yearbook 2 1990*, Buckingham, Open University Press, pp. 122–33.
Steiner, C. (1974) 'Radical Psychiatry: Principles', in Radical Therapist/Rough Times Collective (eds) *The Radical Therapist*, Harmondsworth, Pelican, pp. 15–19.
Steiner, C. (ed.) (1975) *Readings in Radical Psychiatry*, New York, Grove Press.
Stevenson, O. (1996) 'Old People and Empowerment: The Position of Old People in Contemporary British Society', in P. Parsloe (ed.) *Pathways to Empowerment*, Birmingham, Venture, pp. 81–91.
Stevenson, O. and Parsloe, P. (1993) *Community Care and Empowerment*, York, Joseph Rowntree Foundation.
Stewart, A. (1994) *Empowering People*, London, Pitman.
Stokes, B. (1981) *Helping Ourselves: Local Solutions to Global Problems*, London, Norton.
Survivors Speak Out (1988) *Self-Advocacy Action Pack – Empowering Mental Health Service Users*, London, Survivors Speak Out.
Swift, C. and Levin, G. (1987) 'Empowerment: An Emerging Mental Health Technology', *Journal of Primary Prevention*, **8** (1 and 2).
Tax, S. (1976) 'Self-Help Groups: Thoughts on Public Policy', *Journal of Applied Behavioural Science*, (12), Part 3: 448–54.
Thomas, M. and Pierson, J. (1995) *Dictionary of Social Work*, London, Collins Educational.
Thompson, N. (1993) *Anti-Discriminatory Practice*, London, BASW/Macmillan.
Thompson, N. (1997) *Anti-Discriminatory Practice*, 2nd edn, London, BASW/Macmillan.
Thompson, N. (1998) *Promoting Equality: Challenging Discriminaton and Oppression in the Human Services*, Basingstoke, Macmillan – now Palgrave Macmillan.
Thorpe, M. (1993) *Evaluating Open and Distance Learning*, 2nd edn, Harlow, Longman.
Towell, D. (ed.) (1988) *An Ordinary Life in Practice*, London, King Edward's Hospital Fund.
Tracy, G.S. and Gussow Z. (1976) 'Self-Help Groups: A Grassroots Response to a Need for Services', *Journal of Applied Behavioural Science*, (12) Part 3: 381–96.
Twelvetrees, A. (1991) *Community Work*, 2nd edn, London, BASW/Macmillan – now Palgrave Macmillan.
Tyler, R.W. (1976) 'Social Policy and Self-Help Groups', *Journal of Behavioural Science*, (23) Part 3: 444–8.
Unell, J. (1987) *Help for Self-help: A Study of a Local Support Service*, London, Bedford Square/NCVO.

Ungerson, C. (1987) *Policy is Personal: Sex, Gender and Informal Care*, London, Tavistock.

User-Centred Services Group, The (1993) *Building Bridges Between People Who Use and People Who Provide* Services, London, NISW.

Vattano, A.J. (1972) 'Power to the People: Self-Help Groups', *Social Work*, **17**(4): 7–15.

Videka, L.M. (1979) 'Psychosocial Adaptation in a Medical Self-Help Group', in M. Lieberman et al. (eds) *Self-help Groups for Coping with Crisis Origins. Members, Processes and Impacts*, San Francisco, Jossey-Bass, pp. 362–86.

Walker, H. and Beaumont, B. (1981) *Probation Work: Critical Theory and Socialist Practice*, Oxford, Blackwell.

Wallerstein, N. (1992) 'Powerlessness, Empowerment and Health: Implications for Health Promotion Programs', *American Journal of Health Promotion*, **6**(3): 197–205.

Ward, D. and Mullender, A. (1991) 'Empowerment and Oppression: An Indissoluble Pairing for Contemporary Social Work', *Critical Social Policy*, issue 32, **11**(2): 21–30.

Webb, P. (1982) 'Back to Self-Help', *Royal Society of Health Journal*, **102**, Part 3: 124–9.

Wechsler, H. (1960) 'The Self-Help Organisation in the Mental Health Field: Recovery Inc. A Case Study', *Journal of Nervous and Mental Diseases*, (130): 297–314.

Whitaker, D.S. (1985) *Using Groups to Help People*, London, Tavistock/ Routledge.

Wilson, J. (1986) *Self-Help Groups: Getting Started – Keeping Going*, Harlow, Longman.

Wilson, J. (1988) *Caring Together: Guidelines for Carers' Self-Help and Support Groups*, London, King's Fund.

Wise, S. (1995) 'Feminist Ethics in Practice', in R. Hugman and D. Smith, (eds) *Ethical Issues in Social Work*, London, Routledge.

Wolfendale, S. (1992) *Empowering Parents and Teachers: Working for Children*, London, Cassell.

Wolfenden, Lord (1978) *The Future of Voluntary Organisations: Report of the Wolfenden Committee*, London, Croom Helm.

Wolfensberger, W. (1972) *The Principle of Normalisation in Human Services*, Toronto, National Institute on Mental Retardation.

Wolfensberger, W. (1982) 'Social Role Valorisation: A Proposed New Term for the Principle of Normalisation', *Mental Retardation*, **21**(6): 234–9.

Women in MIND (1986) *Finding Our Own Solutions: Women's Experience of Mental Health Care*, London, MIND.

Zimmerman, M. and Rappaport, J. (1988) 'Citizen Participation, Perceived Control and Psychological Empowerment', *American Journal of Community Psychology*, **16**(5): 725–50.

Zweig, M. (1971) 'Is Women's Liberation a Therapy Group?', in J. Agel (ed.) *Radical Therapist: The Radical Therapist Collective*, New York, Ballantine Books.

찾아보기

ㄱ ~ ㄹ

ㅁ ~ ㅂ

ㅅ

ㅇ

ㅈ

ㅊ ~ ㅋ

ㅍ

ㅎ

기타